中国福利彩票

公益金使用情况报告

2015

杨巧赞◎编著

中国社会出版社
国家一级出版社·全国百佳图书出版单位

《中国福利彩票公益金使用情况报告(2015)》
编 委 会

主　编： 杨巧赞

副主编： 陈立学　曾　君

撰　稿： 杨巧赞　宋宗合　陈立学　曾　君　罗　霜

目录

上篇　2015年度中国福利彩票公益金使用情况报告

第一章　福利彩票公益金筹集情况 …… 3
一、福利彩票发行与销售 …… 3
二、福利彩票公益金筹集再创新高 …… 5

第二章　福利彩票公益金分配情况 …… 10
一、2015年全国彩票公益金分配情况 …… 10
二、民政部本级彩票公益金的分配 …… 11
三、地方福利彩票公益金的分配 …… 12

第三章　福利彩票公益金投入使用情况 …… 15
一、公益金实际投入持续稳定增长 …… 15
二、社会公益投入逐步提升 …… 18

第四章　福利彩票公益金使用绩效评估情况 …… 22
一、福利彩票公益金使用效果明显 …… 22
二、福利彩票公益金项目成果各有特色 …… 23
三、福利彩票公益金带动317.3亿元资金投入 …… 25
四、福利彩票公益金社会效果明显 …… 29

第五章　福利彩票公益金使用趋势 …… 34
一、福利彩票发行管理政策创制促进公益金筹集 …… 34
二、福利彩票公益金管理和福利彩票文化建设进一步加强 …… 34
三、福利彩票公益金资助项目更加多元化 …… 35

第六章　福利彩票公益金使用建议 …………………………………… 37
一、完善福利彩票公益金使用管理制度 …………………………… 37
二、强化项目督查，健全第三方评估 ……………………………… 37
三、提升福利彩票社会形象 ………………………………………… 38

中篇　2015年度各省份福利彩票公益金使用情况报告汇编

2015年度福利彩票公益金使用管理情况报告 …………… 北京市民政局（41）
2015年度福利彩票公益金使用管理情况报告 …………… 天津市民政局（45）
2015年度福利彩票公益金使用管理情况报告 …………… 河北省民政厅（49）
2015年度福利彩票公益金使用管理情况报告 …………… 山西省民政厅（52）
2015年度福利彩票公益金使用管理
情况报告 …………………………………… 内蒙古自治区民政厅（55）
2015年度福利彩票公益金使用管理情况报告 …………… 辽宁省民政厅（60）
2015年度福利彩票公益金使用管理情况报告 …………… 吉林省民政厅（63）
2015年度福利彩票公益金使用管理情况报告 ………… 黑龙江省民政厅（67）
2015年度福利彩票公益金使用管理情况报告 …………… 上海市民政局（70）
2015年度福利彩票公益金使用管理情况报告 …………… 江苏省民政厅（76）
2015年度福利彩票公益金使用管理情况报告 …………… 浙江省民政厅（82）
2015年度福利彩票公益金使用管理情况报告 …………… 安徽省民政厅（85）
2015年度福利彩票公益金使用管理情况报告 …………… 福建省民政厅（91）
2015年度福利彩票公益金使用管理情况报告 …………… 江西省民政厅（94）
2015年度福利彩票公益金使用管理情况报告 …………… 山东省民政厅（98）
2015年度福利彩票公益金使用管理情况报告 ………… 河南省民政厅（101）
2015年度福利彩票公益金使用管理情况报告 ………… 湖北省民政厅（105）
2015年度福利彩票公益金使用管理情况报告 ………… 湖南省民政厅（111）
2015年度福利彩票公益金使用管理情况报告 ………… 广东省民政厅（116）
2015年度福利彩票公益金使用管理
情况报告 ……………………………… 广西壮族自治区民政厅（120）
2015年度福利彩票公益金使用管理情况报告 ………… 海南省民政厅（124）
2015年度福利彩票公益金使用管理情况报告 ………… 重庆市民政局（130）
2015年度福利彩票公益金使用管理情况报告 ………… 四川省民政厅（133）
2015年度福利彩票公益金使用管理情况报告 ………… 贵州省民政厅（138）
2015年度福利彩票公益金使用管理情况报告 ………… 云南省民政厅（140）

2015 年度福利彩票公益金使用管理情况报告 …… 西藏自治区民政厅（143）
2015 年度福利彩票公益金使用管理情况报告 …… 陕西省民政厅（145）
2015 年度福利彩票公益金使用管理情况报告 …… 甘肃省民政厅（148）
2015 年度福利彩票公益金使用管理情况报告 …… 青海省民政厅（149）
2015 年度福利彩票公益金使用管理情况报告 …… 宁夏回族自治区民政厅（151）
2015 年度福利彩票公益金使用管理情况报告 …… 新疆维吾尔自治区民政厅（155）
2015 年度福利彩票公益金使用管理情况报告 …… 新疆生产建设兵团民政局（158）

下篇　2015 年度中国福利彩票公益金项目优秀案例精选

2015 年度中国福利彩票公益金项目优秀案例精选 …… （163）
一、老年人福利 …… （163）
二、儿童福利 …… （191）
三、残障人福利 …… （207）
四、社会公益 …… （221）

上 篇

2015年度中国福利彩票公益金使用情况报告

第一章　福利彩票公益金筹集情况

2015年，中国福利彩票发展进入重要转折期，互联网工具的广泛应用对彩票业发展管理带来了重大挑战，公众对彩票行业发展的绩效关注带来了进一步信息交互的绩效提升的压力，在这样一种发展与改革同步进行的运行环境下，福利彩票市场安全运行，全国福利彩票销量2015亿元，公益金筹集总量稳健发展，这为推动我国民生与社会福利发展提供了有力支持、作出了突出贡献。

一、福利彩票发行与销售

（一）2015年全国销量2015亿元

福利彩票，是国家为筹集社会福利和社会公益资金，促进社会福利和社会公益事业发展而特许发行，依法销售，自然人自愿购买，并按照特定规则获得中奖机会的凭证。购买福利彩票不返还本金、不计付利息。福利彩票资金由返奖奖金、公益金和发行费组成。发行福利彩票，筹集福利彩票公益金，是国家为发展社会福利事业而制定的一项特殊政策，也是国务院赋予民政部门的一项重要职责。

2015年，全国福利彩票系统坚持“扶老、助残、救孤、济困、赈灾”的发行宗旨，按照全国福利彩票工作会议确定的“稳增长、谋发展、建机制、强管理、树形象”的工作思路，围绕游戏研发、渠道创新、整体营销和自身建设四项重点工作，充分发挥市场和政府作用，坚持强化市场意识、创新意识、责任意识，规范发行销售管理，严格运行操作流程，坚持践行社会责任，弘扬福利彩票文化，提升公益形象，实现了福利彩票持续、健康、稳定、安全发展。

2015年全国累计共销售彩票3678.84亿元，同比减少144.94亿元，下降3.8%。2015年，我国福利彩票机构销售2015.11亿元，同比减少44.57亿元，下降2.2%；体育彩票机构销售1663.73亿元，同比减少100.37亿元，下降5.7%。

福利彩票自1987年诞生以来，28年来累计发行销售13716亿多元。经过

5 年的持续努力，2011—2015 年全国福利彩票累计发行销售 8628 亿元，超过“十二五”规划设立的最高 7000 亿元的目标，是“十一五”时期销量的 2.5 倍；5 年累计筹集公益金约 2488 亿元，是“十一五”时期的 2.2 倍，为国家社会福利、社会公益事业作出了积极贡献。

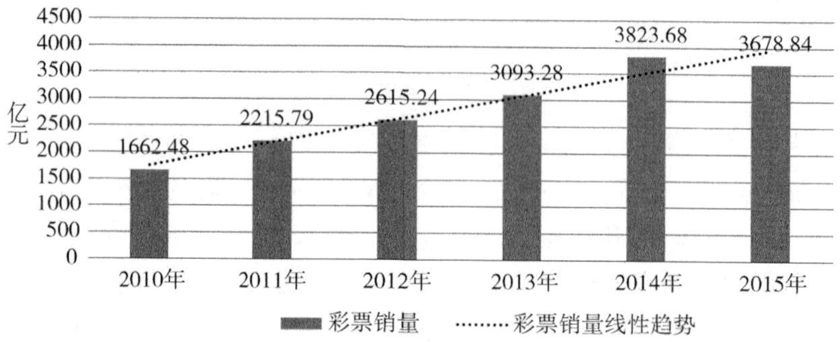

2010—2015 年中国彩票销量

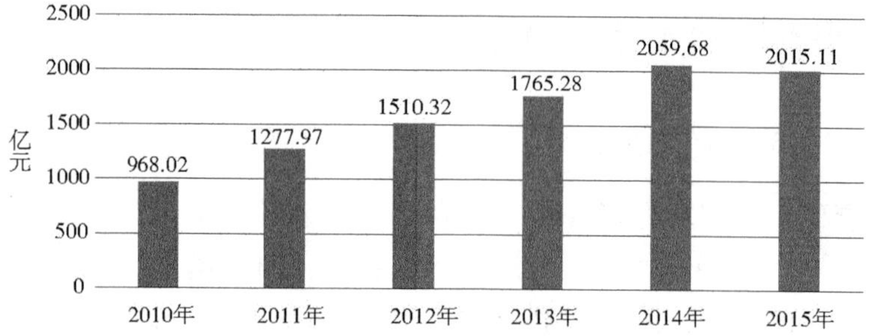

2010—2015 年福利彩票销量

从 2015 年中国福利彩票全国销量分布情况来看，广东、浙江、山东、江苏和辽宁排在销量前列，其中广东省 2015 年福利彩票销量达到 205 亿元。相比 2014 年，一半以上省份销量实现了正增长，快开游戏和视频型游戏销量保持增长，市场领先优势有所扩大。

（二）各类型彩票销量全部增长，地方游戏发力迅猛

2015 年，中国福利彩票共销售 2015.11 亿元。从全国各类型福利彩票销量情况看，乐透数字型彩票销量依然遥遥领先，占比达到 64.10%，竞猜型彩票销量占 16.01%，视频型占 11.55%，即开型占 8.22%，基诺型占 0.12%。

从各票种销售增长的幅度来看，虽然 2015 年整体销售略有下降，但地方游戏、中福在线、双色球三大票种依然保持较高的增长势头，其中，中福在线增量最大，开乐彩也比 2014 年有所增长。

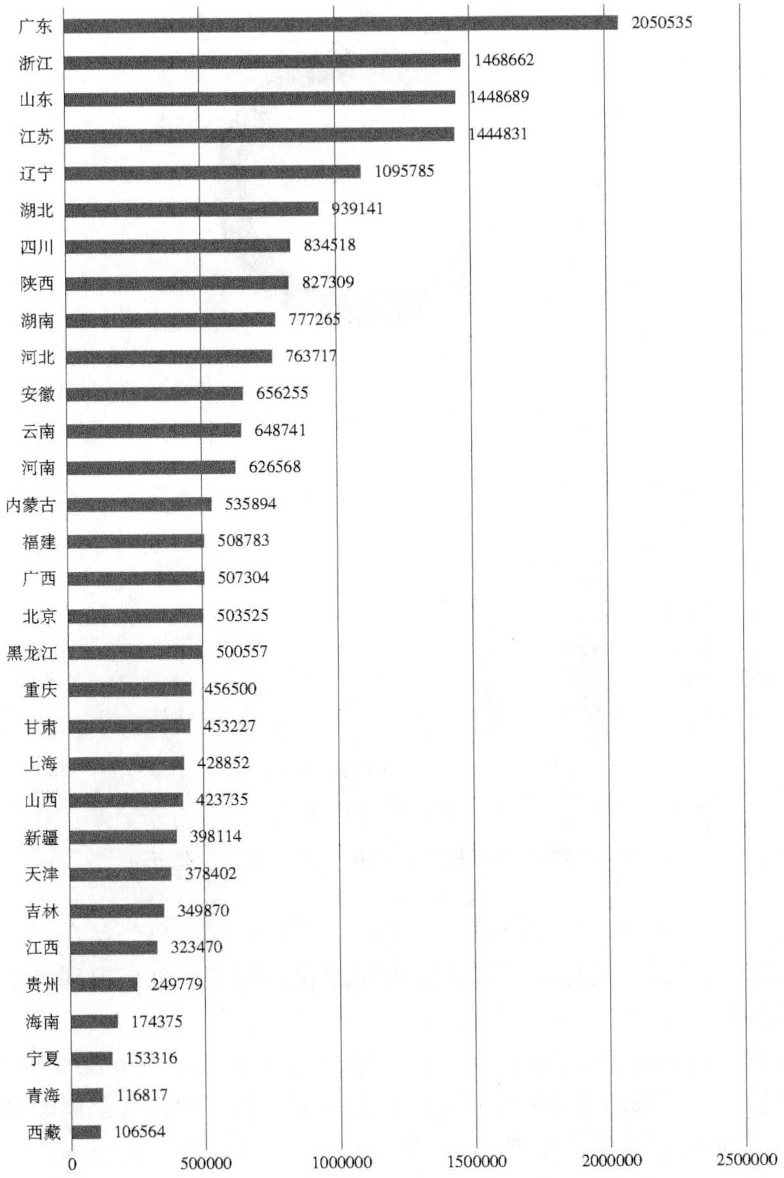

2015 年全国福利彩票销售情况（单位：万元）

二、福利彩票公益金筹集再创新高

中国福利彩票公益金（以下简称福利彩票公益金），是指按照国家规定，从中国福利彩票发行销售收入中提取，由民政部门负责使用管理，专项用于社会福利和社会公益事业的资金。福利彩票公益金的实质是彩民捐赠收入，

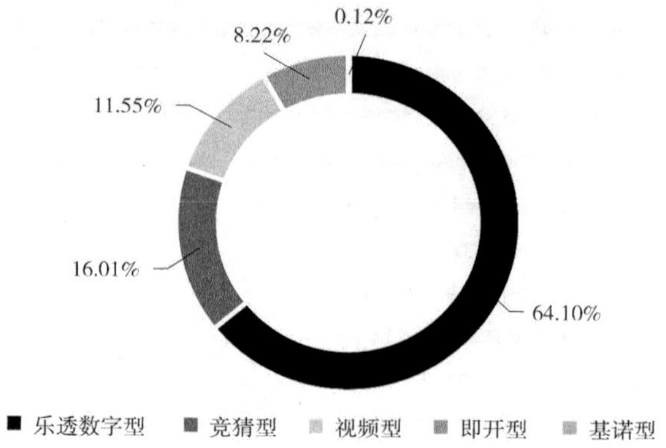

2015 年五种类型彩票销售占比

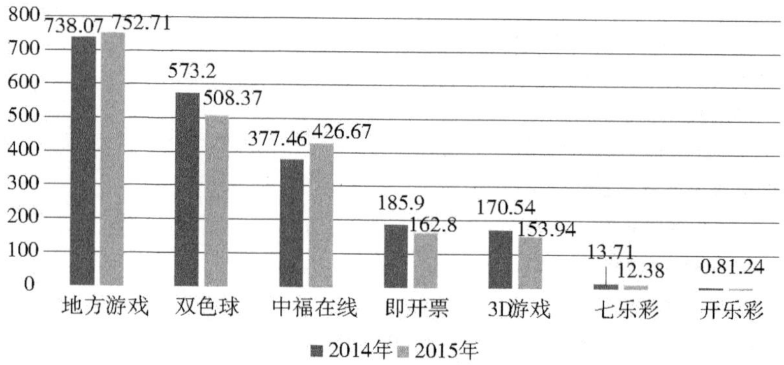

2014—2015 年不同票种销售情况（单位：亿元）

归属政府非税收范畴，具有较强的公益性。筹集福利彩票公益金支持社会福利事业加快发展，是发行福利彩票的出发点和落脚点，也是福利彩票事业发展的关键和灵魂。

2009 年施行的《彩票管理条例》（中华人民共和国国务院令第 554 号）中明确规定："彩票品种中彩票资金的具体构成比例，由国务院财政部门按照国务院的决定确定。随着彩票发行规模的扩大和彩票品种的增加，可以降低彩票发行费比例。"同时还明确规定："逾期未兑奖的奖金，纳入彩票公益金。"2012 年颁布的《彩票管理条例实施细则》（中华人民共和国财政部 中华人民共和国民政部 国家体育总局令第 67 号），对彩票资金构成比例作了进一步规定，指出"彩票资金构成比例，是指彩票奖金、彩票发行费、彩票公益金占彩票资金的比重"，并明确"彩票资金的具体构成比例，是指在彩票游戏规则中规定的，按照彩票销售额计提彩票奖金、彩票发行费、彩票公益金的具体比例"。因此，彩票游戏不同，决定了彩票公益金的提取比例不同。

2001—2015 年，从彩票发行的实际情况及资金运作规律来看，国务院及财政部逐步调整确定彩票资金的大致构成比例为：彩票奖金占50%—65%，彩票发行费不高于15%，彩票公益金占20%—35%。统计显示，2015年中国福利彩票公益金提取比例为27.99%，呈现近10年来提取比例逐渐下降的趋势。

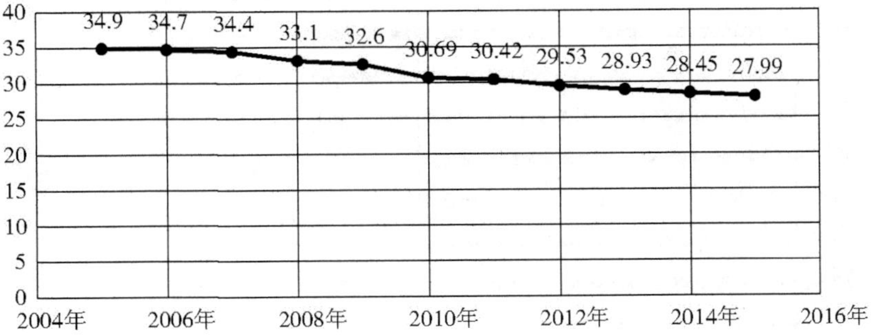

2005—2015年福利彩票公益金平均提取比例（%）

截至2015年底，中国两种类型彩票累计发行24162亿元，共筹集彩票公益金7063亿元。其中自1987—2015年，全国福利彩票累计销量达13717亿元，筹集公益金约4164亿元。2015年我国福利彩票筹集彩票公益金564亿元。

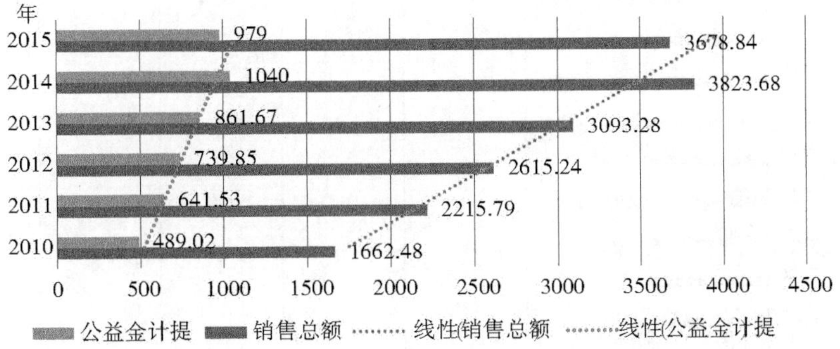

中国彩票发行及公益金筹集（2010—2015年）单位：亿元

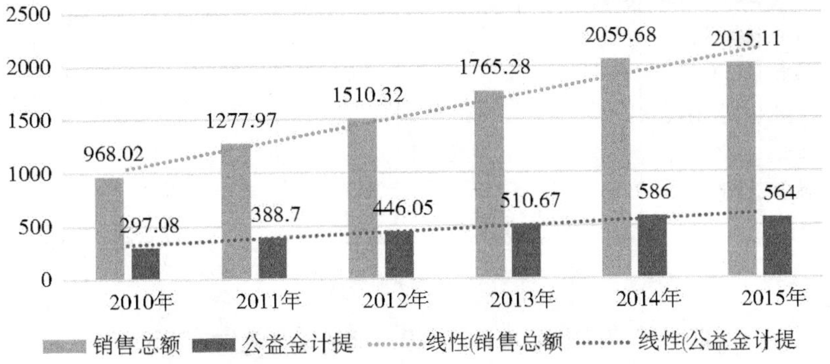

福利彩票发行及公益金筹集（2010—2015年）单位：亿元

2015 年各省份公益金筹集情况中，含弃奖计入公益金总量，广东、江苏、山东、浙江和河北筹集公益金总量在全国范围内位于前列。

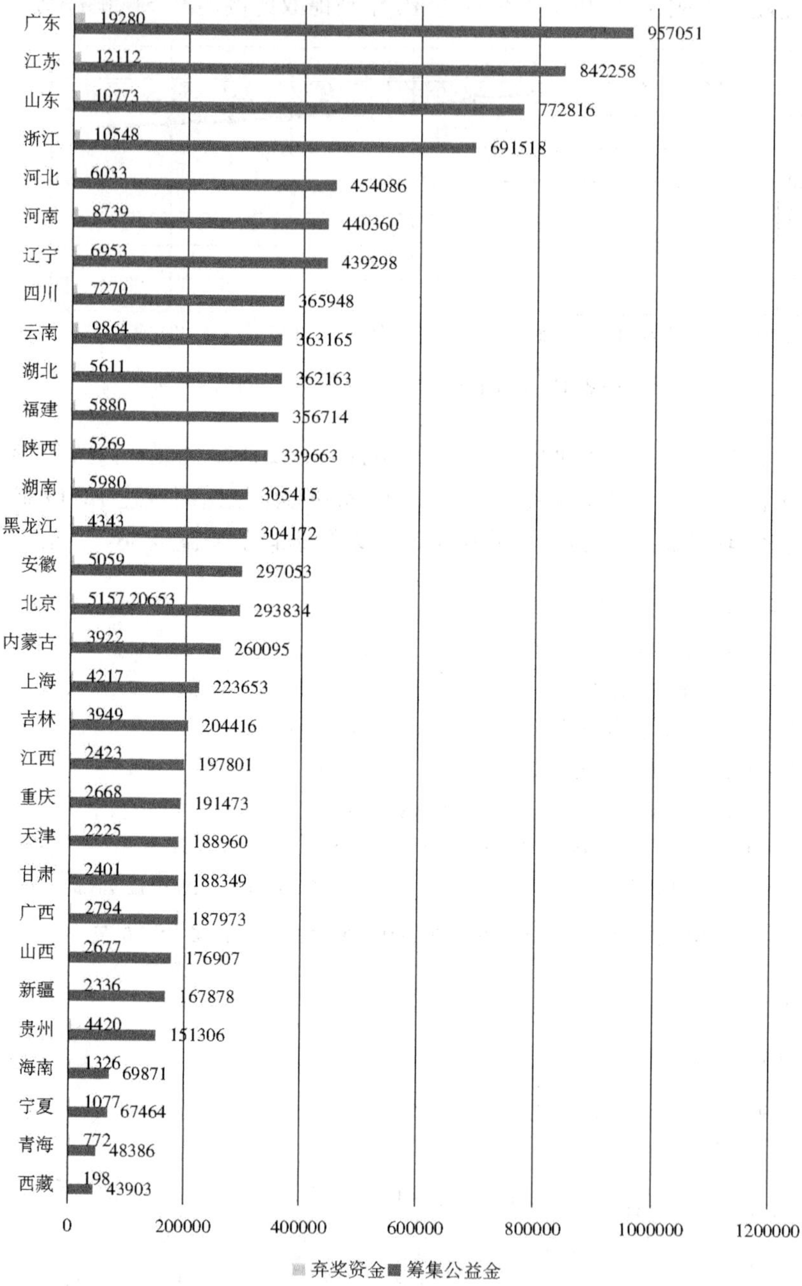

2015 年各省份公益金筹集及弃奖情况（单位：万元）

从2010—2015年中国福利彩票公益金数额占中国慈善事业捐赠和准捐赠额的比例来看（中国慈善事业捐赠和准捐赠额=当年彩票公益金筹集额+当年慈善款物捐赠额+志愿服务总额），每年福利彩票公益金所占比例为20%—32%。由此可见，福利彩票公益金在促进中国慈善事业发展中发挥着举足轻重的作用，购买福利彩票已经逐渐成为人们参与社会公益事业的一种重要方式，公益、慈善的福利彩票文化得到有效传播，福利彩票促进社会福利和社会公益事业发展的宗旨得以更好实现。

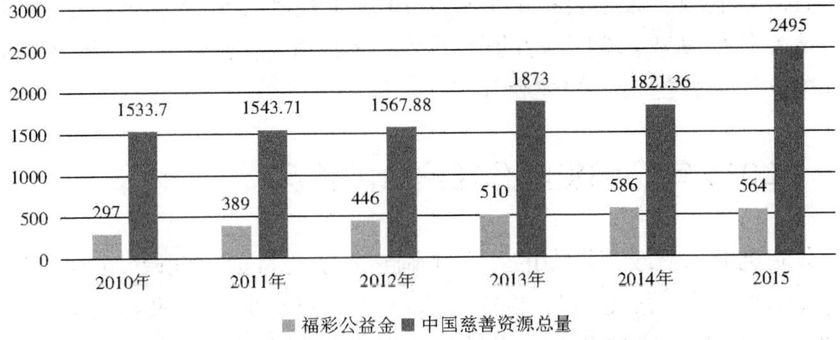

2010—2015年福利彩票公益金与慈善资源总量（单位：亿元）

第二章　福利彩票公益金分配情况

本着统筹兼顾、公平公正的原则，2015 年福利彩票公益金在中央与地方之间、地方各级民政部门之间的分配严格按照相关规定，进一步加强管理、规范程序，保证分配工作的顺利开展。

一、2015 年全国彩票公益金分配情况

国务院批准、财政部发布的《关于调整彩票公益金分配政策的通知》（财综函〔2006〕7 号）规定：从 2005 年起，彩票公益金在中央与地方之间，按 50：50的比例分配。彩票公益金专项用于社会福利事业，按政府性基金管理办法纳入预算，实行财政收支两条线管理，专款专用，结余结转下年继续使用。地方留成的公益金，由省级财政部门商民政等有关部门研究确定分配原则。中央集中彩票公益金在全国社会保障基金、中央专项彩票公益金、民政部和体育总局之间分别按 60%、30%、5%和 5%的比例分配。

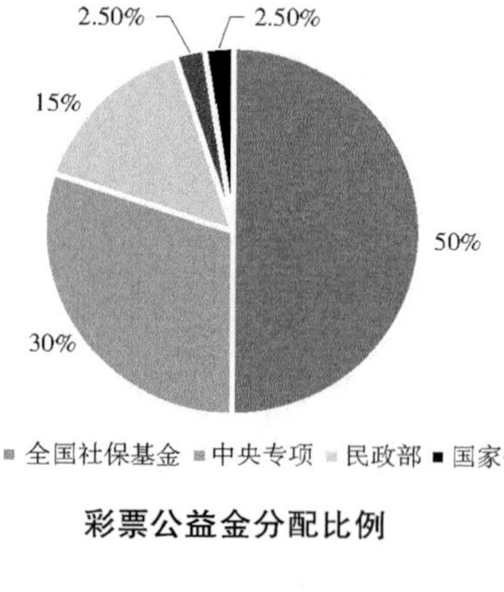

彩票公益金分配比例

根据《财政部公布 2015 年彩票公益金筹集分配情况和中央集中彩票公益金安排使用情况》，2015 年中央财政当年收缴入库彩票公益金 4905546 万元，加上 2014 年度结转收入 714478 万元，共 5620024 万元。经全国人大审议批准，2015 年中央财政安排彩票公益金支出 5721893 万元。收支相抵，期末余额-101869 万元，主要是 2015 年全年彩票发行销售量较 2014 年有所下降，实

际筹集的彩票公益金收入比预算有所减少。按上述分配政策，分配给全国社会保障基金理事会3273383万元，用于补充全国社会保障基金；分配给中央专项彩票公益金1903090万元，用于国务院批准的社会公益事业项目，经由彩票公益金的使用部门或单位向财政部提出申请，财政部审核报国务院批准后组织实施；分配给民政部272730万元，按照“扶老、助残、救孤、济困、赈灾”的宗旨，安排用于资助为老年人、残疾人、孤儿、有特殊困难等人群服务的社会福利设施建设等项目；分配给国家体育总局272690万元，支持群众体育和竞技体育发展项目。

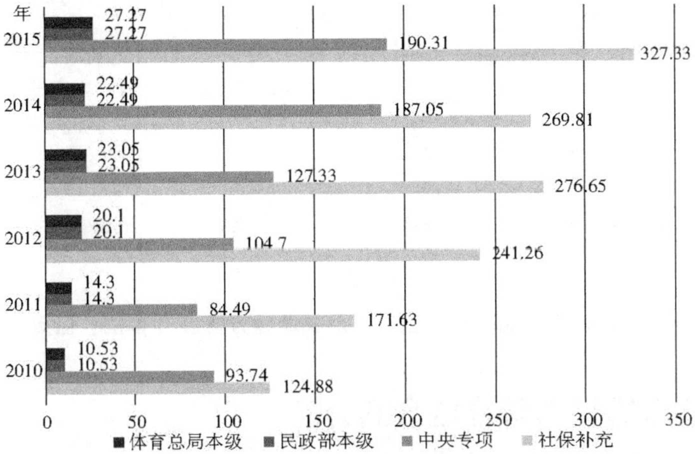

2010—2015年中央彩票公益金分配使用情况（单位：亿元）

根据财政部公告的2015年的中央彩票公益金使用情况，中央专项彩票公益金主要用于包含未成年人校外教育事业、教育助学、城乡医疗救助、农村养老服务、精神病人福利机构建设、扶贫事业、文化公益事业、残疾人事业、红十字事业、法律援助、农村贫困母亲两癌救助、婴幼儿营养补助、出生缺陷干预救助、区域福利事业发展等。

二、民政部本级彩票公益金的分配

按照分配办法，民政部和国家体育总局为等比例分配，其中分配给民政部的彩票公益金，由民政部按照“扶老、助残、救孤、济困”的宗旨，重点支持社会养老服务体系建设项目，优先支持社会福利设施建设以及残疾人、孤儿、经济困难人群等特殊困难群体受益的项目，适当支持符合规定的其他社会公益项目。实际使用中又分为列入中央本级支出的中央级项目和列入中央对地方转移支付的补助地方项目。使用主要领域为老年人福利、残障人福利、儿童福利和社会公益。

对于部本级项目，民政部坚持项目要有直接受益对象，加强了绩效评价和拨付审核，对于转移地方项目，继续采用因素法分配民政部补助地方彩票公益金，并进一步优化和规范了因素设置，在资金分配使用上突出向贫困地区倾斜。采用调整完善后的因素法分配资金，更加客观公平合理，体现了依靠制度和机制分配使用彩票公益金的精神，减少了人为因素的影响，避免了“跑部钱进”现象的发生。

2015 年民政部本级福利彩票公益金用于本级支出为 26. 16 亿元，补助地方资金为 1. 1 亿元。

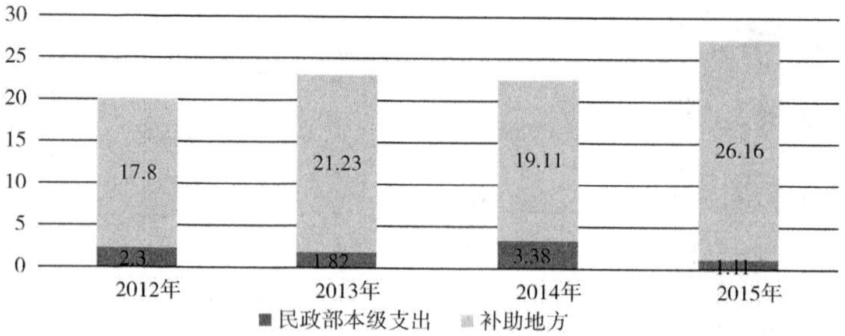

福利彩票公益金民政部本级支出及补助地方情况（单位：亿元）

三、地方福利彩票公益金的分配

依据现行规则，地方福利彩票公益金的分配由省级人民政府财政部门和民政部门确定分配比例。《彩票公益金管理办法》（财综〔2012〕15 号）第 13 条规定：“上缴省级财政的彩票公益金，按照国务院批准的彩票公益金分配政策，坚持依照彩票发行宗旨使用，由省级财政部门商民政、体育行政等有关部门研究确定分配原则。”

2015 年民政系统共支出彩票公益金 264. 7 亿元，比上年增加 57. 6 亿元，增长 24. 9%，其中用于抚恤 6. 9 亿元，退役安置 0. 2 亿元，社会福利 182. 1 亿元，社会救助 30. 0 亿元，自然灾害救助 1. 9 亿元，其他 43. 6 亿元。

2015 年，从福利彩票公益金地方留成的数额来看，市级留成比例最高，占 42. 62%；其次是省级留成比例，占 41. 86%；最后是县级留成，占 17. 52%，省市比例基本趋向一致。

2015 年，从福利彩票公益金地方留成转移支付情况看，省本级福利彩票公益金补助地方 88. 54 亿元，地级市补助地方 49. 66 亿元；从 2010—2015 年 5 年转移支付的情况来看，省级补助地方的额度和地市级补助地方的额度都有所增长。

在实际使用过程中，地方留成公益金的分配取决于各地实际情况，其中

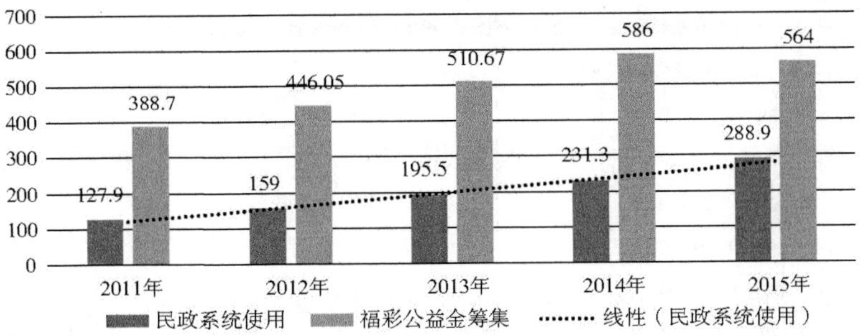

民政系统公益金分配使用金额（单位：亿元）

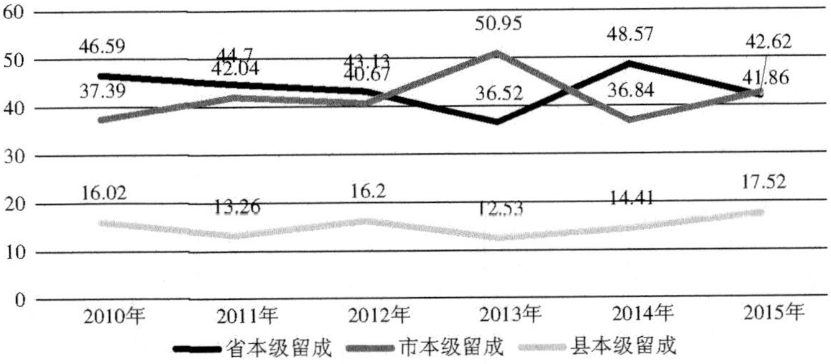

2010—2015 年省市县留成分配比例

2010—2015 年地方留成公益金转移支付情况（单位：亿元）

部分省份的资金完全由民政部门使用，多数省份的部分福利彩票公益金用来财政统筹或者调剂其他部门使用。

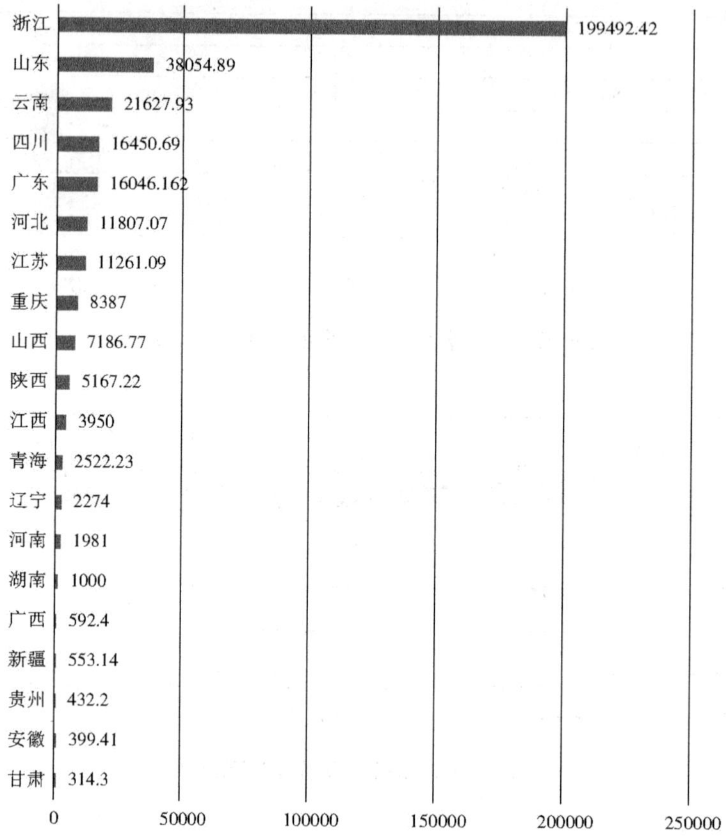

2015 年部分省份福利彩票公益金调剂使用情况（单位：万元）

第三章　福利彩票公益金投入使用情况

彩票公益金是彩票资金的重要组成部分，也是我国社会公益事业的重要资金来源。自2007年以来，我国的彩票公益金作为政府非税收入纳入政府收支分类体系进行统一管理。2012年，财政部《彩票公益金管理办法》中规定："彩票公益金专项用于社会福利、体育等社会公益事业，不用于平衡财政一般预算。彩票公益金按照政府性基金管理办法纳入预算，实行收支两条线管理"，"彩票公益金纳入政府性基金预算管理，专款专用，结余结转下年继续使用。"

福利彩票以"扶老、助残、救孤、济困"为发行宗旨，筹集的福利彩票公益金也主要在这些领域使用，以保障社会困难群体的基本生活，是我国社会福利与公益慈善事业发展不可或缺的一部分。

根据我国民政部门使用福利彩票的具体情况，考虑到预算管理程序在一定程度上会影响资金的使用时间，地方留成的福利彩票公益金很多在次年支出，因此本报告中的"2015年福利彩票公益金使用情况"，具体是指2015年实际投入使用的福利彩票公益金，不同于2015年筹集的福利彩票公益金。2015年实际投入使用的福利彩票公益金不仅包括2015年筹集的福利彩票公益金，还有部分2014年筹集以及历年结余转存的福利彩票公益金。

一、公益金实际投入持续稳定增长

2015年，中央专项彩票公益金中，民政部组织实施的内容有三项，分别是城乡医疗救助、农村养老服务和精神病人福利机构建设，主要用于资助城乡困难居民参加城乡居民基本医疗保险和对医疗救助对象符合规定的医疗费用给予资助、支持建设农村幸福院（老年人日间照料中心、托老所和老年人活动中心等）、支持新（迁）建、改扩建地级精神病人福利机构和配置设备等。资金量分别是16亿元、10.0169亿元和15.4亿元。

经财政部核准，民政部本级2015年彩票公益金使用额度为272730万元，专项用于民政社会福利及相关公益事业。其中，老年人福利类项目140605万元，残疾人福利类项目40000万元，儿童福利类项目60000万元，社会公益类

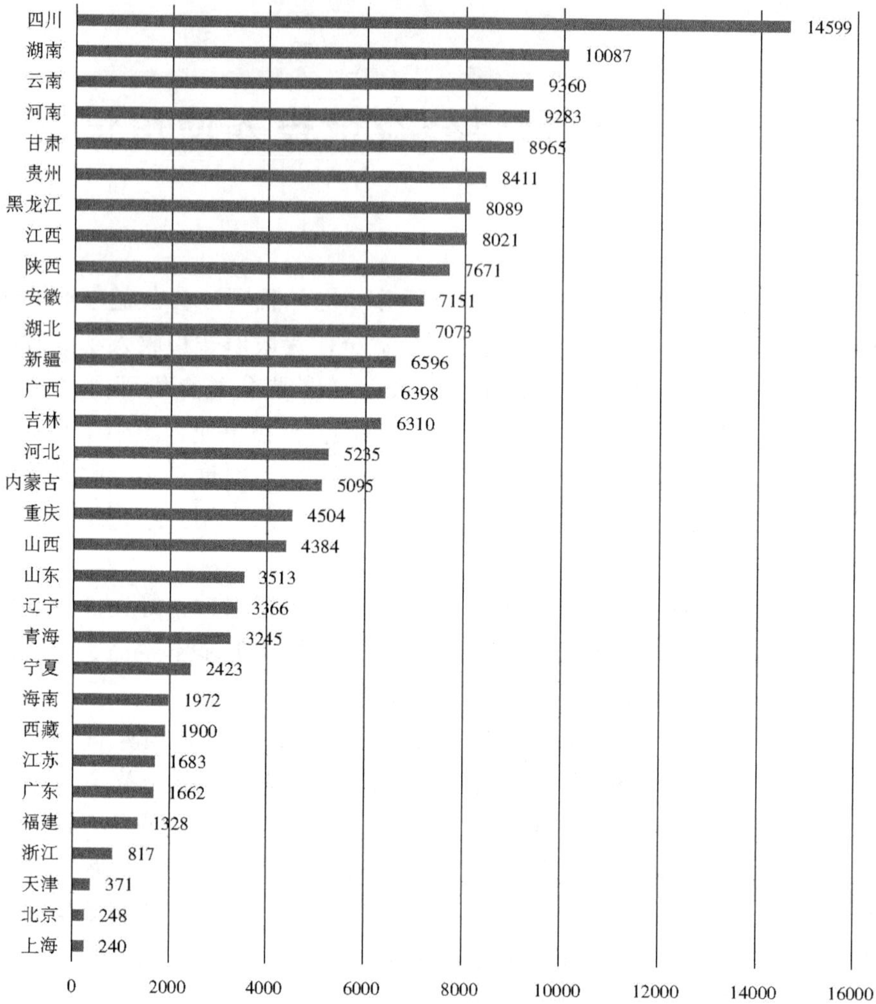

2015 年中央专项彩票公益金医疗救助资金分配情况（单位：万元）

项目 21000 万元。

2015 年各级民政部门实际投入使用福利彩票公益金 264.7 亿元，比上年增加 57.6 亿元，增长 24.9%。其中，用于抚恤 6.9 亿元，退役安置 0.2 亿元，社会福利 182.1 亿元，社会救助 30.0 亿元，自然灾害救助 1.9 亿元，其他 43.6 亿元。

近 5 年来我国使用的福利彩票公益金额度呈明显的增长趋势，以省级和地市级福利彩票公益金的投入为主。2015 年实际使用的公益金中，省级公益金投入额度最大，为 116.64 亿元；地市级公益金投入额度次之，为 83.45 亿元；县级福利彩票公益金投入为 21.1 亿元。

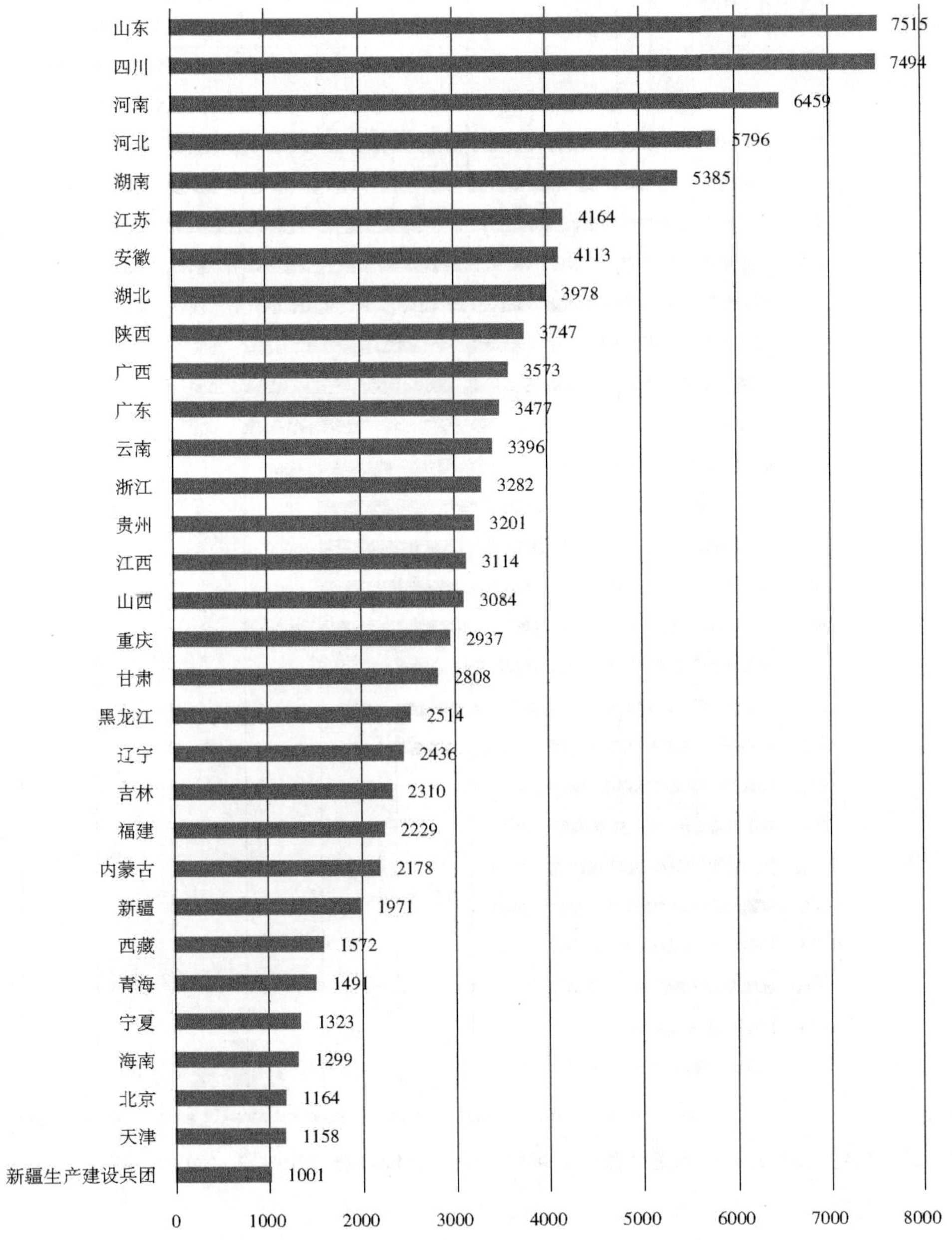

2015 年中央专项彩票公益金养老服务资金分配情况（单位：万元）

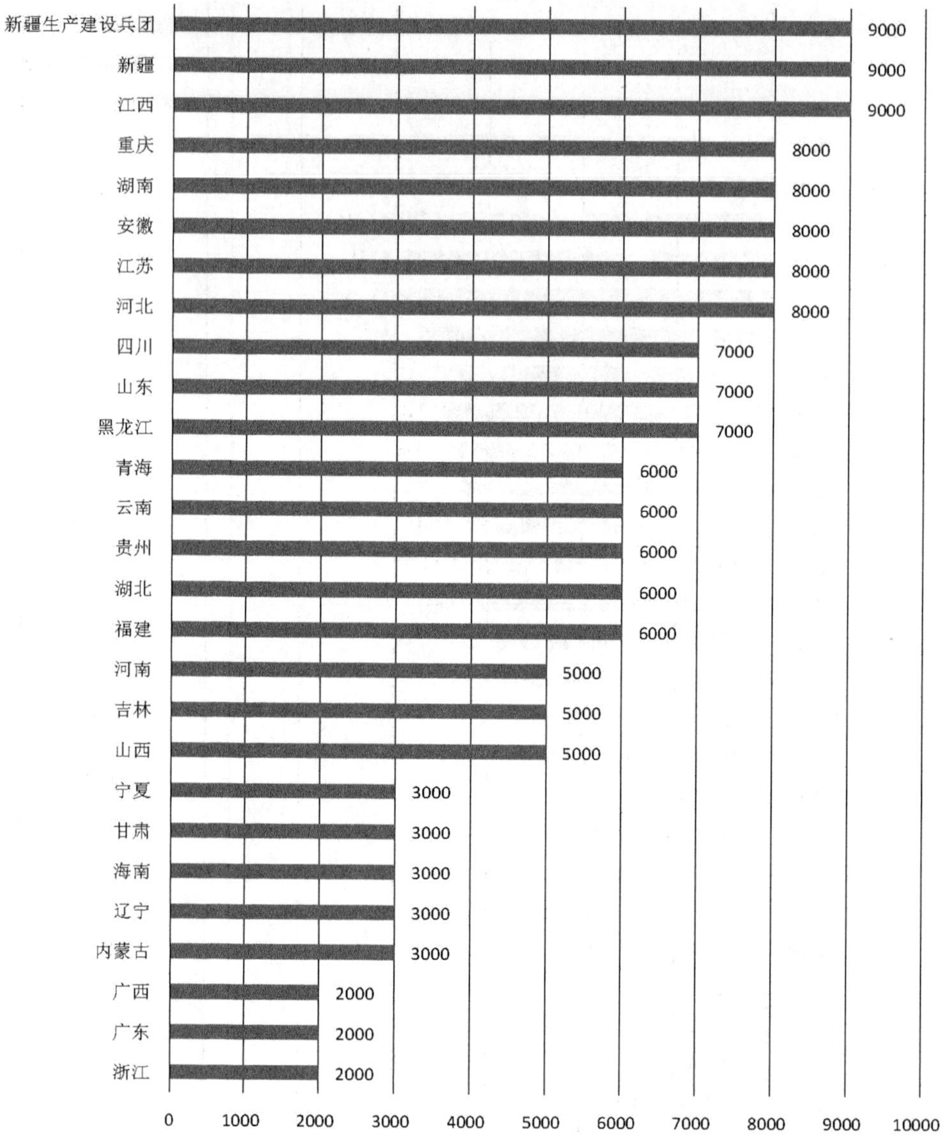

2015 年中央专项彩票公益金精神病人福利机构资金分配情况（单位：万元）

二、社会公益投入逐步提升

秉持“扶老、助残、救孤、济困”的发行宗旨，2015 年福利彩票公益金主要投入于老年人福利类、社会公益类、儿童福利类和残障人福利类四大类项目。

福利彩票公益金主要投入于老年人福利类项目和社会公益服务类项目，

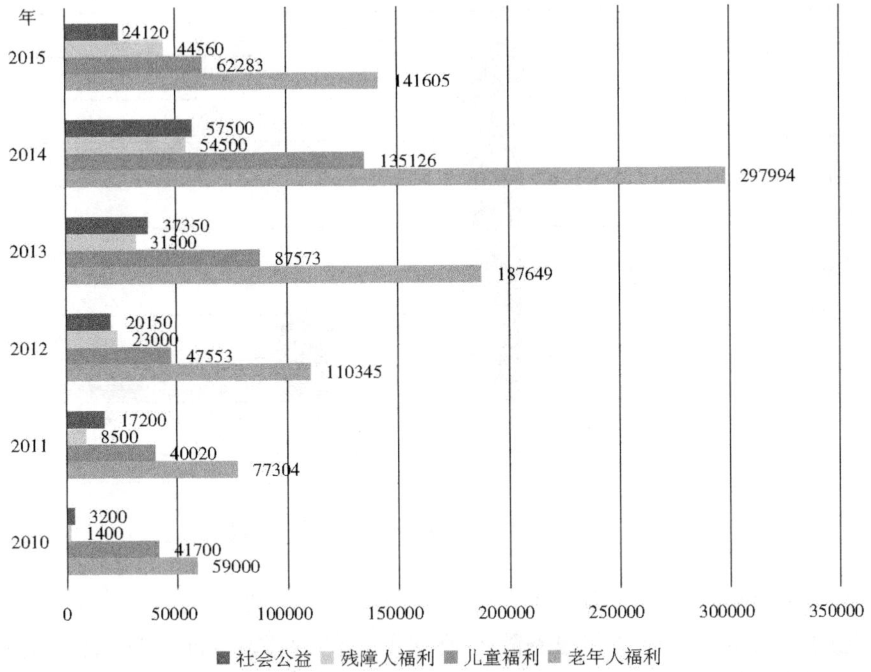

2010—2015 年民政部本级福利彩票公益金使用分配情况（单位：万元）

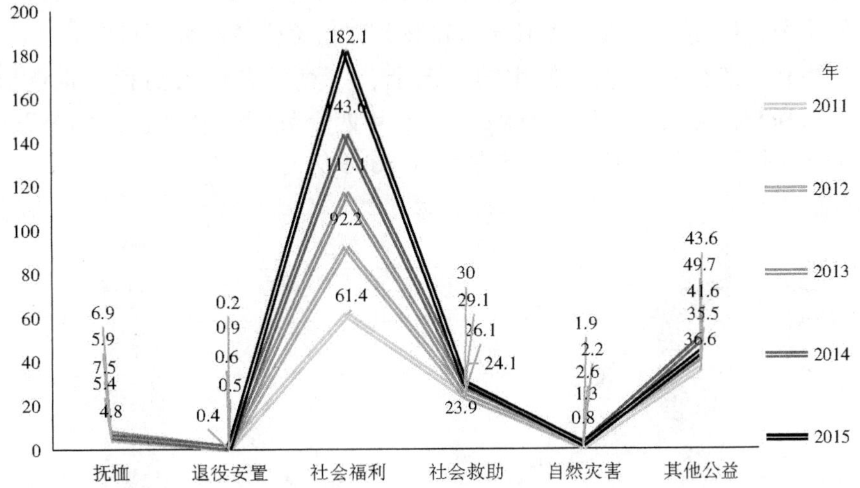

2011—2015 年民政系统支出公益金细分（单位：亿元）

除了与其宗旨有关外，也是政策引导和支持的结果。《国务院关于加快发展养老服务业的若干意见》（国发〔2013〕35 号）中，要求民政部本级彩票公益金和地方各级政府用于社会福利事业的彩票公益金，将 50%以上的资金用于

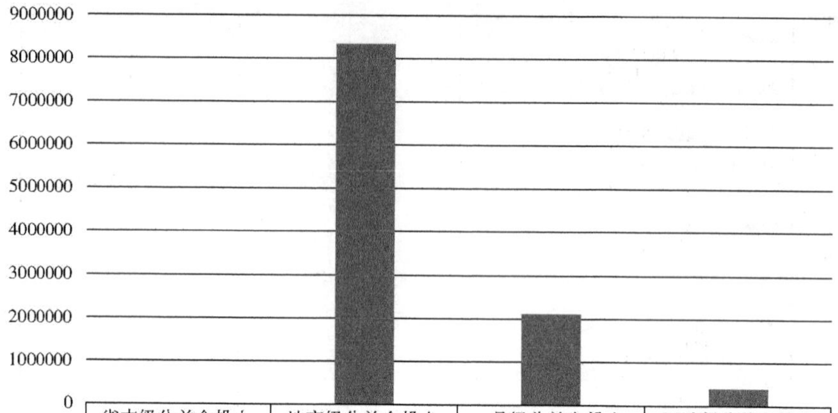

	省本级公益金投入（万元）	地市级公益金投入（万元）	县级公益金投入（万元）	民政部公益金投入（万元）
■系列1	1166496.121	8345009.14	2110333.894	395634.925

2015 年各级民政投入福利彩票公益金情况

支持发展养老服务业，并随老年人口的增加逐步提高投入比例。

党的十八届三中全会和国务院办公厅下发的《关于政府向社会力量购买服务的指导意见》中，都明确规定要支持社会公益类项目的发展。2014 年 10 月，民政部下发《关于民政部门利用福利彩票公益金向社会力量购买服务的指导意见》中指出：要“重点资助适合采取市场化方式提供、社会力量能够承担的扶老、助残、救孤、济困等福利服务和相关公益服务项目”。

在福利彩票公益金投入使用的方向上，一直以老年人福利、儿童福利、残障人福利和社会公益为四大领域。2015 年四个领域各省共投入的公益金额度为 110. 5 亿元、16. 3 亿元、7. 5 亿元和 86. 4 亿元。

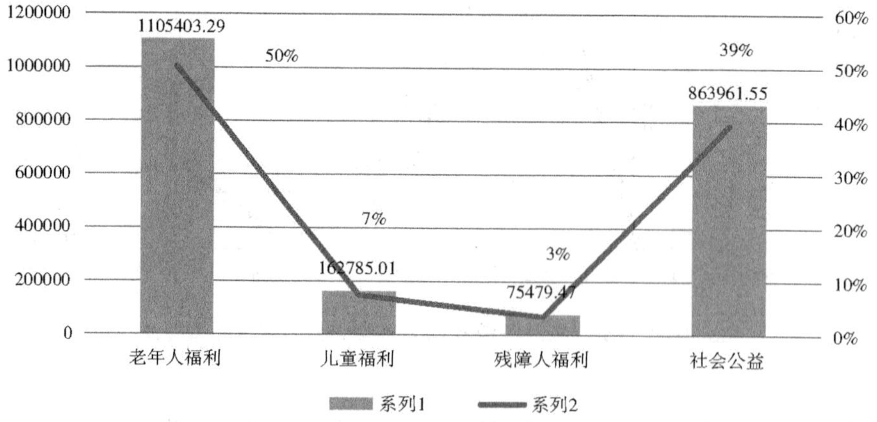

2015 年福利领域地方福利彩票公益金投入情况（单位：万元）

福利彩票公益金投入的项目类型分为基础设施类项目和非基础设施类项目。2015 年共有 252.6 亿元福利彩票公益金投入各类公益金项目中。其中，基础设施建设占福利彩票公益金使用总额的 70%左右。这一投入比例与 5 年来的使用情况保持一致，即基础设施类与非基础设施类的投入金额比稳定维持在 7∶3 左右。每年福利彩票公益金在这两类项目中的投入额虽然略有浮动，但总体的使用走向没有变化，公益金主要用于基础设施建设类项目。

第四章　福利彩票公益金使用绩效评估情况

一、福利彩票公益金使用效果明显

总体而言，2015 年的福利彩票公益金使用在资助项目数、建筑面积、床位数、受益人数等方面都有大幅增长，福利彩票公益金使用效果明显。2015 年福利彩票公益金资助 42640 个项目，比 2014 年增长 6476 个，同比增长 17.9%，实现公益金资助项目数量的持续增长。

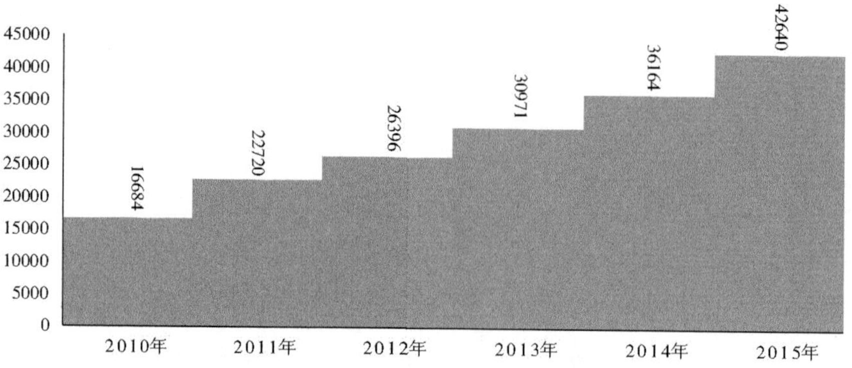

2010—2015 年福利彩票公益金项目总量（单位：个）

在建筑面积方面，2015 年福利彩票公益金资助福利机构、福利设施、安置场所、康复机构、社区设施建设、困难群众危房改造等方面的建筑面积达 5280.06 万平方米，比 2014 年增长了 18.13 万平方米，同比增长 3%。

在床位数量上，2015 年福利彩票公益金资助床位数 154 万张，比上年度增加 25.93 万张。资助的床位主要用于养老、残疾人、儿童福利机构和设施、安置场所等。

在添置设备方面，2015 年福利彩票公益金资助添置 63.59 万台设备，比上年增长 16.09 万台，增幅达 33%。

在受益人数上，2015 年福利彩票公益金共使 2.39 亿人受益。其中，直接受益 2930.88 万人，间接受益 20953.01 万人，比上年度有较大幅度提升。

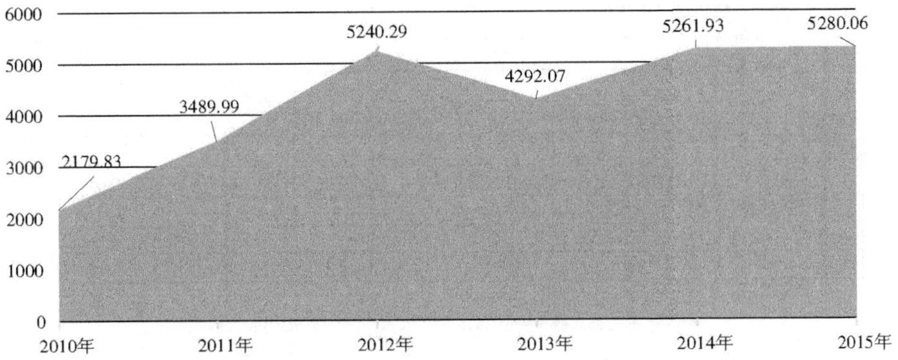

2010—2015 福利彩票公益金资助建筑面积（单位：万平方米）

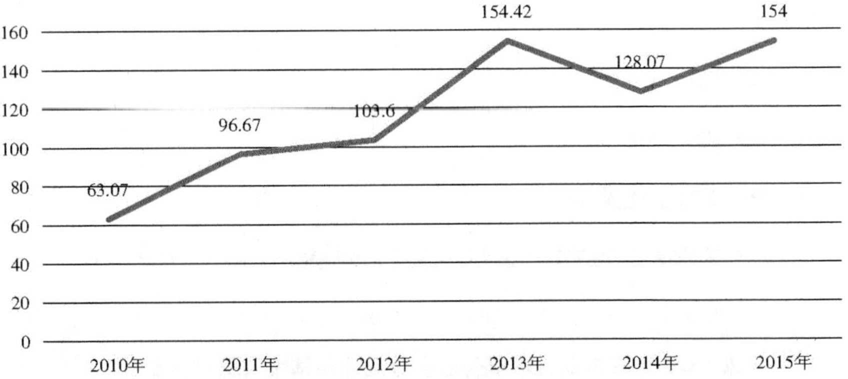

2010—2015 年福利彩票公益金资助床位情况（单位：万张）

二、福利彩票公益金项目成果各有特色

2015 年，基于区域性差异和经济发展水平不同，各地使用公益金呈现出多样化特征。以北京为例，当年销售福利彩票 50. 35 亿元，地方留用 10. 1 亿元，分配支出 8. 35 亿元。其中多数资金用于高龄老人救助、养老居家床位补贴等。其基础设施总投入资金为 2. 8170 亿元，非基础设施投入则达到 12. 91 亿元。

2015 年北京市市本级使用的 8545 万元福利彩票公益金中，用于扶持社会组织发展和居家养老以奖代补占了三成，整体使用方向呈现出多样化特征。

上海市则同样表现出城市特色的福利彩票公益金使用格局，其资助社会服务项目 17110. 9 万元，占总投入的 30. 9%；资助救灾项目 707. 4 万元，占总投入的 1. 3%；资助教育项目 274. 6 万元，占总投入的 0. 5%；资助医疗康

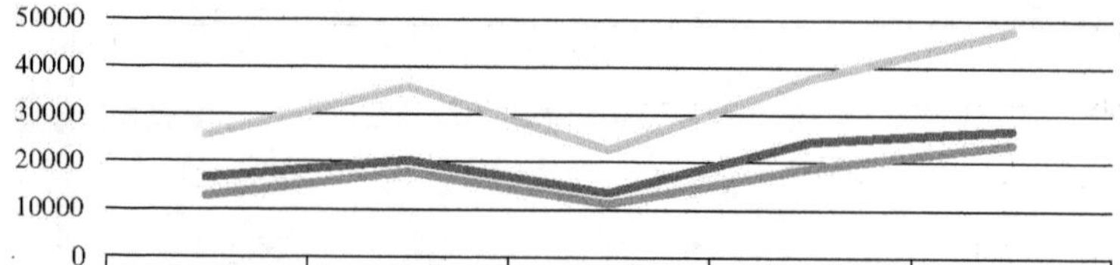

	2011年	2012年	2013年	2014年	2015年
间接受益人数	8996.95	15588.58	9057.86	13338.27	20953.01
直接受益人数	3832.78	2337.25	2284.46	5562.58	2930.88
总受益人数	12829.73	17925.83	11342.32	18900.85	23883.89

总受益人数　直接受益人数　间接受益人数

2011—2015 年福利彩票公益金使用受益人数（单位：万人）

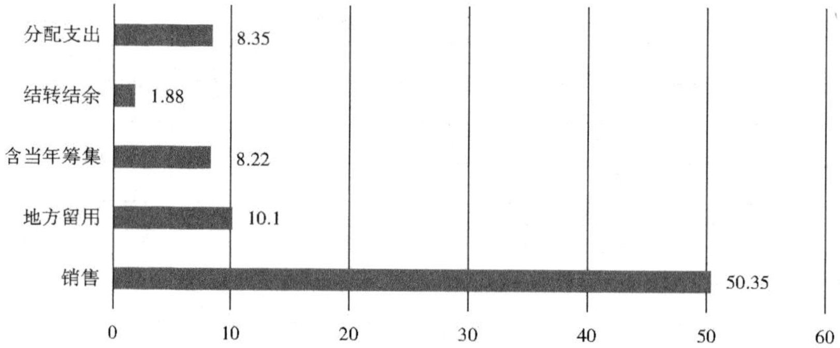

2015 年北京市福利彩票公益金分配使用情况（单位：亿元）

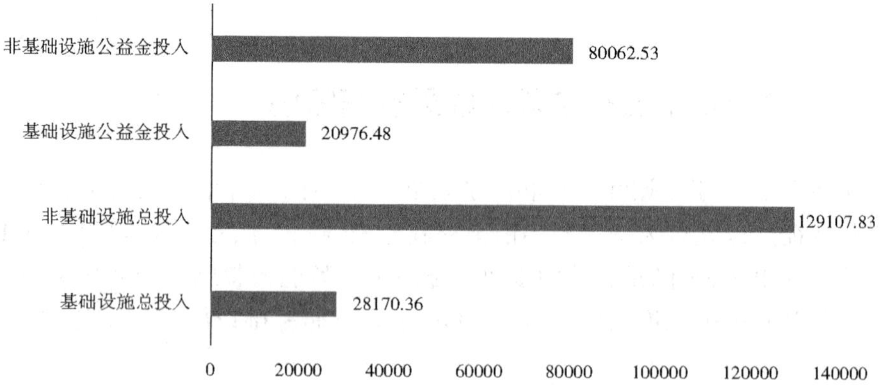

2015 年北京市福利彩票公益金分配使用情况（单位：万元）

复项目 655.6 万元，占总投入的 1.2%；资助社区服务项目 27568.9 万元，占总投入的 49.8%；资助文化项目 432.6 万元，占总投入的 0.8%；资助扶贫项目 3088.7 万元，占总投入的 5.6%；资助其他项目 5513.2 万元，占总投入

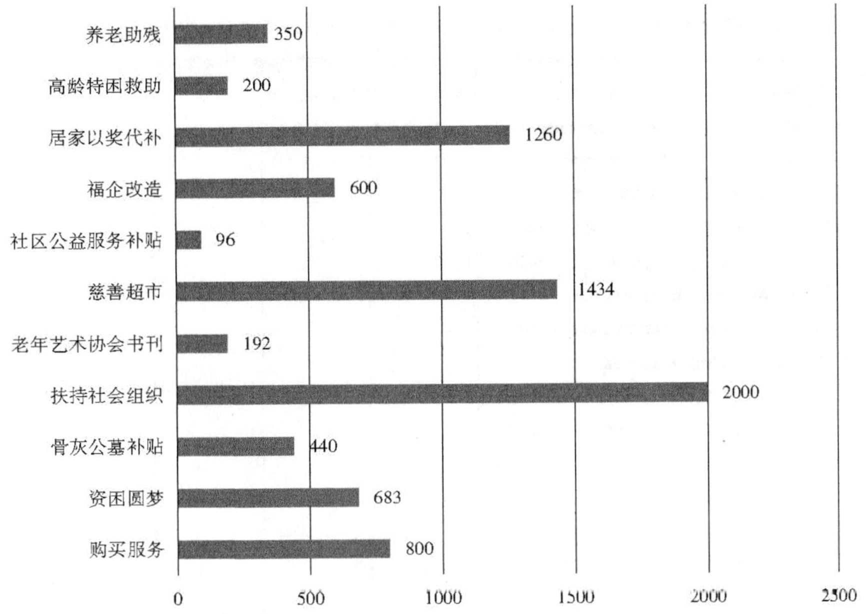

2015 年北京市福利彩票公益金市本级使用情况（单位：万元）

的 9.9%。

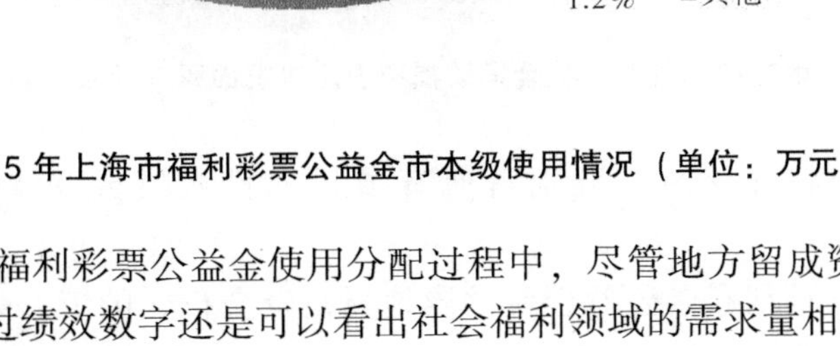

2015 年上海市福利彩票公益金市本级使用情况（单位：万元）

在各省份福利彩票公益金使用分配过程中，尽管地方留成资金取决于销售量，但是通过绩效数字还是可以看出社会福利领域的需求量相当巨大。

三、福利彩票公益金带动 317. 3 亿元资金投入

根据对 2015 年福利彩票公益金的统计结果，各地民政部门的福利彩票公益金共带动 317. 3 亿元资金投入。其中，地方财政投入 176. 01 亿元，社会资

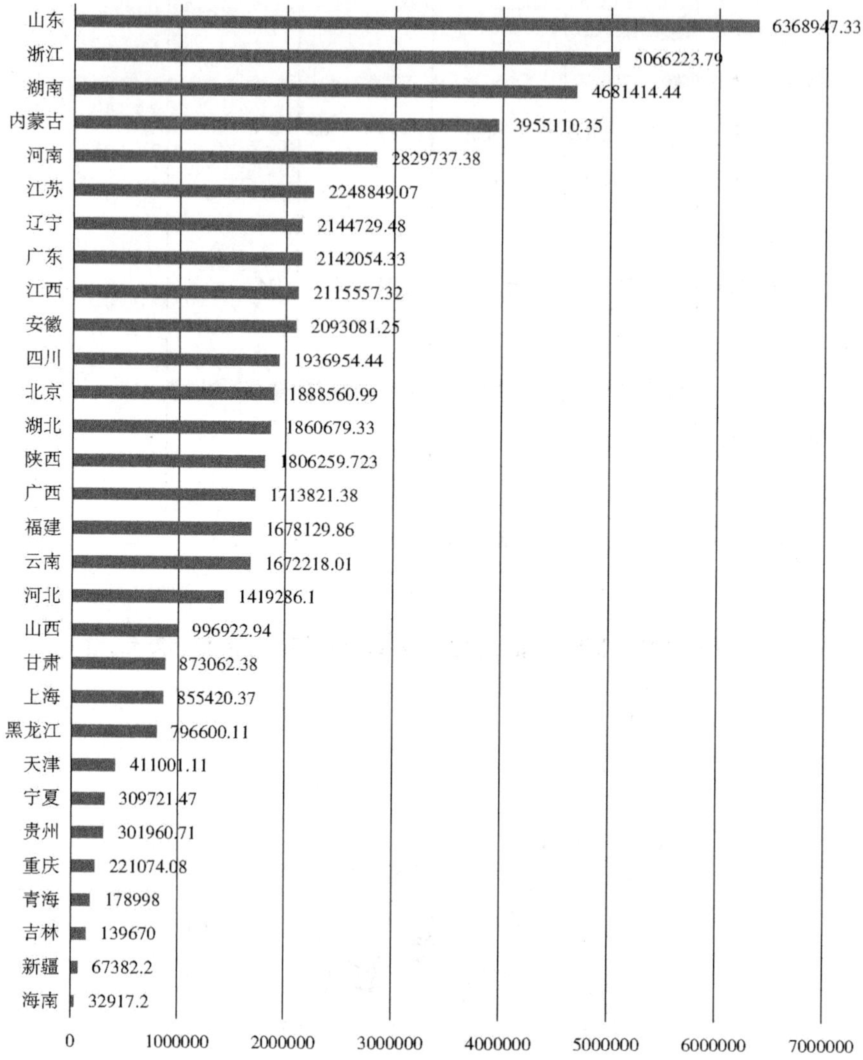

2015 年地方福利彩票公益金资助福利设施建筑面积（单位：万平方米）

金投入总额 141.3 亿元，分别占所有项目总投入资金 908 亿元的 19.4% 和 15.6%。

从各省份福利彩票公益金带动当地财政资金投入的情况来看，2015 年，江苏、广东、湖南、天津、山西 5 省市带动的财政投入排在前列，分别为 27 亿元、18.85 亿元、13.67 亿元、11.56 亿元和 10.89 亿元。四川、内蒙古、安徽、湖北等 12 个省份的财政资金投入均在 5 亿元以上。

从各省份福利彩票公益金带动当地社会资金投入的情况来看，2015 年，内蒙古、江苏、湖南、山东、湖北 5 个省份社会资金投入较多，分别为 25.28

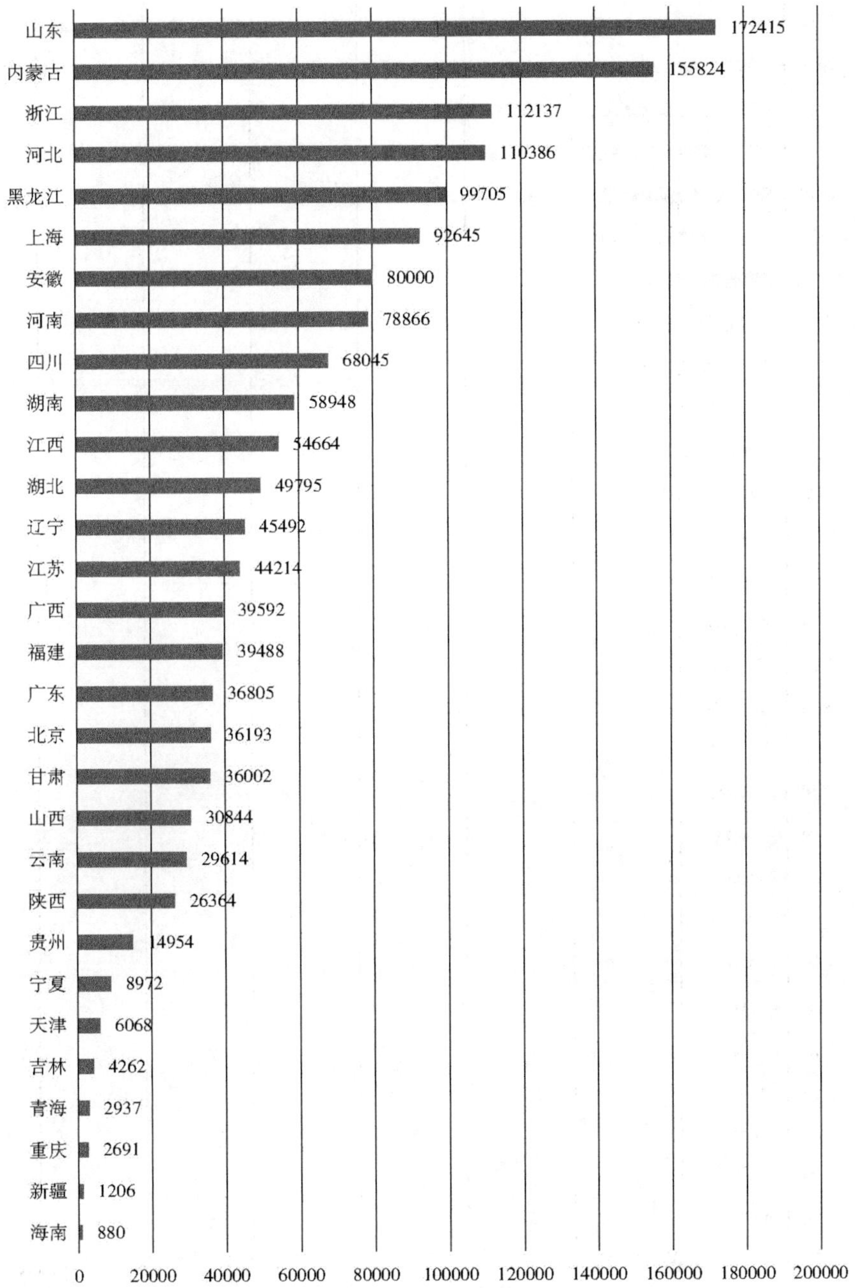

2015 年地方福利彩票公益金资助床位数（单位：万张）

亿元、17.36 亿元、10.9 亿元、10.71 亿元和 7.71 亿元；江西、四川、山西等 11 个省份带动社会资金投入额均在 5 亿元以上。

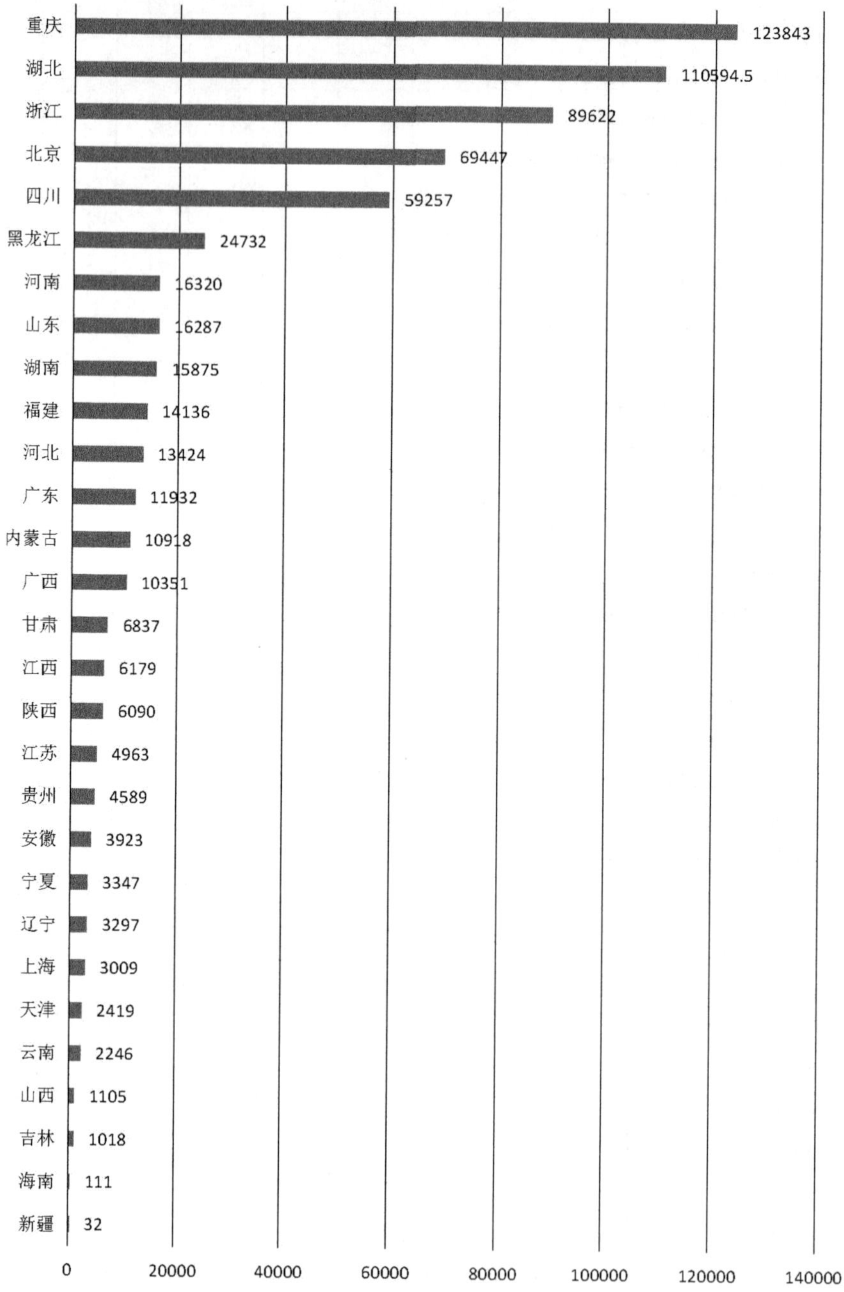

2015 年地方福利彩票公益金资助增添设备数（单位：台）

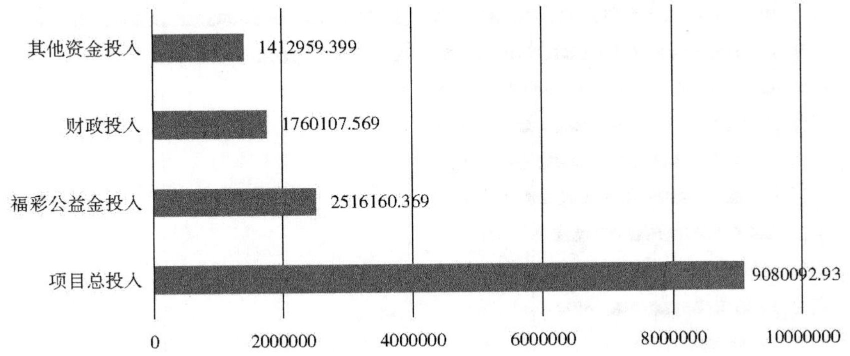

2015 年福利彩票公益金项目投入结构（单位：万元）

四、福利彩票公益金社会效果明显

福利彩票公益金为各地社会福利事业和改善民生状况提供了强有力的资金支持，经数据分析和案例调研，2015 年我国福利彩票公益金的使用以老年人福利类项目为重点，促进公益事业全面发展，社会效果明显。

在老年人福利类项目上，依据公益金将不低于 50%的比例用于社会养老服务体系建设的规定，2015 年，各地福利彩票公益金投入老年人福利事业 111 亿元，占全年公益金使用总额的 50%。

一是提升了养老服务的基础设施建设水平。在中央专项公益金中，安排农村养老服务 100169 万元。项目由民政部组织实施，主要用于支持建设农村幸福院、老年人日间照料中心、托老所和老年人活动中心等。

在 2015 年部本级福利彩票公益金补贴地方老年人福利类项目的 14 亿元中，主要用于新建和改扩建以服务生活困难和失能失智老年人为主的城镇老年社会福利机构、城镇社区养老服务设施、农村五保供养服务设施、供养孤老优抚对象的光荣院、对伤病残退役军人供养终身的优抚医院以及城乡社区为老服务信息网络平台等。通过项目支持，不断提升社会养老服务体系建设水平，不断增加护理型养老机构或者护理床位数，提高居家和社区养老服务覆盖率，为完成“十二五”社会养老服务体系建设规划目标打下基础。

二是进一步推进了养老服务的信息化进程。2015 年部本级福利彩票公益金中，有 100 万元用于国家养老服务信息系统运维项目，由民政部社会福利中心负责实施。主要用于在全国范围推广使用“国家养老服务信息系统”项目建设成果；进行数据中心网络线路租赁、设备更新维护、设备运行能耗、基础设施运维、国家信息安全等级保护测评、对采集人员进行必要的业务培

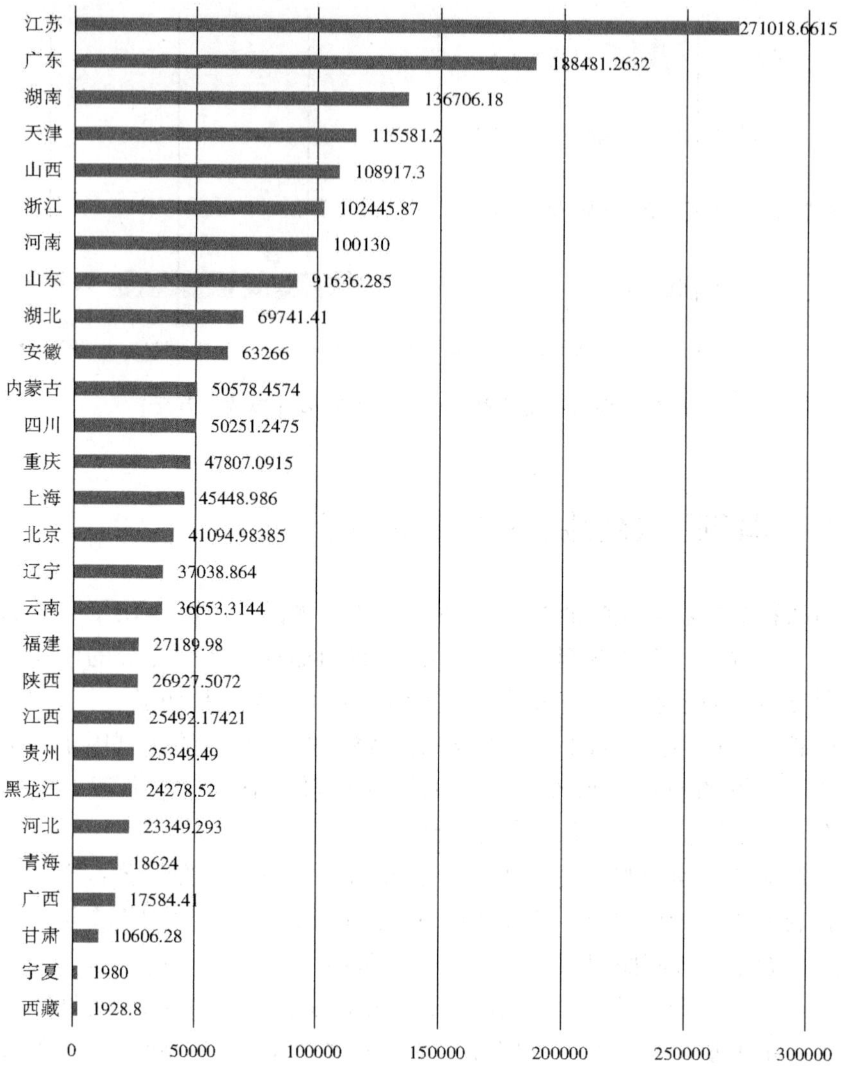

2015 年福利彩票公益金项目财政资金投入（单位：万元）

训指导等。

在社会公益类项目方面，2015 年，福利彩票公益金投入社会公益类项目 86 亿元，占全年公益金使用总额的 39.4%。

社会公益类项目服务成果丰硕。部本级公益金投入 2 亿元。其中 8000 万元主要用于市县未成年人救助保护中心建设和滞留受助人员临时安置场所建设。重点支持流动人口多、滞留人员多、流浪未成年人救助任务重的重点流入地区和未成年人外出流浪数量较多的重点流出地区。优先资助开展困境未成年人社会保护试点工作并已取得初步成效的试点地区。7000 万元用于殡葬

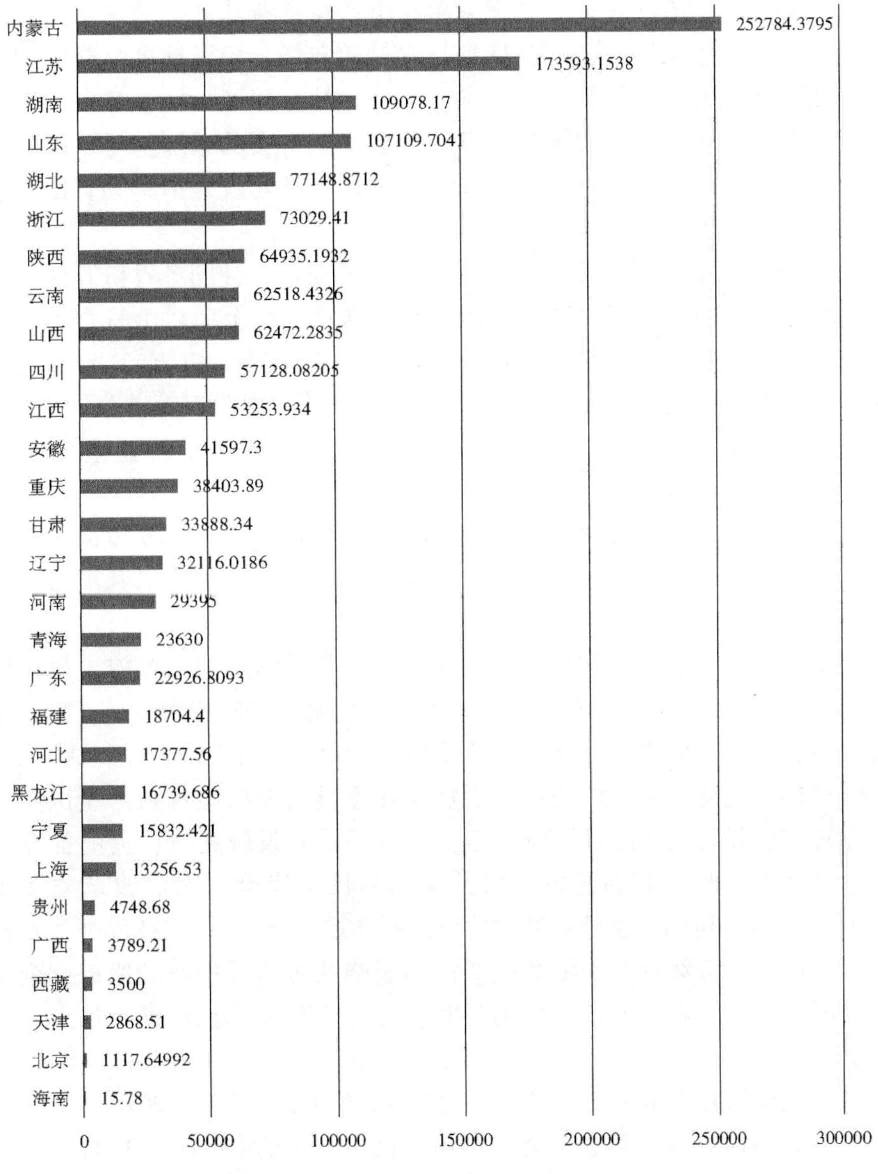

2015 年福利彩票公益金项目其他资金投入（单位：万元）

基础设施建设和殡葬设备更新改造，包括殡仪馆维修、火化设备更新改造和公益性骨灰安放设施建设。重点支持殡葬工作起点低、基础条件差、财政困难、殡葬改革任务重的中西部地区。对采取有力措施深入推动殡葬改革的地区优先资助。5000 万元用于社会捐助体系建设和捐赠废旧纺织品综合利用子项目。为贯彻落实《国务院关于促进慈善事业健康发展的指导意见》（国发〔2014〕61 号）和《民政部关于加强和创新慈善超市建设的意见》（民发

〔2013〕217号），2015年通过加强慈善超市和经常性社会捐助站点示范化建设，进一步扩大慈善超市在城乡特别是农村的布局，积极推进捐赠废旧衣物综合利用工作，增强慈善超市自我发展能力和社会服务功能，建设一批捐赠废旧衣物再利用基地，为我国慈善事业发展奠定坚实的基层基础。资助经费主要用于慈善超市和经常性社会捐助站点的软硬件建设、捐赠物资配送、加工和储存设施设备建设等。

还有1000万元用于社会工作和志愿服务子项目，补助各省份开展一批面向特殊困难人群的社会工作和志愿服务示范项目。每个项目由符合条件的社会工作服务机构或志愿服务组织承接，通过社会工作者、志愿者“两工互动”服务模式，有效回应服务对象的社会心理服务需求，帮助其改善生活境况。

在残障人和儿童类福利项目方面，2015年福利彩票公益金分别投入16.28亿元和7.55亿元。

这两类项目中的基础设施服务中，康复项目是特色。2015年部本级公益金投入儿童福利项目6亿元，残障人福利项目4亿元。儿童福利项目主要包括两项：

一是县级儿童福利机构建设，残疾儿童、艾滋病影响儿童养治教康项目50000万元。用于资助儿童福利机构改善特教环境，更新特教设备，购置学习用品用具；购买、维修和更新脑瘫儿童康复训练设备器材及全国脑瘫儿童康复训练费用；支持经国务院防治艾滋病工作委员会办公室确认的全国艾滋病流行重点省份开展受艾滋病影响儿童福利指导中心设施建设；资助各省（自治区、直辖市）2015年新建的县级儿童福利机构建设（发展改革委“十二五”县级儿童福利机构建设资助过的单位不再重复资助）；支持加强儿童福利机构康复训练、特殊教育功能和受艾滋病影响儿童指导中心的服务，全面提升儿童福利机构专业功能，以便为孤儿、弃婴及残疾儿童提供更加专业的福利服务。

二是残疾孤儿手术康复“明天计划”项目10000万元。2015年，“明天计划”一方面延续以往办法，资助对福利机构收养的0—18岁且具有手术适应证的残疾儿童的手术康复治疗；另一方面，落实李克强总理在看望“明天计划”手术康复孤残儿童时，明确提出的要“进一步加大投入，支持‘明天计划’拓展规模、提高水平，使更多患儿特别是农村和贫困地区的孩子受益”的重要指示精神，将手术适应证儿童扩展至社会散居孤儿，从手术康复向医疗康复、脑瘫康复向综合康复拓展。

残障人福利项目主要用于民政部门举办或委托服务的精神病人社会福利机构的新建、改扩建及设施设备配置，也可以用于以残疾人为主要服务对象的其他民政直属福利机构的改扩建及设施设备添置。有条件的地区可用于购买精神卫生福利服务。其中，精神病人社会福利机构是为精神障碍患者中的特困人员、流浪乞讨人员、低收入人群、复员退伍军人等特殊困难群体提供集中救治、救助、护理、康复和照料等服务的机构，包括精神病人福利院、精神病人医院、智障福利院、工疗站、农疗站、社区康复机构等。其他民政直属残疾人服务机构主要包括康复辅具配置机构、盲人按摩机构、麻风病院等机构。

第五章　福利彩票公益金使用趋势

一、福利彩票发行管理政策创制促进公益金筹集

通过5年的持续努力，2011—2015年全国福利彩票累计发行销售8628亿元，超过“十二五”规划设立的最高7000亿元的目标，是“十一五”时期销量的2.5倍；5年累计筹集公益金约2488亿元，是“十一五”时期的2.2倍，为国家社会福利、社会公益事业作出了积极贡献。

各地福利彩票发行中心，着力加强市场规范、资金管理、信息公开、决策透明等方面制度建设，完善工作程序，扩大社会监督，回应社会关注，为公益金筹集奠定了良好基础。中国福利彩票发行管理中心（以下简称中福利彩票中心）围绕市场管理的关键环节，修订下发了《中国福利彩票代销证管理办法》《中国福利彩票销售场所规范化建设手册（2015版）》等制度办法，逐步健全市场管理规范制度体系。围绕资金管理和使用的关键流程，结合发行费纳入政府性基金预算管理改革，出台了《中国福利彩票中心预算管理办法》《中国福利彩票中心账户管理办法》等规章制度，逐步健全资金管理制度体系。围绕信息公开、舆情管理、宣传口径等工作，出台了《中国福利彩票中心信息公开暂行办法》《中国福利彩票舆情应对工作规程》等规章制度，逐步健全信息舆情管理制度体系。围绕决策程序、政府采购、对外合作等重要工作，出台了《中国福利彩票中心领导班子会议规程》等多项规章制度，修订印发了《采购和资产管理制度汇编》，逐步健全决策管理和行政管理制度体系。

二、福利彩票公益金管理和福利彩票文化建设进一步加强

彩票资金实行“收支两条线”管理，彩票公益金按照政府性基金管理纳入财政预算，彩票发行费纳入财政专户管理。有关地方加强了彩票公益金的管理使用工作，预算编制和执行工作不断规范，彩票公益金公告制度逐步推进，为彩票公益金取之于民、用之于民提供了保障。民政部补助地方项目资

金主要采取因素法分配，即充分考虑各省份人口数量及结构、地方财力、工作任务及成效等主要因素，将彩票公益金分配各地，由各地结合实际情况分配使用，地方在管理分配公益金时也采取或部分采取了因素法分配。2015 年这一手段进一步在实践中得到科学合理的应用。

福利彩票奉行“扶老、助残、救孤、济困”理念，开始构建以公益、慈善、健康、快乐、创新为基本元素的福利彩票文化；体育彩票秉承“来之于民，用之于民”的发行宗旨，坚守“公益体彩乐善人生”公益理念，积极传递社会正能量。

2015 年 6 月 25 日，事关彩票公益金的国家级层面的审计结果首次公示。国家审计署的公示对 18 个省份的彩票发行市场化建设、法规制度建设、彩票资金管理给予肯定，同时肯定彩票公益金对支持社会公益事业发挥了积极作用。

审计结果显示，2012—2014 年，北京、山西等 18 个省份共支出 896.44 亿元彩票公益金资助了 14.28 万个社会服务项目。这些资金被广泛运用于福利事业和体育事业发展等各项社会公益性事业。当然这次审计也查出了相当多的问题，有 1/4 的资金被查出存在虚报套取、挤占挪用、违规采购、违规购建楼堂馆所和发放津贴补贴等违法违规问题，这些违规资金的数量为 169.32 亿元，占比 25.73%。违规利用互联网销售彩票、部分资金闲置和使用效率不高等问题也被点出。这次的审计公示将彩票业的问题首次向大众披露，被社会称为“彩票审计风暴”。

与“彩票审计风暴”并行的一件事情是“互联网彩票禁售风波”。在审计结果公示之前的 2015 年 4 月 3 日，财政部等八部委在充分调研互联网彩票的基础上联合发布公告，对擅自利用互联网销售彩票的行为坚决制止，同时严厉查处非法行为，进一步探索利用互联网工具开拓彩票发行市场。

伴随着彩票行业一系列的整改和针对互联网售彩的大讨论，中国彩票业“成长中的烦恼”越来越清晰地呈现出来，困难和挑战主要表现为：彩票发行销售扩张压力比较大，部分区域销售存在过度开发和适度开发不均衡的问题，市场秩序、彩票监管制度、监管能力和效率有待规范和提升，彩票公益金分配和使用有待优化提高等。

三、福利彩票公益金资助项目更加多元化

2015 年福利彩票公益金资助项目表现出更加多元化的趋势。其中，对老年人福利类项目的资助有所降低，资金呈更多样化流向其他领域，全盘呈现出更加均衡的局面。尤其是在社会组织使用彩票公益金，政府购买服务方面，表现得特别突出。

政府购买服务的相关制度规定，在非基本公共服务领域，提倡更多更好

地发挥社会力量的作用，凡是社会力量有能力承担的社会服务，政府可以通过委托、承包、采购等方式交给社会力量承担。至于资金来源，要在财政预算安排中进行统筹。

2014 年 10 月 19 日，民政部发布了《关于民政部门利用福利彩票公益金向社会力量购买服务的指导意见》（以下简称《指导意见》）。《指导意见》对利用福利彩票公益金购买社会服务的指导思想、基本原则、目标任务以及购买主体、购买内容、购买的程序与方式作了详细的说明和指导。

而之所以没有在相关文件中对于购买内容作具体细致的规定，主要考虑：一是购买内容无法一一列举。随着市场经济改革不断深化，政府职能在发生转变，政府提供服务的内容和社会力量承接的能力也在不断调整变化之中，一些原有职能可能逐渐消亡，一些新职能可能不断涌现，不可能准确列举出购买服务的所有项目。二是购买范围不宜具体列举。我国区域间发展很不平衡，明确全国统一的购买服务项目范围，容易束缚地方手脚。如五保老人供养服务问题，西部部分地方仅能勉强提供五保老人最基本的生存保障服务，而东部部分地方不但能提供基本生活保障，而且能进行心理关怀和老年人力资源开发，相差比较悬殊。

至于购买服务承接主体，2015 年 1 月 1 日实施的《政府购买服务管理办法（暂行）》规定，承接政府购买服务的主体，既包括在登记管理部门登记或经国务院批准免予登记的社会组织，也包含按事业单位分类改革应划入公益二类或转为企业的事业单位，依法在工商管理或行业主管部门登记成立的企业、机构等社会力量。

在该办法第二十三条中强调，政府购买服务所需资金，应当在既有财政预算中统筹安排。购买主体应当在现有财政资金安排的基础上，按规定逐步增加政府购买服务资金比例。

第六章　福利彩票公益金使用建议

一、完善福利彩票公益金使用管理制度

彩票公益金取之于民、用之于民，针对彩票公益金所面临的风险，除了查漏补缺式的整改之外，需要建立相对独立而有效的监管体制。

虽然中国彩票诞生已近 30 年，但市场发展比较失衡，从机构到购彩者都有急功近利的现象，监管基本上是行政手段，监管标准的科学依据不足。因此监管体系建设是十分重要的，监管部门要进一步提升监管的专业性，加强对彩票发行销售市场的监管，通过专业技术手段来分析和评判市场，出台引导市场健康发展的政策和规定，并注意政策的延续性和规定的可执行性。避免出现由于不科学的发行销售彩票游戏和错误的市场引导造成的彩票社会责任事故。

对于滥用发行费问题，财政部已经提出了积极的整改措施，对彩票发行机构的发展进行改革，业务费由单位财务收支计划管理改为纳入政府性基金预算管理。同时进一步研究完善彩票资金构成比例政策，适当下调彩票发行费比例，合理提高彩票公益金比例，充分体现彩票的社会公益性。对于擅自截留、挤占、挪用彩票机构业务费的，按照法律规定严格追究责任。

对于互联网售彩的风险问题，国家层面的售彩大系统亦将推出，实行国家做平台、彩票网站做代理的模式重启互联网彩票，代理的资格通过发牌照确定，借此解决彩票销售的监管问题。国家将建立彩票业的监督机制，肃清互联网彩票公司违规违法行为并完善行业规则。互联网售彩全部纳入监管之后，重启互联网彩票销售，吃票、坐私庄、违规促销这些问题就会相应得到解决。

对于公益金结余、滞留、使用效率不高的问题，应当在分配使用环节形成更加健康的、社会参与的决策机制，完善支出预算规则，进一步推动重点项目建设，细化使用范围，引入专业的第三方评估机制，提高资金使用效益。

对于透明度不高的问题，需要强化公益金支出预算、使用的公示规范，建立资金使用和支出的“晒账本”机制，增加发行使用机构的信息透明度。

二、强化项目督查，健全第三方评估

当前主要存在三大问题：一是全面监管的公益金管理制度体系还未完全

建立；二是在严格公益金使用的同时，还需要进一步研究加强资金的分配使用，统筹规划，更好地围绕中心服务大局，更好地提高资金使用效益，服务贫困地区和特困群体；三是各项制度有待进一步落地落实，形成公益金规范使用、监管到位的良好工作局面。因此要尽快加强立项评审、绩效评价、信息公开等已有制度的落实，细化流程，相互配套，形成制度体系，进一步强化对项目资金使用的监督检查，主动接受有关部门和社会监督，促进信息公开透明。

第三方评估问题中，最重要的是第三方的资质和能力问题，其次是评估的内容怎样确定。彩票政策和规定的评估问题是人员缺乏，我国彩票发展时间毕竟比较短，彩票销售机构行政化色彩过浓，主要靠行政力量组成销售队伍，人员特别是高级管理人员流动大，大专院校近几年才有一些专家学者开始研究彩票，但理论和宏观方面比较多，相关彩票企业又由于利益牵扯，第三方评估人员中其比例不宜过高，因此在当前筛选合适的第三方评估人员也是有一定难度的。但是第三方检测和第三方评估对彩票的发展至关重要，第三方检测可以保证彩票游戏科学合理，从而确保彩票事业公平公正，第三方评估是彩票业利用外脑，提高彩票的管理和监管水平的一项途径。

由于第三方评估可以引进各方人员，对全面掌控评估对象有较大的保障，使彩票能在科学和社会责任兼顾的情况下发展。各地应加快引入第三方评估机构，对福利彩票公益金使用绩效进行专业评估，包括项目实施过程、结果及经济社会效益等因素。通过审核资料，现场踏勘，核对票据等方式对项目申报资金的合理性进行专业审核，提升资金使用的科学性、客观性、合理性。

三、提升福利彩票社会形象

福利彩票事业发展必须高度重视舆情管理。要完善福利彩票舆情信息服务平台功能，提高舆情监控水平；建立福利彩票系统舆情管理和危机处置协作机制，提高舆情处置能力；主动引导舆论导向，营造和谐健康的福利彩票舆论环境。

民政系统应当发挥联动效应，出台全国福利彩票宣传工作指导意见，建立宣传智库，试点开展发行机构、销售机构、公益金使用单位相互配合、步调一致的宣传活动，逐步建立健全全国联动、分工协作的宣传工作机制。努力保持现有市场稳定，不断开发新市场，形成新增量，树立新时期福利彩票良好社会形象，为国家社会福利和公益慈善事业作出更大贡献。

中 篇

2015年度各省份福利彩票公益金使用情况报告汇编

2015年度福利彩票公益金使用管理情况报告

北京市民政局

一、福利彩票销售及公益金筹集情况

（一）福利彩票销售情况

2015年北京市福利彩票销售503524.49万元。

（二）福利彩票公益金筹集情况

2015年北京市地方留用福利彩票公益金101096.56万元。其中，当年北京市地方筹集福利彩票公益金82243.49万元；以前年度北京市地方留用福利彩票公益金结转结余资金18853.07万元。

2015年中央福利彩票公益金拨付13054万元。

二、福利彩票公益金使用情况

2015年北京市地方留用福利彩票公益金分配83488万元，支出71125.03万元，结余29971.53万元。

2015年中央福利彩票公益金分配13054万元，支出12430.99万元，结余623.01万元。

（一）市级项目

2015年，市级项目共计28项，安排福利彩票公益金17483万元，其中，北京市地方留用福利彩票公益金10450万元，中央福利彩票公益金7033万元；支出17483万元；无资金结余。具体如下。

1. 老年人福利类项目

（1）老年艺术协会活动经费项目100万元；

（2）老年周刊订阅费项目92万元；

（3）优秀品牌居家养老服务单位以奖代补经费1260万元；

（4）高龄特困老年人救助金 200 万元；

（5）为有需求的失智老年人配备防走失手环 490 万元；

（6）房山区养老助残服务体系支持资金 350 万元；

（7）第五社会福利院运行费补助 405 万元；

（8）第五社会福利院中央空调机组大修 40 万元；

（9）第五社会福利院装修改造工程及设施设备购置 903 万元；

（10）北京市养老护理照料示范中心电器及生活用品购置 100 万元。

2. 儿童福利类项目

（1）儿童福利院 1 号楼、2 号楼消防管道及消火栓维修 29.957618 万元；

（2）儿童福利院 1 号楼、2 号楼地下管线改造 56.999002 万元；

（3）儿童福利院锅炉及辅助设备维修 25 万元；

（4）儿童福利院屋面改造 220 万元；

（5）儿童福利院安全隐患整改经费 43.04338 万元；

（6）市民政局社会福利处明天计划 4900 万元。

3. 残障人福利类项目

（1）资助福利企业技术改造及发展项目 600 万元；

（2）市社会福利事务管理中心本级购置假肢矫形设备 265 万元；

（3）第三社会福利院燃煤锅炉清洁能源改造项目 450 万元。

4. 其他社会公益类项目

（1）政府购买“三社”、见义勇为、法律援助等公益服务项目 800 万元；

（2）“真情回馈”资助困难对象及圆梦项目 683 万元；

（3）骨灰撒海补贴及城市公益性公墓业务补贴 440 万元；

（4）扶持发展社会组织公益性服务经费项目 2000 万元；

（5）慈善超市（爱心家园）救助补贴 800 万元；

（6）市慈善超市规范化建设项目 634 万元；

（7）资助 96156 社区公益服务项目经费补贴项目 96 万元；

（8）资助市直属福利企业困难群体生活补助费 1500 万元。

（二）区级项目

2015 年，区级项目共计 9 项，转移支付下达福利彩票公益金 79059 万元。其中，北京市地方留用福利彩票公益金 73038 万元，中央福利彩票公益金 6021 万元；实际支出 66073.02 万元；结余 12985.98 万元。具体如下。

1. 老年人福利类项目

（1）养老大额专项资金项目 34250 万元，包括：居家养老服务券结算补助 28000 万元；社会办养老床位运营资助 1138 万元；95 周岁及以上老年人补助医疗 1000 万元；养老机构星级评定以奖代补 262 万元；困难老年人居家养老服务试点 3850 万元。

（2）养老照料中心建设及完善功能经费 20840 万元，包括：养老照料中心建设及完善功能市级补助 20000 万元；养老照料中心建设中央福利彩票公益金预算 840 万元。

2. 其他社会公益类项目

（1）福利机构设施维修改造、设备购置项目 12363 万元；

（2）社会力量兴办社会福利机构运营资助项目 1714 万元；

（3）中央福利彩票公益金用于补助农村幸福院设施修缮和配备设备项目 2175 万元；

（4）高等教育新生入学救助经费 525 万元；

（5）临时救助补助资金 5900 万元；

（6）中央补助城乡医疗救助资金 248 万元；

（7）中央福利彩票公益金用于补助部分殡仪馆维修改造项目 1044 万元。

三、福利彩票公益金管理情况

2015 年，北京市福利彩票公益金实行市级统管，市、区两级统筹使用。市级项目按照部门预算管理要求，实行评审制度、政府采购、国库集中支付和资产管理；市对区补助项目参照部门预算管理要求执行。主要存在以下几个方面的问题：

首先，资金管理制度有待完善。福利彩票公益金管理制度建设较缺乏，存在福利彩票公益金使用范围不够清晰，市、区责任不够明确，管理程序不够规范的问题。

其次，项目申报管理有待规范。项目申报及预算安排相对零散，存在交叉重复现象；项目申报渠道及方式各异，不便统计，不易监督。

最后，资金使用监管有待加强。福利彩票项目资金的监督内控机制有待进一步完善，对福利彩票公益金使用情况、管理情况的专项检查力度有待进一步加强。

四、下一步工作思路

（一）健全福利彩票公益金使用管理制度

为规范和加强北京市彩票公益金筹集、分配和使用管理，健全监督机制，明确管理职责，规范管理程序，提高使用效益，2016 年 6 月，北京市民政局联合市财政局、市体育局共同印发《北京市彩票公益金管理办法》（京财综〔2016〕977号），从彩票公益金的管理职责、收缴与使用、项目预算管理、宣传和公告、监督与检查等方面进行了制度规定；2016年9月，与市财政局联合印发《北京市福利彩票公益金项目管理办法》（京民计发〔2016〕381号），进一步明确市区民政、财政部门职责分工。

（二）加强项目资金管理账目检查

一是建立健全项目资金管理使用制度，强化内控监管。2016年2月，市民政局制定出台《北京市民政局内部控制手册》，建立起包括预算管理、经费支出、采购管理、资产管理、合同管理及建设项目管理等内容的内控监管机制，并搭建内控平台，实施动态监管，确保资金规范、有效执行。

二是加强项目资金管理使用监督检查，确保规范有效。运用多种方式检查项目资金账目情况，并对发现的问题及时整改督办。

（三）狠抓项目执行及资金管理使用

一是健全“事前”民主决策机制。引入专家评审论证和项目竞争性分配，形成“多中选好、好中选优”的项目优选机制，提升项目的科学性、公平性。严格履行市民政局“三重一大”决策制度，所有公益金项目安排由局长办公会议集体讨论，民主决策。

二是加强“事中”监督管理机制。会同市人大、市政协、市财政等对公益金项目实施和使用进行定期督察。建立公益金项目绩效评价制度，将绩效评价结果与公益金分配、项目立项相挂钩，加强使用过程中的跟踪检查和审计，将区县公益金使用管理情况纳入财务绩效考核。

三是健全“事后”公开公示机制。将福利彩票公益金资助项目、数额及绩效评估等情况及时向社会公布，细化公开内容，完善公益金资助项目标识设立制度，自觉接受社会公众监督。

2015年度福利彩票公益金使用管理情况报告

天津市民政局

一、福利彩票销售及公益金筹集情况

2015年，天津市累计销售福利彩票36.66亿元，筹集公益金10.74亿元，上缴中央5.3亿元，市本级留存5.44亿元。

二、福利彩票公益金使用情况

2015年，全市福利彩票公益金共资助各类社会福利和公益事业项目56574万元。其中，老年人福利类4122.5万元，占总支出的16%；社区服务类12614.9万元，占总支出的14.6%；殡仪服务设施建设类28460万元，占总支出的38.5%；困难群众保障类9951万元，占总支出的29%；儿童福利和残障人员等其他社会福利类1425.6万元，占总支出的1.9%。

三、福利彩票公益金使用特点及效果评估

（一）严格资金管理，规范使用程序

天津市高度重视福利彩票公益金使用管理，始终秉持福利彩票“扶老、助残、救孤、济困”的发行宗旨，遵循彩票公益金使用管理规定，按照“突出重点、统筹安排、严格管理、规范使用”的原则，严格各项审批制度。将投资评审制度引入公益金项目管理，要求公益金资助的项目必须由市投资评审中心出具评审报告后方可下达预算额度，确保了申报项目的可行性、真实性、科学性和合理性。

（二）加强公益宣传，树立公益形象

为了更好地树立“阳光福利彩票”形象，天津福利彩票发行部门积极主

动利用内外宣传渠道，实现了网站、杂志、报纸、开奖插播画面等多种宣传方式联动，还在《天津日报》《今晚报》《城市快报》《假日100天》等报纸杂志陆续刊登了关于建设“阳光福利彩票”的稿件，编制了天津福利彩票首份社会责任报告，全方位展示天津福利彩票的工作成果与公益品牌形象。

按照《彩票公益金管理办法》规定，天津市认真落实使用公告制度，每年将福利彩票公益金使用情况向社会公示，宣传资金使用效果，树立福利彩票良好的社会形象。坚持做好福利彩票公益金资助项目标识设立管理工作，福利彩票公益金资助设施建成后，按照分级管理的原则，及时制作并置挂公益金资助统一标识，彰显福利彩票发行宗旨。

（三）发挥资金效益，推进公益事业

1. 大力夯实民政公共服务设施建设

2015年，福利彩票公益金投入殡仪服务设施建设类项目28460万元，占总支出的38.5%。

2015年，市属三个殡仪馆提升改造工程，列入天津市20项民心工程。新建和改扩建建筑面积共计18.4万平方米，总投资16亿元，2015年投入福利彩票公益金2.8亿元。提升改造主要依照总体布局合理、远近适宜、使用便利的原则，实现“高标准规划、高标准设计、高标准施工”，在设计方面实现“环境园林化、设施环保化、管理信息化、流程合理化”。市第一殡仪馆改扩建后，可以承担大型、高规格的告别仪式，可为组织集体祭奠活动提供服务；增设24小时服务和遗体存放功能，新增守灵区，满足遗体存放需求及家属守灵需求；增大了室内公共疏散空间。扩建后，设计年火化遗体能力为2.5万具，并配置能够满足需求的火化炉、礼堂、守灵间等。通过专业化、人性化的设施改造提升服务环境和服务水平。市第二殡仪馆扩建后可提供遗体运送、存放、火化及家属守灵等多项业务，设计年火化遗体能力达到2.5万具，同时，增加遗体告别厅数量、骨灰存放空间，新增守灵区和家属服务区，满足遗体火化及家属守灵需求，并配置相应火化炉等殡仪设备及礼堂、守灵间等办丧场所。以前，第二殡仪馆道路现状是进出只有一条路，改扩建后，道路状况将得到极大改观，增加进出口和循环道。市第三殡仪馆，扩建后建筑面积将达到3万余平方米，设计年火化遗体能力为近2万具，同时配置一处应对突发事件场地。提升改造后，将进一步改善服务环境、提高环保程度、扩展服务范围、提高管理信息化程度。

2. 大力推进困难群众生活保障

2015年，全市福利彩票公益金用于资助特殊困难群众生活和医疗救助资金9951万元，占总支出的29%，其中优抚对象、城乡低保家庭、低收入家庭

和特困供养对象等困难群众医疗救助投入5596.6万元，直接资助53万人次；农村危房改造项目投入4354.4万元，3000户受益。这些项目的实施，对于保障特殊困难对象在医疗和生活等方面的权益，健全社会救助机制，维护社会稳定，构建和谐社会，起到了积极的促进作用。

3. 着力扶持社区和社会组织公益服务项目

为大力推进城乡社区办公服务设施提升改造及社会公益事业发展，2015年全市福利彩票公益金投入社区及社会组织公益服务类项目12614.9万元，占总支出的14.6%。

2015年，市社会组织管理局积极引入企业创业孵化理念，指导建立包括滨海新区、和平区、西青区、河北区等7个市、区两级社会组织公益孵化示范园和20个街镇枢纽型社会组织示范点，并着手研究制定社会组织孵化基地管理办法，以社区需求为重点，通过开展社会组织公益创投，发挥“三社联动”优势，孵化、扶持和引导了一批有潜力、能持续发展的社会组织。与此同时，重点围绕扶老、助残、救孤、济困和社区公益等方向，支持社会组织开展公益事业。市社会组织管理局一方面充分发挥财政资金引领示范作用，尽可能多地向政策未覆盖到的困难人群倾斜，强化支持项目的示范性和可复制性；另一方面，强化项目资金的管理，通过组建第三方专业评审机构，公开评审项目，并按照5：4：1的拨付比例分阶段拨付资金，进一步提高了福利彩票公益金使用的透明度，降低了资金使用过程中可能发生的各种风险，并出台专门文件规范项目的评审、执行、管理和资金的使用、监管，确保福利彩票公益金使用管理的安全高效。

四、下一步工作安排

（一）继续深化改革，积极筹措公益金

加大营销宣传和市场推广，加大公益金筹集力度，全面夯实站点销售体系，创新机制和加强管理，确保销量持续快速增长，筹集更多的公益金，为社会福利事业提供强有力的支撑。

（二）科学预算，探索资金分配制度

坚持收支平衡与略有结余、扶持基层与市本级使用大体平衡、突出重点与统筹兼顾的原则，科学探索公益金分配使用管理制度，使有限的资金用到最需要的项目上，达到事半功倍的效果。

（三）规范管理，加大监督力度

按照《彩票管理条例实施细则》，天津市将进一步完善福利彩票公益金使

用管理办法，做好公益金收入支出和预决算管理。确保公益金分配及使用情况的公开性和透明度。建立绩效评价和跟踪问效机制，对资金到位和使用及项目进度、完成质量等设定规范合理的考核指标，发现问题，及时改进，确保公益金使用安全、规范、高效。

2015年度福利彩票公益金使用管理情况报告

河北省民政厅

一、福利彩票销售及公益金筹集情况

2015年河北省共销售福利彩票76.3亿元，筹集福利彩票公益金21.5亿元，其中上缴中央财政10.8亿元，上缴省财政10.7亿元（省本级留存4.2亿元）。

二、福利彩票公益金使用情况

2015年河北省福利彩票公益金共投入11.8亿元，资助老年人福利、儿童福利、残障人福利、其他社会公益等各类项目1287个。其中，基础设施类项目656个，资助非基础设施类项目631个。用于老年人福利方面的资金6.6亿元；用于儿童福利方面的资金3465万元；用于社会公益方面的资金4.6亿元；用于残障人福利方面的资金2632万元。

三、福利彩票公益金使用特点

根据福利彩票“扶老、助残、救孤、济困”的发行宗旨，河北省按照“突出重点、统筹安排、严格管理、规范使用”的原则，重点将福利彩票公益金用于为老年人、残疾人、孤儿以及革命伤残军人、贫困家庭等特殊困难群体服务的社会福利设施建设，使受助对象直接受益的项目。

（一）突出重点项目，统筹民政公共服务设施建设

按照国务院印发的《关于加快发展养老服务业的若干意见》（国发〔2013〕35号）要求，解决好当前养老服务领域的突出矛盾和问题，进一步加快发展养老服务业，全省投入6.6亿元福利彩票公益金用于老年人福利，

占全部公益金投入总额的55.9%，重点发展民政事业服务中心、农村互助幸福院、老年人日间照料中心等养老服务设施建设。此外，根据民政部和省委、省政府工作要点，统筹安排儿童福利、城乡社区、殡葬改革等民政公共服务设施建设。

（二）严格预算管理，牢固树立绩效管理意识

河北省各级民政部门积极与财政部门沟通协调，将福利彩票公益金列入财政预算，在预算编制及预算执行过程中，要求项目单位强化“用钱必问效、问效必问责、问责效在先”的绩效意识，凡无绩效、低绩效项目一律不予列入预算；凡未确立明确的绩效目标、量化指标，或绩效指标、量化指标设立不科学、不规范的，必须重新编制，否则不予列入预算。对于资助项目申报，要求申报单位必须提供项目建议书和相关立项文件，确保申报项目的可行性、真实性、科学性、合理性。

（三）注重规范使用，确保资金使用依法合规

河北省民政厅根据《彩票管理条例》《彩票管理条例实施细则》和《彩票公益金管理办法》，会同省财政厅制定出台了《河北省福利彩票公益金使用管理办法》，界定了福利彩票公益金的使用范围，确立了福利彩票公益金的社会福利性和社会公益性，强调了福利彩票公益金的宣传公告和监督机制，为进一步加强和规范福利彩票公益金管理和使用，作出了更加明确的规定和要求。

四、下一步工作安排

（一）加大福利彩票公益金支持养老事业发展

继续贯彻落实国务院《关于加快发展养老服务业的若干意见》，加大省级福利彩票公益金支持养老服务业力度。全面提升河北省养老院服务质量，指导全省民政系统将留成的福利彩票公益金优先安排用于养老院服务质量建设。

（二）加强福利彩票公益金管理使用督查

对近年来资助的福利彩票公益金项目进行检查，重点检查使用单位是否将资金用于申报项目，资金使用是否符合中央及省有关工程建设和政府采购程序，确保资金使用安全规范、项目实施廉洁高效。

从河北省总体情况来看，各级民政部门对福利彩票公益金使用管理比较严格，大部分投向养老、社区、儿童福利和民政事业服务中心等项目建设，投入项目比较准确。全省各级民政部门忠实履行了福利彩票“扶老、

助残、救孤、济困”的发行宗旨，充分体现了“以民为本、为民解困”的核心理念和“取之于民、用之于民”的科学内涵。今后，河北省将进一步贯彻落实《彩票管理条例》《彩票管理条例实施细则》和《彩票公益金管理办法》，加强福利彩票公益金的管理和使用，使河北省的社会福利事业得到长足的发展。

2015年度福利彩票公益金使用管理情况报告

山西省民政厅

一、福利彩票销售及公益金筹集情况

2015年，山西省共计销售福利彩票423455.17万元，比上年增长3.67%。全年共筹集公益金119779.51万元，同比增长2.46%，其中上缴中央59889.75万元，省民政厅留成17966.93万元，省财政厅留成7186.77万元，市级留成34736.06万元。

二、福利彩票公益金使用情况

经山西省财政厅核准，省民政厅2015年使用省级福利彩票公益金16504万元，共资助了1169个项目，专项用于民政社会福利、社会公益事业。省民政厅依据福利彩票发行宗旨，按照科学、合理、公平、公正的原则，突出重点，统筹考虑区域发展、人口数量、建设规模等因素，重点用于为老年人、残疾人、孤儿等特殊困难群体服务的社会福利设施建设，使受助对象直接受益。

（1）资助老年福利服务机构（含老年公寓、养老院、敬老院、光荣院、老年人活动中心、老年人日间照料中心等）1118个项目，资助12378万元。

（2）资助儿童福利机构项目14个，资助900万元。

（3）资助社会精神卫生福利机构项目2个，资助450万元。

（4）资助残疾人福利机构项目4个，资助750万元。

（5）资助社会公益（慈善组织、殡仪馆等）建设项目6个，资助400万元。

（6）资助残疾儿童手术康复“明天计划”项目200万元。

（7）资助其他项目24个共1426万元。用于省救灾物资储备中心，全省养老机构初、中级养老护理员培训，养老课题及养老宣传费用与组织孵化、志愿服务试点等项目。

三、福利彩票公益金管理情况

（一）严格把握福利彩票公益金发行使用宗旨

山西省公益金的使用始终严格遵循“扶老、助残、救孤、济困”的发行宗旨，维护福利彩票发行的社会公益形象，充分发挥公益金使用效益，弥补地方财政对社会福利和社会公益事业方面的投入不足，在推进民政基础设施建设、提高救助水平、保障和改善民生方面发挥有效作用。

（二）规范资金运行机制

遵循“规范、科学、公开、透明”的评审程序。严格按照省财政厅下发的《关于印发〈彩票公益金管理办法〉的通知》（晋财综〔2015〕18号）和省民政厅下发的《山西省省级福利彩票公益金使用管理暂行办法》（晋民发〔2014〕76号）的文件要求，明确省本级公益金资助项目申报程序和申报材料。要求各地申报资助项目要符合福利彩票公益金八字宗旨，不得随意申报项目等。在资金的使用上实行自下而上的申报制度，将申请安排的彩票公益金项目经过初步筛选后，和省财政厅等相关部门共同商定。坚持做到公益金项目的安排公平公正，公益金资金的使用合规合理，确保公益金使用的效果高效安全。

（三）统筹兼顾，重点使用

山西省立足当前、着眼长远，对项目的类型进行统筹规划和合理配置。一是以社会养老福利项目为主，其他项目类型为辅。2015年全省用于养老服务体系建设的福利金占福利金总投入的65%；二是以基础设施建设为主，非基础设施建设为辅。坚持公益金专款专用、重点使用和公益性、透明性的原则，按照轻重缓急，统筹兼顾各类社会福利和公益项目，突出重点项目，加大对养老服务体系建设、社区建设、社会福利基础设施的投入。

（四）加强公益金资助项目的监管

除要求项目审计外，省民政厅还坚持每年将社会福利服务中心建设列入省政府目标责任制考核指标，对公益金重点支持项目进行跟踪问效，对项目实施情况、工程质量、社会效益等内容进行考核，并将项目实施情况与公益金拨付结合起来。对资助数额较大的基建项目，严格审查申请单位的自有资金落实情况，项目完成后，向财政、民政部门报送项目中福利彩票公益金使用情况和相关验收材料。省民政厅每年给福利彩票公益金资助建成的项目置挂统一的“中国福利彩票”公益金资助标牌，彰显福利彩票发行宗旨，扩大社会影响力。

四、下一步工作安排

（一）深化改革，加大发行力度，积极筹集公益金

要不断深化销售体制改革，全面夯实站点销售体系，加大发行销售力度，进一步扩大销售网点，创新机制和加强管理，确保销量持续快速增长，筹集更多的公益金，为社会福利事业发展提供有力支撑。

（二）加强公益金的审计和社会监督

加强同财政、审计、监察等职能部门的配合，积极发挥各级职能部门作用，强化各级彩票公益金使用监督。坚持向社会公示公益金使用的情况。将当年资助项目情况和公益金使用情况在当地主要媒体或民政网站上公示，主动接受社会公众监督。

（三）加强对资助的在建和未开工项目的监督和检查

对福利彩票公益金资助项目既要做到专款专用，还要加强项目配套资金落实的监督，更要注重对资金使用效益的评价，提高公益金使用的计划性和合理性。强化专业机构和社会各界的监督，增加透明度和项目单位的责任感，充分发挥福利彩票公益金的使用效益。

2015年度福利彩票公益金使用管理情况报告

内蒙古自治区民政厅

一、福利彩票销售及公益金筹集情况

2015年，内蒙古自治区销售各类福利彩票53.59亿元，比上年涨幅8.02%；筹集福利彩票公益金共计15.43亿元，比上年涨幅2.19%，其中上缴中央财政7.59亿元，省级留成3.45亿元，盟市级留成4.39亿元。

二、福利彩票公益金使用情况

2015年，内蒙古自治区共支出福利彩票公益金8.61亿元，主要用于城市综合福利服务机构设施建设、农村互助养老幸福院设施建设、流浪乞讨人员救助补助、殡葬设施建设和设备更新、社区建设、老年人日间照料服务设施建设、城乡低保对象医疗补助、零散烈士墓修缮及福利院、光荣院的设备购置及设施维护等。具体支出情况如下。

（一）国家级福利彩票公益金资助19105万元

2015年，国家级福利彩票公益金共补助内蒙古自治区19105万元，其中用于老年人社会福利、残障人福利、儿童福利、社会公益等项目806个，补助资金8832万元；农村幸福院建设项目726个，补助资金2178万元；专项资助乌海市精神病人福利机构项目资金3000万元；城乡医疗救助补助资金5095万元，累计救助50.7万人次。

（二）自治区民政厅本级公益金使用36300.5万元

2015年，内蒙古自治区民政厅用于本级福利彩票公益金拨付使用数额为36300.5万元，重点支持社会养老服务体系建设项目及优抚对象、孤残儿童等特殊群体社会福利设施建设项目，适当支持符合规定的其他社会公益服务、慈善救济服务项目，具体使用情况如下。

1. 老年人和残疾人福利类项目情况

2015年，拨付使用老年人和残障人福利类项目资金18197.5万元，占总使用额的50.13%。重点保障老年人、残障人等社会福利服务对象的供养、康复、照料等工作，促进社会福利事业发展。

（1）老年人社会福利机构建设项目3155.5万元。为了应对日益严峻的老龄化趋势，加强全区各级养老福利机构基础设施建设，增加床位和服务设备，满足人民群众日益增长的养老服务需求，投入3155.5万元用于老年人社会福利机构建设。其中，投入1913.5万元用于资助老年养护院建设、牧区养老服务中心建设等项目；投入1242万元用于养老服务机构等级评定、社会办养老机构建设补贴、养老福利机构责任保险基金。

（2）全区农村牧区互助养老幸福院建设项目5190万元。为解决全区贫困农村牧区留守、空巢、独居老年人养老问题，建立“集中居住、分户生活、统一管理、互帮互助”的农村牧区养老新模式，实施农村牧区幸福院建设工程，投入5190万元用于建设互助养老幸福院。

（3）农村牧区五保供养服务设施建设项目2500万元。为加强全区农村牧区五保供养服务设施建设，完善设施功能，满足农村牧区五保供养对象的机构供养需求，投入2500万元资助了全区67个农村牧区五保供养服务设施建设和维修项目。

（4）社区老年人日间照料中心建设项目2000万元。为了推进社区居家养老服务体系建设，满足日托老人生活照料、保健、休闲娱乐等方面的基本需求，充分发挥社区养老的依托作用，投入2000万元用于建设社区老年人日间照料中心。

（5）光荣院维修改造项目450万元。为了进一步保障孤老优抚对象权益，更好地发挥光荣院职能，投入450万元用于全区3所光荣院维修改造。

（6）“12349”便民为老服务平台建设项目910万元。为了进一步推动居家养老服务体系建设工作，提高便民为老服务能力，投入910万元资助盟市及旗县（市、区）“12349”便民为老信息服务中心。

（7）全区敬老“孝星”评比表彰经费及乐龄工程配套资金1030万元。为了弘扬孝敬父母、关爱老人，促进公民思想道德建设和社会主义精神文明建设，投入330万元在全区开展敬老“孝星”评选活动，命名表彰3300名敬老“孝星”，给予每名1000元奖励；为了改善基层老年协会条件，提高为老年人服务的能力，更好地维护老年人权益、组织老年群众参与经济社会建设及社会公益事务、开展文体活动，投入老年人乐龄工程配套资金700万元。

（8）残障人福利服务建设项目2962万元。投入500万元为全区公办社会福利院、老年养护院、综合福利中心、敬老院、光荣院的老年人和残障人免费配置康复辅具；投入1012万元为自治区盲人按摩培训中心、减灾中心、自治区荣誉军人康复医院、荣誉军人肢残康复中心配置教学设备、康复设备；投入300万元用于养老护理员等实训基地建设；投入300万元用于精神病人康复福利院项目；投入350万元用于全区养老护理员等为老服务公益性培训；投入500万元用于居家养老方面的政府购买服务工作。

2. 儿童福利类项目情况

2015年，拨付使用儿童福利类项目资金1953万元，占总使用额的5.38%。其中，投入150万元重点支持儿童福利机构孤残儿童“明天计划”手术项目；投入1000万元用于儿童福利中心、福利院、福利机构建设项目；投入493万元用于孤儿大学生教育资助；投入150万元作为“全区贫困家庭儿童重大疾病慈善救助老牛专项基金”配套资金；投入160万元用于未成年人救助保护中心建设。

3. 社会公益类项目情况

2015年，拨付使用社会公益类项目资金16150万元，占总使用额的44.48%。主要用于支持社会公益事业发展，推进以改善民生为重点的社会建设，提高基本公共服务水平。

（1）救灾物资储备库建设项目6900万元。为了保障突发灾害地区受灾群众生存、生活需要，投入6900万元用于救灾物资储备库建设，基本形成了以自治区本级救灾物资储备库为中心，盟市、旗县救灾物资储备库为支撑，苏木乡镇储备点为补充，辐射全区的救灾物资储备体系。

（2）社区建设项目3700万元。为了推动社区建设，完善社区服务内容和模式，满足社区居民多样化服务需求，投入3700万元用于社区服务中心、社区福利、公益性项目建设。

（3）殡葬服务设施建设项目2240万元。投入2240万元用于殡葬基础设施建设和殡葬设备更新改造，包括殡仪馆维修、火化设备更新改造和公益性骨灰安放设施建设。重点支持殡葬工作起点低、基础条件差、财政困难、殡葬改革任务重的地区，对采取有力措施深入推动殡葬改革的地区优先资助。

（4）重特大疾病慈善医疗救助2000万元。为了进一步推进城乡困难群众重特大疾病医疗救助工作，保障困难群众基本医疗需要，投入2000万元专项用于重特大疾病慈善医疗救助工作。

（5）慈善超市建设项目400万元。投入400万元用于慈善超市的软硬件建设、捐赠物资配送、加工和储存设施设备建设等。通过加强慈善超市和经常性社会捐助站点示范化建设，积极推进捐赠废旧衣物综合利用工作，增强慈善超市自我发展能力和社会服务功能。

（6）公益性宣传、社会购买公益服务等项目 910 万元。投入 350 万元与内蒙古电视台合作开办《福利彩票·草原情》公益救助栏目，宣传社会福利事业，资助全区社会困难群体民政服务对象；投入 500 万元开展社工培训、社会组织孵化等方面的政府购买服务工作；投入 60 万元作为中国移动爱“心”行动项目配套资金。

（三）盟市级公益金投入 30665 万元

1. 老年人和残障人福利项目情况

2015 年盟市共投入公益金 28060.84 万元，支持 775 个老年人和残障人福利项目，重点用于保障老年人、残障人等社会福利服务对象的供养、康复、照料等工作，促进老年人和残障人社会福利事业发展。

2. 儿童福利类项目情况

2015 年盟市级共投入公益金 638.7 万元，支持 89 个儿童福利项目，重点支持儿童福利机构，完善孤残儿童养育特殊教育，为相关困境儿童健康成长提供必要的资金保障和服务保障。

3. 社会公益类项目情况

2015 年盟市共投入公益金 1965.46 万元，支持 432 个社会公益项目，推进以改善民生为重点的社会建设，提高基本公共服务水平。

综上所述，2015 年全区共使用各级福利彩票公益金 8.61 亿元，资助各类项目 1657 个，属于基础性设施投入的项目年内基本已完工或正在收尾，属对象补助的支出也落实到人，充分发挥了资金使用的应有效应。

三、福利彩票公益金分配管理情况

按照福利彩票公益金分配政策及使用范围的相关规定，内蒙古自治区民政厅高度重视，及时组织实施，会同财政部门严格把关、认真核实，确保福利彩票公益金的使用达到预期效益。具体做法如下。

（一）根据预算法要求将自治区本级福利彩票公益金纳入了政府性预算管理

与公共预算资金同步进行编制，自治区本级福利彩票公益金按资金预算批准的项目使用分配。

（二）按照“因素法”分配下达自治区资助资金

根据自治区财政部门对下达资金的分配要求，对资助对象的各项补助资金均按照“因素法”进行分配。如农村牧区互助幸福院、老年养护院、老年人日间照料中心等老年福利设施建设项目资金按照60岁以上老年人口数、各类养老机构床位数及地区类别等因素进行分配；重特大疾病慈善医疗救助、城乡医疗救助等医疗救助项目资金按照补助对象人数、已核定补助标准等因素进行分配；救助管理站、未成年人救助保护中心等救助管理项目资金按照项目实施盟市申报材料的准确及齐全程度、地方政府支持及各地填补设施建设空白等因素进行分配；社会工作专业服务项目资金按照承担全国或全区社会工作设点任务、专业社会工作人才队伍建设及获评省部级社会工作奖励等因素进行分配。

（三）严格审批程序

业务处根据因素分配法要求草拟分配方案，经分管领导同意后报财政部门审核，然后提交厅务会议研究议定，再上报财政下达指标，确保了资助项目公开、公平、公正。

（四）按照《福利彩票公益金管理办法》的要求，认真做好福利彩票公益金使用的宣传公告工作

每年将公益金使用情况进行公示，自觉接受社会公众监督。

（五）开展2015年福利彩票公益金资助项目的督查工作

自治区民政厅及各盟市对本级福利彩票公益金的使用情况进行自查，同时，盟市将自查结果和自查报告上报自治区民政厅督查，及时发现和纠正了使用管理中存在的突出问题，确保了福利彩票公益金安全使用和有效管理。

四、下一步工作安排

（一）加大福利彩票公益金使用效果宣传力度

继续加强福利彩票公益金资助项目的公益性宣传，进一步赢得社会各界的信赖和支持，并对资助项目进行社会公示，坚持“诚信、公平、廉明”的运行机制，使福利彩票公益金成为社会公众积极参与的慈善公益平台。

（二）建立绩效评价体制和跟踪问责机制

对各级公益金使用情况进行绩效评价、跟踪问责，定期公布年度公益金使用情况，自觉接受社会监督，进一步加大监督管理力度，确保福利彩票公益金使用和管理更加科学、规范和高效。

2015年度福利彩票公益金使用管理情况报告

辽宁省民政厅

一、福利彩票销售及公益金筹集情况

2015年，辽宁省福利彩票实现销售109.57亿元，全年筹集公益金30.64亿元。其中，上缴中央财政公益金15.32亿元，上缴省财政公益金6.24亿元，市本级留存9.08亿元。

二、福利彩票公益金使用情况

按照“统筹使用、突出重点”的原则，2015年福利彩票公益金支出155265万元。其中，省级支出66722万元，市及以下支出88543万元，中央补助辽宁省7045万元，资助项目1216个，增加基础设施建设面积214万平方米，增加床位45492张，直接受益人群149万人。其中，老年人福利类投入资金102460万元，完成项目815个；儿童福利类投入资金16200万元，完成项目187个，社会公益类投入资金36605万元，完成项目214个。

三、福利彩票公益金管理情况

辽宁省各级民政部门紧密结合《辽宁省民政事业发展第十二个五年规划》，认真贯彻执行《彩票管理条例》，始终秉持福利彩票“扶老、助残、救孤、济困”的发行宗旨，认真落实福利彩票公益金使用管理的各项管理制度，严格遵循福利彩票公益金的使用原则，充分发挥了福利彩票的社会效益和自身价值。从整体上看，重点在以下几个方面加强了管理，取得了一些成绩。

（一）认真执行年初人大审批预算，规范资金运行机制

辽宁省福利彩票销售量连续两年突破百亿元大关，每年筹集的福利彩票

公益金数额庞大。在资金的使用上，辽宁省坚持“三严”原则，一是严把预算管理。严格遵循“收支两条线”，为保证及时、足额将福利彩票公益金缴入中央和省级财政，年初编制公益金使用计划，按照要求上报省人大批准后，再进行下拨使用。二是严把项目审批。在项目审批上辽宁省始终坚持自下而上的申报制度。省民政厅相关业务处室对各市上报的申请公益金补助的项目经过初步筛选后，再和省财政厅等相关部门共同审定，并全面实行因素法分配办法，体现项目审批和资金安排上的公平、公正，确保了公益金在使用上合规、合理、合法，使公益金发挥了较好的效益。三是严把使用方向。在公益金下拨过程中，明确专款专用、重点使用方向、重点目标任务。按照轻重缓急、统筹兼顾的原则，突出重点项目，每年逐渐加大对老年人福利、儿童福利、社会公益等建设方面的投入。

（二）积极开展“阳光福利彩票行动”，提升社会公益形象

按照民政部关于印发《建设“阳光福利彩票”专项行动的方案》的通知（民函〔2015〕213号）精神，辽宁省制订了具体实施方案，认真落实通知要求，积极做好宣传公告工作，自觉接受社会公众的监督。为充分宣传福利彩票公益金使用效果，体现福利彩票的公益性质，2015年全省举行了多场福利彩票广场、商场、重大节日宣传义卖活动，对树立福利彩票的良好社会形象发挥了积极作用。

（三）注重落实监督检查，实施绩效评价

针对资金多、项目多的特点，2015年全省进行了福利彩票公益金补助项目绩效评估专项检查，采取各地民政部门自查、抽调各市民政局财务处长参加实地检查的方式，检查项目1168个，通过“听汇报、查资料、实地查看资助项目”，对资助项目展开了全面深入的检查，还有重点地进行了省本级资助的项目委托地方会计师事务所进行绩效评价，检查资金147800万元，项目检查率96%，资金检查率95%，收到了良好效果。

四、下一步工作安排及建议

辽宁省将按照《辽宁省民政事业发展第十三个五年规划》确定的发展目标，认真贯彻执行《彩票管理条例》，遵循“统筹安排、突出重点、兼顾一般”的原则，进一步加强福利彩票公益金的管理和使用，进一步提高养老院服务水平，进一步完善社会福利基础设施建设项目，增强社会福利设施的功能，大力推进社会福利事业的发展。在资金使用上要对老年人、孤残儿童、

特困群体等加以倾斜，不断完善补助和救助机制，促进社会保障体系的建成。建议中央加大对辽宁省上缴中央的福利彩票公益金返还比例，支持辽宁民政为辽宁老工业基地振兴发展作出更大贡献。

2015年度福利彩票公益金使用管理情况报告

吉林省民政厅

一、福利彩票公益金筹集情况

2015年，吉林省民政厅共筹集彩票公益金11935万元。

二、福利彩票公益金使用情况

按照《彩票公益金管理办法》（财综〔2012〕15号）的有关规定，坚持福利彩票“扶老、助残、救孤、济困”的发行宗旨和科学、合理、公平、公正的原则，将福利彩票公益金重点用于为老年人等特殊困难群体服务的社会福利设施建设和公益事业，共资助4大类13个项目。

（一）老年福利类项目使用彩票公益金情况

为满足全省人民群众日益增长的养老服务需求，深入贯彻落实《吉林省人民政府关于加快养老服务业发展的实施意见》（吉政发〔2014〕9号）、《吉林省社会养老服务体系建设规划（2011—2015）》（吉政办发〔2012〕54号），按照省政府建立全省、市、县、乡、村五级养老服务网络的部署要求，省民政厅2015年用于老年人福利类项目的彩票公益金共5435万元，占资金总额的46%。具体包括：

（1）老年人福利机构建设补助资金5000万元，资助1个省级、5个市级和8个县级老年人福利机构建设。

（2）入住机构老年人能力评估补助资金200万元。

（3）社会福利机构等级评定资金30万元。

（4）全省养老服务标准化建设试点单位补助资金30万元。

（5）养老护理员职业技能鉴定和远程培训资金150万元，支持养老机构一线管理及护理人员开展培训工作。

（6）爱心助老示范项目配套资金25万元。

（二）儿童福利类项目使用彩票公益金情况

为进一步完善儿童福利机构配套设施建设，提高孤残儿童养护科学化水平，2015年用于儿童福利项目的彩票公益金共500万元，占资金总额的4%。具体包括：

（1）儿童福利机构建设补助资金470万元，用于支持省级儿童福利机构设施建设。

（2）孤残儿童“明天计划”项目补助资金30万元。

（三）残疾人福利类项目使用彩票公益金情况

为提高吉林省残疾人福利机构的救治康复能力，2015年用于残疾人福利类项目的福利彩票公益金共5000万元，占资金总额的42%。具体包括：

（1）省级残疾人福利机构建设资金2800万元，支持省肢体伤残康复中心肢体伤残康复医院配套设备设施购置、安装配套设施及维修改造建设。

（2）“爱心助行”工程资金200万元，对困难残疾人装配假肢进行资助。

（3）市级民政精神卫生机构建设资金2000万元，支持白山市康复医院新建项目。

（四）社会公益类项目使用彩票公益金情况

为推进以改善民生为重点的社会建设，提高全省基本公共服务水平，2015年用于社会公益类项目的彩票公益金共1000万元，占资金总额的8%。具体包括：

（1）医疗救助资金800万元，作为中央下拨吉林省医疗救助资金省级配套的一部分。

（2）援疆项目补助资金200万元。

三、福利彩票公益金使用的主要特点

2015年，吉林省募集福利彩票公益金总额有所减少，但福利彩票公益金使用更加趋于科学规范，其主要有以下特点。

（一）使用重点更加突出

按照民政部关于“十二五”时期福利彩票公益金要重点投向社会养老体系建设的要求，2015年度吉林省用于老年人福利项目涵盖了养老服务机构、日间照料中心、农村敬老院、农村幸福院、养老护理员培训等多个方面，为加快提升全省老年人福利设施建设和服务水平，促进城乡养老统筹发展发挥了至关重要的作用。

（二）资助结构更加优化

吉林省在2015年福利彩票公益金的使用上，除了优先向养老事业投入外，其余资金本着统筹兼顾、突出效益的原则，力争将资金投放到最迫切需要的地方，努力扩大受益人群规模。2015年投入残疾人福利的福利彩票公益金占当年支出总额的42%，在很大程度上推动了残疾人福利事业发展，特别是进一步加快了民政精神卫生机构建设，有效缓解了床位的供需矛盾。同时，对于儿童福利机构建设，以及社会公益事业中的社工人才培养，也都积极投入资金，这样既促进了社会福利事业的均衡发展，也更加突出了福利彩票公益金的社会公益性质，产生了良好的社会反响。

（三）审批管理更加规范

吉林省将福利彩票公益金纳入了政府性基金预算管理，在预算编制和项目审批过程中，除了坚持福利彩票公益金“扶老、助残、救孤、济困”的发行宗旨和突出受益人直接受益的资助目标外，每个项目都要求有国家政策依据，相关部门的立项批复，项目实施方案，资金管理办法，项目所在地民政和财政部门的联合上报的申请文件等基本要件，并且由民政厅厅长办公会集体研究决定，使资金使用做到了更加规范、科学、透明。

（四）发挥效果更加显著

通过福利彩票公益金向设施建设、人员培训、救助资金等各方面的投入，不仅使一大批社会福利机构的设施建设提升到了一个新的水平，而且有效提高了福利机构从业人员和社会工作人员队伍的整体素质，特别是福利彩票公益金的直接和间接受益人群规模得到了进一步的扩大。这既有力地推动了福利事业快速发展，又间接起到了对福利彩票发行进行宣传和动员的作用，使全省福利彩票发行量呈现出快速上升的良好态势。

四、下一步工作思路

下一步，吉林省在积极做好福利彩票发行工作，扩大基金募集规模的同时，将重点加大福利彩票公益金使用的监督和管理力度，提升科学化、规范化水平。

（一）完善法规制度

研究制定《福利彩票公益金使用管理办法》和《吉林省省级彩票公益金资助地方养老服务项目使用管理办法》等省级层面加强福利彩票公益金管理的政策文件，为强化福利彩票公益金管理提供制度支持，使资金分配和使用工作做到有法可依、有章可循、有据可查。

（二）强化项目管理

在进一步规范项目的申请审批程序基础上，对于资助额度较大，有一定社会影响的重大项目，将通过专家论证等方式确保资金投向科学，并进一步加强实施过程监管工作的跟进，做到防患于未然。

（三）加强监督检查

进行省级福利彩票公益金使用情况公示，强化社会监督，并组织开展省级福利彩票公益金管理使用情况的自查和重点检查，做好对发现问题的整改工作。

2015年度福利彩票公益金使用管理情况报告

黑龙江省民政厅

一、福利彩票销售及公益金筹集情况

2015年，黑龙江省不断加强福利彩票发行管理工作，加大福利彩票发行的正确引导和宣传，确保公益金发挥最大效能，为全省社会福利和社会公益事业发展作出了巨大贡献。

2015年，全省共计发行福利彩票500556.91万元，提取公益金总额为149932.04万元，上缴省财政公益金总额为76155.91万元。其中，省本级福利彩票公益金留成33196.41万元、地市级福利彩票公益金留成20022.27万元、县级福利彩票公益金留成22937.23万元。此外，2015年，民政部、财政部中央彩票公益金补助黑龙江省社会福利事业发展资金7306万元；补助黑龙江省农村幸福院建设资金700万元。

二、福利彩票公益金使用情况

黑龙江省切实加强社会福利彩票公益金的管理和使用监督，保证了彩票公益金在规定范围内使用，发挥最大社会效益。严格执行行政权力运行规定，对公益金使用按项目单位申请、民政厅社会福利和慈善事业促进处主管业务人员A、B角初审，副处长复审，处务会议研究，专家评分，厅务会议研究确定，报省财政厅会签，报省政府办公厅，省政府主管省长审批，省财政厅、民政厅两家联合行文下达项目单位等程序，对过程进行行权轨迹登记，每年在省内主要新闻媒体和民政信息网上公示。

2015年，全省通过省本级福利彩票公益金共支持省级项目45项、投入资金18500万元，补助地方社会福利和社会公益项目744项、投入资金13100万元；通过中央彩票公益金支持省级项目8项、投入资金745万元，补助地方社会福利和社会公益项目52项、投入资金6561万元。争取中央彩票公益金

700万元、投入省本级福利彩票公益金1400万元，支持全省农村幸福院建设项目838项。主要用于老年人、孤儿、残疾人、精神病院等社会福利机构和社区建设、农村敬老院（幸福院）新建和改造项目，以及全省养老机构民办公助补贴、社区减灾项目补助、贫困对象医疗救助及城乡大病救助项目等。省本级福利彩票公益金共投入42959.5万元，用于市（地）级及所属区、县（市）的社会福利及其他社会公益等方面的基础设施建设及各类救助补贴资金，极大地推进了全省社会福利事业的快速发展，老年福利设施、儿童“蓝天计划”项目、社区建设、居家养老、农村敬老院改造、农村大病救助等项目均得到了彩票公益金的资助，确保了项目得以顺利完成，直接受益人数达70万以上。2015年，部级、省本级福利彩票公益金补助项目完工率达到94%，全年共结余省本级福利彩票公益金196.41万元。

三、福利彩票公益金管理情况

省级民政部门负责对省本级福利彩票公益金编制年度资金预算，提出项目资金分配意见，是公益金的使用部门；省级财政部门负责省本级福利彩票公益金的管理工作，是公益金的管理部门。2015年，省财政厅、民政厅联合制定了《黑龙江省省本级福利彩票公益金使用管理办法》，进一步规范和加强了省本级福利彩票公益金的使用管理。

首先，实行专项监督检查。省民政厅每年组成若干检查组赴各市地、各受资助的项目单位进行专项检查，以确保福利彩票公益金不浪费、不挪用、不出现差错。并且配合财政部门多次深入实地，对省本级公益金资助项目进行专门检查。

其次，与民政其他工作捆绑式监督检查。在检查其他民政工作时一并检查福利彩票公益金资助项目情况。每年在省民政厅对民政工作进行综合检查时，把省本级福利彩票公益金资助项目纳入其中一并进行检查，听取情况汇报，深入项目实地查看项目进度及资金落实情况。

四、下一步措施和意见建议

下一步措施：第一，继续完善福利彩票公益金的制度建设，进一步加大制度的执行力；第二，进一步加大对困难地区的资金支持力度，重点向农村和老少边穷地区倾斜，推动城乡协调发展、平衡发展；第三，进一步加强公益金项目的绩效评估工作，指导各市县、各直属单位及时报送项目完成情况和资金使用情况，对项目的实施效果及时进行准确评估和总结；第四，加强宣传投入，创新宣传载体。进一步加强福利彩票公益金使用的社会宣传，同时，广泛利用报纸、电视、电台、网络等媒体加强福利彩票资金使用的宣传，扩大社会影响，接受社会监督，增强社会公信力。

意见建议：首先，在福利彩票公益金数据统计过程中，民政部门是公益金的使用部门，财政部门是其管理部门，掌握其分配、支出情况，相关数据需要同级财政部门提供。但是部分市县财政部门不积极配合民政部门的工作，致使省本级福利彩票公益金省财政统筹各级财政留成情况与各市县实际上报数据存在较大差距，造成统计结果不准确。为确保公益金的管理使用与数据统计更加规范有序，建议今后福利彩票公益金的资金统计工作由财政部牵头，或者由财政部、民政部联合发文执行。其次，建议财政部、民政部定期对福利彩票公益金的使用进行监督检查，帮助各省份及时发现和纠正问题，确保公益金科学、合理地使用，发挥其最大经济和社会效益。

2015年度福利彩票公益金使用管理情况报告

上海市民政局

一、福利彩票销售及公益金筹集情况

2015年上海市福利彩票销售42.88亿元，筹集福利彩票公益金13.21亿元，其中上缴中央6.46亿元，各区留存2.49亿元，市本级留存4.26亿元。

二、福利彩票公益金使用情况

(一) 福利彩票公益金投入情况

2015年上海市福利彩票公益金共计投入使用55351.9万元。其中，市级36157.1万元，占总投入的65.3%；区级18801.2万元，占总投入的34%；民政部393.6万元，占总投入的0.7%。

1. 按项目实施单位类别分类

公办单位实施项目41728.7万元，占总投入的75.4%；民办单位实施项目13623.2万元，占总投入的24.6%。

2. 按项目实施单位性质分类

政府部门实施项目23088.1万元，占总投入的41.7%；事业单位实施项目7128.7万元，占总投入的12.9%；社会组织实施项目23277.1万元，占总投入的42.1%；人民团体实施项目291.9万元，占总投入的0.5%；其他机构实施项目1566.1万元，占总投入的2.8%。

3. 按项目类型分类

资助基础设施项目203个，投入资金17298.8万元，占总投入的31.3%；资助非基础设施项目692个，投入资金38053.1万元，占总投入的68.7%。

4. 按项目类别分类

资助老年人福利类项目37239.4万元，占总投入的67.3%；资助残障人福利类项目3024.8万元，占总投入的5.5%；资助儿童福利类项目2114.7万元，占总投入的3.8%；资助其他社会公益类项目12973万元，占总投入的23.4%。

5. 按项目性质分类

新建项目5621万元，占总投入的10.1%；改扩建项目5577.9万元，占总投入的10.1%；添置设备项目5360.6万元，占总投入的9.7%；直接资助项目6408.7万元，占总投入的11.6%；服务项目26208.4万元，占总投入的47.3%；其他项目6175.3万元，占总投入的11.2%。

6. 按项目领域分类

资助社会服务项目17110.9万元，占总投入的30.9%；资助救灾项目707.4万元，占总投入的1.3%；资助教育项目274.6万元，占总投入的0.5%；资助医疗康复项目655.6万元，占总投入的1.2%；资助社区服务项目27568.9万元，占总投入的49.8%；资助文化项目432.6万元，占总投入的0.8%；资助扶贫项目3088.7万元，占总投入的5.6%；资助其他项目5513.2万元，占总投入的9.9%。

（二）福利彩票公益金资助主要项目及使用成效

1. 老年人福利类项目

累计资助37239.4万元，主要项目及成效如下：

（1）社区标准化老年活动室“以奖代补”项目。上海市目前共有5500多家老年活动室，为广大老年人提供了社区活动场所，对开展各类健康有益的社区老年文体活动，提高老年人生活质量作出了积极贡献。为解决运营支持资金不足等问题，进一步推动全市老年活动室规范运作，提升服务品质，上海市民政局（老龄办）每年对全市社区标准化老年活动室开展“以奖代补”（以下简称奖补）工作。全市社区标准化老年活动室“以奖代补”评估工作，由市民政局（老龄办）委托上海市老龄事业发展中心（以下简称市老发中心）组织实施。市老发中心根据《开展上海市社区标准化老年活动室管理服务评估工作的方案》的要求，具体组织实施评估工作，每年评出2900家。其中，第一档，占总数10%左右，计300家；第二档，占总数20%左右，计600家；第三档，占总数70%左右，计2000家。2015年对2900家标准化社区老年活动室进行奖补，市级福利彩票公益金投入达1200万元。

（2）新增20家“长者照护之家”项目。2015年落实市政府实事新增20家“长者照护之家”项目，共完成22家长者照护之家，下拨福利彩票公益金691万元。

（3）新增养老机构床位。2015年全市共新增养老床位12478张，其中公办养老床位6.78万张。全市共有养老床位12.6万张，顺利完成“十二五”

规划目标任务，下拨福利彩票公益金 2996.5 万元。

（4）存量养老机构设施改造及消防安全改造。2015 年补贴存量养老机构改造项目 16 个，投入福利彩票公益金 2000 万元；补贴消防改造项目 71 个，投入福利彩票公益金 1000 万元。

（5）为 30.2 万名老年人提供社区居家养老服务。2015 年，上海市继续开展社区居家养老服务工作，居家养老服务覆盖 30.2 万人。其中，享受政府补贴的 13 万人。市级福利彩票公益金投入 6000 万元。

（6）资助社区老年人助餐服务点一次性补贴、老年人日间服务中心建设经费项目。新设 40 个社区老年人助餐点，新建 40 家老年人日间服务中心纳入市政府实事项目。截至 2015 年底，两项市政府实事项目均超额完成，社区老年人助餐点新设 58 个，市级福利彩票公益金投入 378 万元；新建老年人日间服务中心 61 家，市级福利彩票公益金投入 2060 万元。

（7）新（改）建标准化老年活动室及老年活动室运行奖补项目。全市完成新建 100 家、改建 200 家老年活动室，全市累计建成标准化老年活动室 5407 家，市级福利彩票公益金投入 3000 万元。

（8）资助老人社区援助服务（老伙伴）项目。继续实施“老伙伴计划”，3 万低龄老人志愿为 15 万高龄老人服务，市级福利彩票公益金投入 2700 万元。

（9）为低保困难老年人家庭提供居室适老改造服务项目。通过市老年基金会、市慈善基金会等社会组织，实施对 1000 户低保困难老人家庭提供居室适老改造，市级福利彩票公益金投入 1000 万元。

（10）资助老年宜居社区建设。2015 年，在首批 40 个社区试点的基础上，新增 60 个老年宜居社区建设试点社区，试点社区达到 100 个，市级福利彩票公益金投入 3194.9 万元。

2. 残障人福利类项目

累计资助 3024.8 万元，主要项目及成效如下：

（1）市医保办城镇重残人员医保项目。城镇重残人员参加居民医保，福利彩票公益金投入 1547.3 万元。

（2）市属精神卫生中心修缮和设备更新项目。为了给休养病人提供安全、优质的康复环境，福利彩票公益金支出 159.5 万元，主要用于房屋修缮、设备购置及维修。

3. 儿童福利类项目

累计资助 2114.7 万元，主要项目及成效如下：

（1）特殊儿童特教康复项目。福利彩票公益金资助 100 万元，主要为全市盲、聋、智障、自闭症、脑瘫等残疾儿童提供康复、送教上门等医教结合多种服务。

（2）市儿童福利院房屋及基础设施修缮项目。福利彩票公益金资助109.1万元，用于房屋改造修缮、设备购置及维修，为孤残儿童提供良好的成长环境。福利彩票公益金资助1215.2万元，用于三个儿童救助类项目：家庭寄养经费项目、家庭寄养工作站经费项目和机构寄养服务费项目。

4. 其他社会公益类项目

累计资助12973万元，主要项目及成效如下：

（1）社区市民综合帮扶项目。截至2015年底，市、区、街镇三级帮扶组织开展社区市民综合帮扶，共支出帮扶资金达1.37亿元，较上年同期上升12.05%。帮扶对象达5.20万人次，较上年同期增加18.84%。其中，个案帮扶23732例，支出资金0.99亿元，人均帮扶4170.26元；项目帮扶28255例，支出资金0.32亿元，人均帮扶1115.35元。全年福利彩票公益金共资助2600万元，其中2000万元用于个案、项目等综合帮扶，100万元用于应急救助，500万元用于医疗救助一卡通项目。

（2）社区综合风险评估示范点补贴项目。继续采用“政府部门统筹协调，高校专家专业指导，社会组织具体实施，社区居民广泛参与”模式开展社区风险评估工作。2015年3—6月，联合复旦大学对上海音速青年志愿服务中心、松江区爱心助困志愿者协会、上海联合减灾与应急管理促进中心、上海闵行区安众青年志愿服务中心4家社会组织，以及虹口区、宝山区、闵行区、嘉定区、金山区、崇明区6个区相关负责人开展了社会组织参与社区风险评估专项理论培训和现场活动督导，并于8月召开了培训结业仪式。全年市级福利彩票公益金投入580万元。

（3）“全国综合减灾示范社区”称号单位一次性补贴。2015年，继续在全市层面开展“全国综合减灾示范社区”的创建工作，共有13个区推荐39个候选单位。截至2015年底，全市已创建“全国综合减灾示范社区”124个，正在申报创建39个，超额完成民政部下达的上海“十三五”期间应创建160个“全国综合减灾示范社区”的工作目标。市级福利彩票公益金投入54万元。

（4）骨灰撒海补贴。上海市骨灰撒海机构共举办27次骨灰撒海活动，撒入大海的骨灰2828具，比上年度增长10.99%，市级福利彩票公益金投入530万元。

（5）扶老、助残、救孤、济困等社区公益服务招投标（创投）项目。为进一步规范社区公益服务项目招投标、创投项目运作，着力社会管理服务模式的创新，坚持人民群众需求导向，引导扶持社会组织参与社区公益事业和民生服务，努力为社区群众提供最好的公益服务，2015年市招投标平台共完成自行采购项目170个，对253个项目实施事中、事后项目监管，进一步提高社区公共管理和服务水平，提高福利彩票公益金使用效益。

除了以上项目，上海市福利彩票公益金还资助了“关爱功臣”“桥计划”等项目。此外，福利彩票公益金还资助了上海市团市委、总工会、妇联和计生委系统困难群体救助项目，解决青少年、重症妇女、老“三八”红旗手和独生子女等困难家庭的救助问题。

三、福利彩票公益金管理和创新

（一）规范福利彩票公益金的项目管理

严格预算管理，加强项目监督和信息公开，做好2015年市、区两级福利彩票公益金预算收支执行情况编报以及年终项目结余资金清算工作，完成2015年福利彩票公益金项目预算评审工作与绩效评价工作，对项目预算的合理性、合规性进行评定。加强预算申报管理，在福利彩票公益金项目预算申报阶段，要求申报单位填写《福利彩票公益金项目预算申报文本》，包括项目的基本信息、项目概况、基础条件及前期工作、项目实施进度计划、资金筹集和使用计划、项目内容及预算和运行管理等方面，要求申报单位对申报的项目进行自我分析与评定，自我剖析项目单位的责任；要求项目申报单位一并上报《绩效目标表》，填报项目的立项依据、设立的必要性、实施计划、总目标和年度绩效目标，分别设立投入和管理目标、产出目标、效果目标和影响力目标，明确项目的评价指标和项目负责人。

（二）加强市级福利彩票公益金结余资金管理

为进一步激活市级福利彩票公益金存量资金，提高资金使用效益，市民政局对市级福利彩票公益金使用和结转、结余情况定期进行梳理，要求资金使用单位全面掌握市级福利彩票公益金使用情况和结转、结余情况，并根据市财政要求，将结余资金上缴市民政局。对于存在对外委托项目的，跟踪监控对外委托的市级福利彩票公益金的使用情况，要求被委托单位定期对资金使用情况和结转、结余情况进行反馈。今后，市民政局计划财务处每年都将根据公益金申请使用单位、区民政局报送的上一年度公益金使用情况报告，结合结余、结转清算审计报告，审核项目资金的使用和结余情况，并会同市财政局对公益金结转、结余进行清理。

（三）推进社区公益服务招投标（创投）工作

依据《上海市民政局关于实施上海社区公益服务招投标资助项目的通知》的要求，完成对11个区合计170个项目的政府采购工作，对253个项目实施事中监管。依据《上海市民政局关于对2015年上海社区公益创投实施方案的批复》的要求，对26个公益创投获选项目进行核对，对存疑项目再次组织复审。加大项目监管力度，全年共委托会计师事务所对历年已完成的369个项目实施审计。完成上海市“十二五”期间公益创投及公益招投标投入资金统计表的核对、汇总工作。

四、加强福利彩票公益金管理的建议

（一）进一步规范福利彩票公益金的管理

为进一步规范和加强福利彩票公益金的使用管理，明确管理责任，规范管理程序，提高福利彩票公益金的使用效益，促进社会公益事业发展，市民政局将根据相关政策文件，结合本市实际，制定《上海市福利彩票公益金管理暂行办法（初稿）》，从福利彩票公益金的管理职责、资金分配和预算报审、预算执行、信息公开、绩效评价与督查等方面规范和加强福利彩票公益金的管理，健全本市福利彩票公益金管理制度。

（二）进一步推进公益招投标项目管理工作

拟建立综合性绩效评价机制。公益招投标项目结束后，市民政局将统一委托第三方机构对项目实施绩效评价，重点对项目的资金使用绩效、服务质量以及公开透明程度等进行综合、客观、公正的考核评价。绩效评价结果将作为以后年度安排预算和选择承接主体的重要参考依据。市民政局将抽选年度招投标项目总数的20%—30%，不定期实施项目绩效检查。针对社会公众对项目运行过程中存在违反合同约定的举报行为，将一查到底。

（三）进一步推动社区公益服务招投标工作

上海市民政局将根据上海市人民政府《关于进一步建立健全本市政府购买服务制度的实施意见》和市财政局《关于进一步支持和规范本市社会组织承接政府购买服务工作的通知》的文件精神和要求，出台相关管理办法，对服务需求、项目定价、政府采购、合同管理和绩效评价等方面进行规范，严控项目准入，对项目过程加大监管力度，落实职责考核，进一步完善全市社区公益服务招投标管理工作，充分发挥市场在资源配置中的决定性作用。

2015年度福利彩票公益金使用管理情况报告

江苏省民政厅

一、福利彩票销售及公益金筹集情况

2015年，江苏省福利彩票全年实现销售144.48亿元，其中电脑票31.78亿元，电脑票（快3）64.18亿元，电脑票（3D）5.47亿元，即开票8.95亿元，中福在线34.10亿元。全年共筹集公益金40.08亿元，其中中央19.78亿元、省本级3.76亿元、市县16.54亿元，取得了显著的经济效益和社会效益。

二、福利彩票公益金使用情况

按照财政部、民政部印发的《社会福利基金使用管理暂行办法》的有关规定和福利彩票“扶老、助残、救孤、济困”的发行宗旨，全省福利彩票公益金主要用于资助为老年人、残疾人、孤儿等特殊困难群体服务的社会福利事业项目，由各级民政行政主管部门提出福利彩票公益金年度使用计划并组织项目实施，纳入同级财政预算管理。2015年省级福利彩票公益金支出35280万元，主要用于以下项目。

（一）老年人福利类项目

1.“福利彩票进社区爱心敬老”项目500万元

2015年采取省、市、县三级联动方式，省级投入500万元，市县配套237万元，资助了南京市建邺区社会福利院、无锡市广华福寿院、丰县宋楼敬老院、连云港市海州区新坝和宁海供养中心等全省120多所养老服务机构。以现金或实物的方式，慰问或赠送洗衣机、空调等家用电器；棉被、棉鞋等御寒衣物；毛巾、床上用品等日用品；大米、油、水果等食品；多功能按摩椅、健身器材等活动设施。112177名老人从中受益，得到社会各界广泛赞誉，该项活动弘扬了中华民族尊老敬老的传统美德，进一步提升了老年人幸福生活指数。

2. 老年人精神关爱工程项目 500 万元

该项目主要用于为困难老年人、老年重点优抚对象、老年社会组织、农村养老服务机构订阅《老年周报》等报刊，为社区老年活动场所添置影视网络设备；创建老年精神关爱示范基地和示范点；开展关爱空巢独居、高龄、失能半失能等老年人活动；实施老年文化体育、社区老年教育、心理健康咨询、老年服务志愿者队伍建设等一系列老年精神关爱项目。支持云媒体电视江苏老年开办 10 多档栏目，制作老年春晚、老年好声音等 1000 多期节目，宣传党和政府的惠老政策，丰富老年人精神文化生活。

3. 社会养老服务体系建设项目 20000 万元

该项资金和省级公共财政安排的养老服务体系建设专项资金统筹使用，依据各地老年人口数量、财政保障能力系数以及绩效考核等因素测算下达全省各市、县，主要用于支持各地建设以居家为基础、社区为依托、机构为补充、医养结合的养老服务体系。至 2015 年底，全省养老床位数较上年净增 5 万张，增幅 10%，每千名老人拥有养老床位数达到 35.2 张；全年共培训各级养老护理员 7500 余名，养老护理员持证上岗率超过 80%，同时建立了养老护理员职业资格补贴制度；全省农村五保供养服务机构全部完成“三有三能六达标”建设，农村养老服务水平显著增强。

4. 江苏福利彩票“福馨工程”康复器具室建设项目 2000 万元

该项目预计用 3 年左右的时间，为全省 1500 家公办养老机构，建立统一标准规范并具有示范性意义的康复护理室。2015 年经省政府采购中心公开招标，为徐州、宿迁、盐城和连云港等部分地区 447 家公办养老机构配备双向训练阶梯、多功能训练器、股四头肌训练椅、踝关节训练器、辅助步行训练器 447 套，胸腰椎矫形器 449 个，护理床 1788 套，轮椅车 1806 辆，拐杖 894 付，助行器 1788 个，改善了养老机构基础设施建设，促进和提高了养老机构的服务能力和服务水平。

（二）儿童福利类项目

1. “明天计划”项目 1200 万元

2015 年残疾孤儿手术康复“明天计划”项目，将救助对象由原来的福利机构儿童拓展到社会养育孤儿和低保家庭中需进行手术治疗的儿童，对孤儿的救助范围由原来的手术治疗病种拓展到所有住院治疗病种；在保障措施上，将定点医院布局到各市，并与医疗保险、大病保险、医疗救助、慈善大病救助等医疗保障措施进行了有效衔接，使这项救助保障型的公共医疗服务发挥出了最大效用，2015 年共实施医疗康复 344 例，让更多处于困境的疾病患儿得到了及时有效治疗。

2. 福利彩票爱心助学“12512”工程项目 500 万元

该项目是面向全省高校贫困学生开展的助学公益资助活动，每年从全省高校当年入学新生中选择品学兼优、家境贫困的江苏籍学生给予生活资助，2015 年资助了河海大学、南京艺术学院、南京师范大学、江苏师范大学等高校困难学生 3379 人，向受助学生提供江苏福利彩票“12512”工程爱心助学卡，着力解决贫困学子学费难、生活费难的问题。

（三）残障人福利类项目

1. 福利彩票助残“福康行”项目 1500 万元

2015 年该项目为盐城、苏州、常州、无锡、南京及宿迁等地区 31 个县（市、区）的低保户和城乡“三无”人员中的贫困残疾人，免费安装假肢 729 具，捐赠轮椅 2011 辆，受益的贫困伤残人和老年人约 2.5 万人，有效保障了残疾人的基本生活。

2. 省荣军医院康复医疗设备购置项目 1000 万元

通过政府采购，购买了核磁共振成像系统、慢性病楼护理单元配套设备等一批专业的康复治疗设备以及基本检查诊断设备，为全省残疾军人慢性病患者以及部分社会患者提供了更好的康复疗养服务。

3. 省民政康复医院基础设施改善及医疗设备购置项目 500 万元

通过政府采购，购置了移动 DR、麻醉机等一批专用医疗检查设备和专用医疗治疗设备，加强了医院专业化水平，提高了医院康复服务能力。

（四）其他社会公益类项目

1. 社区公益服务资助项目 1500 万元

该项目为养老助残帮困等服务领域的社区公益性社会组织提供资金、管理以及技术支持，2015 年通过省政府采购中心公开招标的方式，共资助 130 个社区公益项目（老年人服务项目 30 个，青少年服务项目 40 个，助残服务项目 20 个，救助帮困服务项目 20 个，其他社区公益服务项目 20 个），在老年人、困境儿童、残疾人等困难群众得到帮助的同时，也提升了社会组织自我发展、自我管理的能力。

2. 省慈善总会救助项目 300 万元

该项目主要用于贫困家庭大病患者春节慰问以及 11 所驻宁省部属高校慈善爱心助学超市建设以及助学、助残、助困为主要内容的“情暖江苏”救助活动。此项目为宣传慈善理念、增强慈善意识提供了重要平台，对培养学生慈善意识，提高创新能力、实践能力等方面发挥了显著作用。

3. 公益基金会专项补助项目 180 万元

该项目专项用于对开展扶老、助残、救孤、济困等公益项目的基金会给予资金支持。2015 年分别补助了省老龄事业发展基金会、省残疾人福利基金会、省老龄协会、省老年学学会等公益基金会开展的“送关爱、送温暖、送文化”等系列公益活动。此项目得到了老年群体、残疾群体的普遍欢迎和广泛好评。

4. 部省级综合减灾示范社区建设 400 万元

该项目主要用于资助“全国综合减灾示范社区”建设。2015 年，对全省获得“全国综合减灾示范社区”称号的 86 个社区给予补助。通过创建工作的开展，较好地提高了城乡社区居民的综合减灾意识，综合减灾基础设施初步完善，防范应对突发灾害的能力明显提升。

5. 对口支援及扶贫项目 900 万元

该项目根据民政部以及省委、省政府对口支援、扶贫工作部署，主要用于援建新疆伊犁、克州以及西藏拉萨等地民政公共福利事业建设项目；帮扶宿迁市泗阳县、淮安市楚州区等扶贫项目。

6. 社会福利服务设施维修改造项目 4000 万元

该项目主要用于资助南京市社会福利综合服务中心、徐州市精神病院一期工程、金坛区殡仪馆新建工程等全省 60 个社会福利类、殡葬设施类等项目建设及维修改造工程，切实改善了社会福利公共服务设施条件，提高了民政公共服务水平。

7. 省立新农场基础设施改造 300 万元

省立新农场位于扬州市江都区樊川镇北，始建于 1964 年，主要负责全省“三无”流浪人员以及孤儿院大龄残疾孤儿的收容、安置、教育等工作，为社会的和谐稳定做了大量的工作。2015 年安排 300 万元用于农场养老服务中心附属用房建设及福利企业厂房改造，改善了老人的生活环境及残疾孤儿的生产工作环境。

三、福利彩票公益金使用特点及效果评估

江苏省各级民政部门紧密结合《江苏民政事业发展第十二个五年规划》，高度重视贯彻落实《彩票管理条例》《彩票管理条例实施细则》和《彩票公益金管理办法》，始终秉持福利彩票“扶老、助残、救孤、济困”的发行宗旨，狠抓福利彩票公益金的使用管理，严格遵循福利彩票公益金使用原则，从以下三个方面着手，力求使福利彩票公益金的使用做到规范有效。

首先，严格实行预算管理，规范资金运行机制。在资金的使用上，江苏

省坚持三个原则：一是实行预算管理。严格遵循“收支两条线”，每年在及时、足额将福利彩票公益金缴入中央和省级财政的基础上，年初编制公益金使用计划，年中待相关部门批准后，再实际使用。二是严格项目审批制度。在资金的使用上实行自下而上的申报制度，将申请安排的彩票公益金资助项目经过初步筛选后，和省财政等相关部门共同审定。坚持做到公益金项目的安排公平公正，公益金资金的使用合规合理，确保公益金使用的效果高效安全。三是严把使用关。坚持公益金专款专用、重点使用和公益性、透明性的原则，按照轻重缓急，统筹兼顾各类社会福利和公益项目，突出重点项目，加大对养老服务体系建设、社区建设、社会福利基础设施建设的投入，充分发挥公益金使用效益。

其次，积极开展宣传推介，提升社会公益形象。按照《彩票公益金管理办法》的要求，江苏省认真做好福利彩票公益金使用的宣传公告工作，每年将公益金使用情况在当地主要媒体或民政网公示，自觉接受社会公众的监督。为充分宣传福利彩票公益金的使用效果，体现福利彩票的公益性质，2015 年，省民政厅给所有建成的福利彩票公益金资助项目置挂统一的公益金资助标牌，彰显福利彩票发行宗旨，扩大社会影响力。

最后，注重落实审计检查，实施绩效评价。江苏省十分重视福利彩票公益金使用绩效，按照有关规定认真做好公益金资助项目绩效评价工作。采取民政部门自评、会同财政部门联合评价、财政部门单独评价等多种方式，每年有重点地确定几个项目实施绩效评价。近年，还接受了省级审计部门对福利彩票公益金使用情况的专项审计，审计人员通过“听汇报、查资料、实地查看资助项目”，对全省的福利彩票资助项目展开了全面审计，尤其对省本级的福利彩票公益金资助项目进行了重点检查。通过此类审计检查，进一步规范了本省福利彩票公益金的使用管理。

四、主要成效

近年，江苏省重点打造了一批福利彩票公益金品牌项目，在提高社会影响力的同时，也提升了社会正能量，使民政工作“以民为本、为民解困、为民服务”的工作特点深入人心。以下是三例 2015 年使用公益金重点活动、项目报告：

一是江苏省荣军医院残疾军人慢性病疗养大楼项目。该项目设计面积 22000 平方米，设置床位 400 张，主要用于改善全省优抚对象服务条件和保障水平，满足残疾军人慢性病患者的康复和疗养需求。该项目于 2012 年 12 月正式动工建设，已于 2015 年 11 月完成竣工验收。省级福利彩票公益金累计投入8200万元。

慢性病疗养大楼集治疗、休养、康复等多项功能为一体，设有起居生活、文化娱乐、医疗保健等多项服务设施，设综合内科病区、老年医学病区、老年养护病区等多个病区。

二是江苏省慈善总会“护苗行动”项目。2010年7月正式启动开展“护苗行动”即“江苏贫困家庭儿童重大疾病慈善救助项目”，在全国率先建立起儿童大病慈善救助制度。2015年，全省共救助2304名（3557人次）重病患儿，省级儿童大病基金共支出救助金2381.04万元，其中省级福利彩票公益金投入476万元。项目切实缓解了江苏省贫困家庭重大疾病患儿的医疗困难，有效减轻了贫困家庭重病患儿就医经济负担，受到社会各界的充分肯定和欢迎，并获得了“中华慈善奖最具影响力项目”“中华慈善突出贡献奖”等多项国家级表彰，打造了江苏慈善公益新品牌。

三是徐州精神病院迁建工程项目。该项目位于徐州市西郊丁楼，占地125.21亩，按三级精神卫生专科医院标准设计，设计床位1000张，规划总建筑面积97000平方米。一期工程建筑面积45079平方米，实有病床600余张，投资1.95亿元，各级福利彩票公益金投入6000万元。包括病房楼1栋、门急诊医技综合楼1栋、后勤服务楼1栋、连廊以及地下车库。病房楼地上8层，地下1层，建筑面积12177.85平方米；门急诊医技综合楼地上5层，地下1层，建筑面积28976平方米；后勤服务楼3层，2542平方米，连廊1358平方米。

2015年度福利彩票公益金使用管理情况报告

浙江省民政厅

一、福利彩票销售及公益金筹集情况

2015年浙江省共发行福利彩票146.87亿元，其中电脑彩票93.17亿元，中福在线即开票42.9亿元，网点即开票10.8亿元。全年共筹集福利彩票公益金40.7亿元，其中上缴中央公益金20.06亿元，省级留存7.22亿元，市级留存7.74亿元，县级留存5.68亿元。

二、福利彩票公益金使用情况

2015年浙江省福利彩票公益金共资助各类社会福利和公益事业项目1.69万个，资助资金19.89亿元。

（1）资助县（含）以上社会福利院、社会福利中心、老年公寓等项目174个，资助资金42554.56万元。

（2）资助县以下养老服务中心、养老服务照料中心、敬老院、老年电大等项目11498个，资助资金64689.85万元。

（3）资助养老服务补贴项目495个，资助对象12.58万人，资助资金8552.1万元。

（4）资助优抚事业项目44个，资助资金13534.82万元。

（5）资助社区服务设施项目1171个，资助资金9419.22万元。

（6）资助避灾安置场所、救灾储备仓库等项目1616个，资助资金8765.46万元。

（7）资助医疗救助、生活救助、慈善事业等项目292个，资助对象65.35万人，资助资金20113.89万元。

（8）资助儿童福利机构、“残疾孤儿手术康复明天计划”、贫困残疾儿童抢救性康复项目81个，资助资金6633.64万元。

(9) 资助残疾人事业设施设备和"福利彩票助我行"(为城市"三无"、农村五保和低保等困难残疾对象装配假肢、矫形器等康复辅具)项目157个,资助资金7145.78万元。

(10) 资助救助类单位、殡葬事业、社会组织公益项目等1351个,资助资金17458.73万元。

三、福利彩票公益金管理使用特点

(一) 加强预算管理,规范福利彩票公益金使用

浙江省各级民政部门始终坚持福利彩票"扶老、助残、救孤、济困"的发行宗旨,严格遵循彩票公益金使用规定,加强福利彩票公益金的使用管理。坚持集体研究、民主决策、专款专用、重点使用和公益性、透明性的原则,认真编制和执行彩票公益金预算,做到严格预算管理、严格审批制度和严格使用原则。合理安排彩票公益金资助项目,做到资金使用公开透明,确保彩票公益金投向合规、运行安全、使用高效。

(二) 强化公示宣传,彰显福利彩票发行宗旨

浙江省认真落实福利彩票公益金使用公告制度,宣传使用效果,树立福利彩票良好的社会形象。一是每年将福利彩票公益金使用情况在当地媒体和民政网公示,连续10多年坚持在《浙江日报》公告上年度全省福利彩票公益金筹集和使用情况。二是在《浙江福利彩票社会责任报告》上公布福利彩票公益金分配使用和资助项目情况。三是将省下达福利彩票公益金分配表在浙江政务服务网上公开。通过上述方式,自觉接受社会公众的监督。

(三) 实施绩效评价,提升福利彩票公益金使用绩效

浙江省十分重视福利彩票公益金的使用绩效,加强预算绩效管理,做好资助项目绩效评价工作。连续多年有重点地确定资助项目实施绩效评价,2015年着重对省级福利彩票公益金资助的"2011—2014年困难群体救助""浙江省荣军医院新建""2013年居家养老服务照料中心"三个项目实施绩效评价。通过绩效评价,进一步促进了福利彩票公益金使用效益和管理水平的提升。

(四) 科学安排使用,大力推进社会福利事业发展

首先,重点用于各类社会福利设施建设。2015年浙江省各级福利彩票公益金用于资助各类社会福利和公益项目新建、改扩建、修缮及设备购置等设施类项目15.45亿元,占公益金总投入的77.7%,新建、改扩建及修缮房屋

506 余万平方米，添置设备 8.9 余万台，间接受益 947 余万人。全年省级福利彩票公益金转移支付市、县（市、区）资金 5.77 亿元，其中用于设施设备类项目 4.76 亿元，占转移支付资金数的 82.5%。近几年来，浙江省各级福利彩票公益金加大对社会福利设施建设的投入，大力推进了全省社会福利基础设施的建设，一大批社会福利机构建成并投入使用，社会福利设施整体水平大幅提升，有效地促进了社会福利事业的快速发展。

其次，重点用于资助养老服务项目。2015 年浙江省福利彩票公益金用于资助社会福利院、福利中心、老年公寓、老年活动中心、敬老院、居家养老照料中心、老年电大和为老服务等老年人福利类项目 12.14 亿元，占公益金总投入的 61%。全年省级福利彩票公益金转移支付市、县（市、区）老年人福利类项目 3.46 亿元，占省级公益金转移支付市、县（市、区）的 60%。在养老服务体系建设中，全省把居家养老服务照料中心建设作为重点工作，2015 年省级福利彩票公益金资助 1.66 亿元，重点推进城乡社区养老服务照料中心建设，全省新建城乡社区居家养老服务照料中心 6120 个。截至 2015 年底，全省共建成城乡社区居家养老服务照料中心 1.92 万个，加之原有居家养老服务站和未升级的“星光老年之家”，居家养老服务基本覆盖城乡社区。

最后，持续用于社会救助和慈善事业发展。2015 年浙江省福利彩票公益金用于资助扶老济困助残、社会公益服务等非基础设施项目 4.44 亿元，直接资助 133 余万人，受益 318 余万人。浙江省连续多年安排省级福利彩票公益金重点用于资助儿童大病医疗救助、低保等困难对象白内障复明手术、优抚对象短期疗养和巡诊、“残疾孤儿手术康复明天计划”“福利彩票助我行”等非基础设施类项目，社会效益明显，得到了全社会的广泛赞誉。

2015年度福利彩票公益金使用管理情况报告

安徽省民政厅

一、福利彩票销售及公益金筹集情况

2015年全省发行福利彩票656254.6万元，提取公益金180687万元（含电脑票弃奖转入公益金3206.1万元）。其中，上缴中央88740.5万元，省本级留用25426.8万元，返还市、县66519.8万元。

二、福利彩票公益金使用情况

2015年全省福利彩票公益金共计121681.6万元。其中，中央下达资金29735万元，省级资金25426.8万元，市、县级资金66519.8万元。资金支出116434.4万元。其中，省级支出5523.6万元，地市支出52729.4万元，县级支出58181.4万元。

（一）中央拨付福利彩票公益金使用情况

2015年，中央拨付福利彩票公益金29735万元。主要用于城乡医疗救助7151万元；优抚医疗10471万元；老年社会福利项目4113万元；精神病院8000万元。

（二）省级福利彩票公益金使用情况

2015年省级福利彩票公益金25426.8万元，安排使用27659.8万元（含上年结转资金），主要用于资助为老年人、残疾人、孤儿、有特殊困难等人群服务的社会福利设施建设和补助救助，以及社区、殡葬设施和其他社会公益项目。

（1）养老服务体系建设等社会福利经费13130.8万元，用于资助省老年公寓建设、各地养老机构建设、社区养老服务设施建设，以及配套省民生工程项目农村五保供养机构建设、社会养老服务体系建设。主要是：农村五保供养机构建设床位2万张，补助金额3460万元；补助公办养老机构、养老设施和其他社会福利机构项目351个，建设床位3.8万张，补助金额8421.8万元；补助社会办养老机构、社区养老项目、社会办养老机构贷款贴息项目1000万元（省民生工程配套资金）。

（2）社区建设经费2880万元，用于补助城乡社区建设，共补助项目142个。

（3）优抚机构和设施建设经费791.8万元，补助光荣院维修、烈士陵园维修改造项目27个。

（4）医疗救助经费1200万元，配套省民生工程项目城乡医疗救助，主要用于资助低收入群体参保参合，以及大病救助。

（5）生活无着人员救助经费2000万元，用于流浪乞讨人员救助站建设和生活、医疗、返乡等救助。

（6）临时救助配套资金700万元，用于对因特殊情况造成基本生活出现暂时困难的家庭，给予非定期、非定量生活救助。

（7）救灾仓储设施建设经费447.5万元，用于省级区域性仓库、省级救灾物资代储点新建及装备购置和维修加固，共补助项目13个。

（8）殡葬设施维修改造经费2103.9万元，用于补助殡仪设施维修（护）和公益性公墓建设项目129个。

（9）政府购买服务经费1500万元，主要用于购买公益类、培训类服务。其中，“福满江淮”项目2个，为困境白血病儿童、困境先天性心脏病儿童提供医疗、生活等救助的项目实施服务，金额73.5万元；“寻找最美护理员”项目1个，金额19.5万元；“公益慈善创投”项目5个，金额41.8万元；“社会工作服务”项目20个，金额176.2万元，为城市流动儿童、农村留守儿童、社会救助群体提供专业社工服务；“爱邻联盟”项目61个，金额302.1万元，开展社区社会服务；“公益组织家园”项目8个，金额77.4万元，为社会组织提供孵化服务；“三社联动示范项目”20个，金额189.6万元，为社区社会组织提供综合服务，并指导开展社区公益慈善活动。培训类、评估类、课题类等项目30个，金额593.5万元，主要对养老、社区、社会组织从业人员培训，专项资金绩效评价，以及专项规划编制等。

（10）贫困家庭儿童特殊病种救助经费1500万元，帮助贫困家庭先天性心脏病、白血病儿童实施手术治疗，减轻家庭负担，在医疗救助的同时，对患儿在治疗期间产生的交通、食宿费用，给予一定的一次性生活补助。2015年累计救助补助680人次。

（11）对口支援边疆省份社会福利事业经费460万元。

（12）其他社会福利和公益项目支出945.8万元，主要用于省特教学校建设经费200万元、慈善救助100万元、省拥军优属爱心工程基金200万元、扶持省级社会福利企业100万元，以及资助省妇女儿童维权基金、双包扶贫、社会工作专业人才队伍建设经费等。

（三）市、县福利彩票公益金使用情况

2015年，市、县级福利彩票公益金66519.8万元，会同省级以上福利彩票公益金，市、县共安排使用110910.7万元，累计资助基础建设类项目1477个，非基础建设类项目1318个，直接资助96.9万人。

三、福利彩票公益金管理情况

在省级福利彩票公益金中，省财政厅、省民政厅积极贯彻落实中央关于深化预算管理改革要求，继续推进省级福利彩票公益金管理改革，完善“预算打捆安排、额度因素分配、组织备案项目、资金拨付市县、绩效评价结果”等预算程序管理，并实行“当年发行筹集入库，当年预算安排使用”收支管理。

按“预算打捆安排”要求，在预算编制时，省本级项目及金额确定的，列为省本级具体预算项目；省民生工程配套的，列为补助市县具体预算项目。可支配收入除上述项目外，全部暂列入“省级福利彩票公益金补助市县社会福利等事业发展专项”。在预算执行中，按因素法通知各地额度，组织项目备案。

（一）完善管理环节

按照省财政厅、省民政厅《安徽省省级福利彩票公益金使用管理暂行办法》（财社〔2013〕1979号），省级福利彩票公益金管理环节主要包括预算打捆安排、额度因素分配、项目备案反馈、资金直接拨付、使用绩效评价等。结合贯彻省政府办公厅《关于印发安徽省财政一般性转移支付资金管理办法和安徽省省级财政专项资金管理办法的通知》（皖政办〔2014〕29号），省民政厅深化对预算管理改革认识，主动适应形势发展，在资金分配、使用和监督上，自觉服从服务大局，严格执行省政府及有关部门资金管理相关政策规定。

（二）科学设定因素

全面、客观、适用的因素及其比例是科学分配资金、减少人为干预的基础。结合民政重点工作和事业发展总体目标，省民政厅、省财政厅将2015年省级福利彩票公益金分配因素由基本业务、重点推进业务和绩效评价等因素组成。分别占50%、35%、15%。基本业务主要用于社会福利、社区建设等民政重点业务，各因素由业务处室根据其特点予以细化，如社会福利因素细分为老年人口数、社会办养老机构建设床位数、社会福利机构实际入住人数等二级因素，并确定相应比例。

重点推进业务主要用于厅市合作推进业务和国家级示范试点业务，以及福利彩票发行量、福利彩票公益金预算执行等，绩效评价占15%。

绩效评价主要是对省级福利彩票公益金补助项目的绩效评价。

（三）组织项目备案

市（县）在可用额度内统筹安排并组织项目，报省民政厅、省财政厅备案。为在“下管一级”条件下，有效引导基层资金投入数量和投入方向，结合福利彩票发行原则和相关使用政策，省财政厅、省民政厅就2015年省级福利彩票公益金补助项目备案提出原则性要求。主要内容是：各市（县）在通知额度内，结合实际统筹安排并备案。原则上，各市省级福利彩票公益金补助额度不超过备案项目投资总额40%；县（市、区）使用额度不少于总额度60%；各业务使用额度保持合理比例；社会福利类资金用于政府购买服务的不少于10%；基本建设项目需提供发展改革部门立项批复、可研批复或县级政府下达建设任务的文件等材料；2013年、2014年省以上资金已支持的项目不再备案；具体项目安排以及养老服务体系建设使用额度比例符合相关政策。

（四）开展绩效评价

绩效评价结果是资金分配的重要因素之一，科学的评价指标能有效引导资金投向。为做好省级福利彩票公益金绩效评价，2016年8月，《关于开展2015年度省级福利彩票公益金绩效评价的通知》（皖民规财函〔2016〕418号）明确了评价的范围、内容和方式，要求在县自评的基础上，市级以额度为权重考评并形成报告。省民政厅、省财政厅根据各市考评情况组织重点评审，以市为单位核定评价等次。为提高评价质量，使评价结果更为客观，省民政厅、省财政厅通过政府购买服务，委托第三方评价机构独立开展，并形成了16市2个省直管县18个分报告和全省省级福利彩票公益金补助市县项目绩效评价总报告。

（五）完成资金拨付

在资金拨付过程中，省民政厅通过厅长办公会专题汇报、相关处室主要负责人和预算经办人集中学习等方式，多次汇报深化预算改革相关政策要求，统一民政资金规范管理、提高绩效、确保安全思想认识，更加注重资金管理与民政重点工作和总体目标要求相结合，更加注重业务指导和资金分配、使用基本原则、补助标准的确定，更加突出监督基层资金使用方向、投入重点和对使用绩效的评价，杜绝干预具体项目的安排和实施，为进一步规范管理、提高效益打下了坚实基础。

四、下一步工作思路及建议

（一）理顺资金管理工作机制

应建立资金预算、分配、拨付、评价中的业务司局提出方案、财务归口统一对外办理的管理工作机制，理顺业务司局主体职责、财务监督职责，发挥财务、业务两个积极性，互相约束，共同监管。指导各级民政部门在福利彩票公益金使用中适应现行财政体制、服务民政事业发展。严肃文件行文流程，杜绝业务司局对省级业务处甚至所属事业单位直接传递资金拨付等文件。

（二）统筹发挥福利彩票公益金效益

遵循福利彩票发行宗旨，加大福利彩票公益金与公共财政资金预算统筹安排力度，在保持福利彩票公益金预算相对完整、独立的同时，注重与公共预算衔接，提高资金使用效益。减少相关文件中规定福利彩票公益金使用具体比例的要求。调整支出结构，更多用于符合八字方针的政策性补助，支持政府购买服务方式。

（三）完善资金分配方式方法

完善因素法分配资金，因素中考虑各地事业发展任务、工作成效以及财力状况，提高资金分配的科学性、客观性，减少项目法使用，减少主观因素影响，将资金和项目审批权下放，赋予基层主动权，调动基层积极性。确需直接安排到项目的，适当引入竞争性分配机制。

（四）加强资金督查与绩效评价

资金拨付要明确绩效目标，应要求各地组织资金具体使用项目备案，备案项目作为监督检查与绩效评价的基础依据，监督检查与绩效评价结果纳入资金分配因素，使用管理情况及时向社会公开，以全程监督管理、持续跟踪问效和相关信息公开督促、倒逼项目落地、资金安全和效益提高。

（五）健全内部控制制度体系

坚持全面推进、科学规划、问题导向、共同治理的原则，建立健全内部控制体系，对资金分配使用等权力集中的部门和岗位实行分事行权、分岗设权、分级授权，定期轮岗，强化内部流程控制，防止权力滥用，防范廉政风险。

2015年度福利彩票公益金使用管理情况报告

福建省民政厅

一、福利彩票销售及公益金筹集情况

（一）福利彩票发行

2015年度，福建省全省共发行福利彩票50.88亿元，按游戏品种分为："双色球"16.45亿元、"快3"14.03亿元、"中福在线"12.74亿元、"网点票"4.81亿元、"3D"1.53亿元、"30选7"0.92亿元、"15选5"0.29亿元、"福利彩票6+1"0.11亿元。

（二）福利彩票公益金筹集

按照彩票公益金提取和分成比例，2015年度，福建省共筹集彩票公益金14.41亿元，其中上缴中央财政7.09亿元、上缴省级财政专户7.32亿元。

二、福利彩票公益金使用情况

（一）地方留成公益金分配情况

2015年度，福建省省、地、县三级共留成公益金7.32亿元，按照分成比例，其中省本级3.11亿元、地市本级3.5亿元、县级0.71亿元。

（二）转移支付情况

2015年度，民政部本级补助地方彩票公益金14212万元。其中，中央专项补助农村幸福院建设公益金2229万元、中央专项支持精神病人福利机构项目6000万元、民政部下达地方补助5983万元；省级补助地方公益金25402.62万元；地市补助地方公益金4429.21万元。

（三）2015年度结余结转

2015年度，省、地、县三级共结转41305.09万元，其中省级结余

8125.34万元、地市结余13878.84万元、县级结余19300.91万元。

（四）2015年度福利彩票公益金使用情况

省级财政实际分配民政部门福利彩票公益金33111.26万元。具体情况如下：

一是用于重点民生工程27442.66万元。其中，农村“幸福院”建设补助8721万元；省养老产业投资基金5000万元；社会福利中心建设补助600万元（泉州市台商投资区200万元、莆田市秀屿区400万元）；防灾减灾设施建设项目补助4000万元；烈士纪念设施维修改造补助1000万元；城市社区服务站建设补助1500万元；80周岁以上低保老年人高龄补贴3143.66万元；社会救助“以奖代补”专项3000万元（主要用于医疗救助、临时救助经费补助）；第九届残运会集训等费用478万元。

二是用于开展扶老、助残、救孤、济困等社会福利事业3518.6万元。其中，老年节（重阳节）慰问和“银龄行动”经费150万元；福利机构“六一”儿童节慰问经费100万元；非营利性民办养老机构一次性开办补助和床位运营补贴1556.9万元；实施福利机构残疾孤儿手术矫治“明天计划”16.06万元；少数民族乡挂钩帮扶补助100万元（漳浦县赤岭乡）；援建对口帮扶单位（新疆、西藏、宁夏、重庆及省内帮扶单位等）500万元；莆田SOS儿童村房屋修缮和添置设备补助10万元；社区工作者岗位培训补助125.94万元；社会志愿者（社工）队伍建设试点及培训100万元；开展全省养老护理员培训159.7万元；流浪乞讨人员救助补助300万元；解决部分重点优抚对象“三难”（生活难、住房难、医疗难）问题400万元。

三是支持社会组织参与社会服务项目2150万元。其中，安排支持社会组织专项经费1000万元，通过政府购买服务方式，支持社会组织参与社会服务项目；安排1150万元资金，继续资助部分公益慈善团体实施有关民生服务项目。

三、福利彩票公益金使用特点及成效

（一）突出保障民生重点项目

优先安排以养老事业发展为主要内容的社会福利事业，尤其是各级党委、政府确定的为民办实事项目。2015年省级彩票公益金，安排用于重点民生工程2.74亿元，占预算总量的82.8%，如补助全省513个农村幸福院建设8721万元、省养老产业基金5000万元、社会福利中心建设600万元、全省24个救灾物资储备库建设2960万元、208个自然灾害避灾点建设1040万元、13个烈士纪念设施1000万元、全省53个城市社区服务站建设1500万元、80周岁以上低保老年人高龄补贴3143.66万元、医疗及临时补助3000万元等，较好地保障了全省民政基础设施建设的资金保障，改善了民政服务对象的基本生活条件，取得了较好的经济和社会效益。

（二）统筹兼顾民政其他工作

在突出保障民生重点项目的基础上，统筹兼顾其他民政工作，充分体现民政为民、民政爱民的工作理念和“扶老、助残、救孤、济困”的彩票发行宗旨。2015年省级彩票公益金，安排用于扶老、助残、救孤、济困3518.6万元，占支出总量的10.6%，较好实施了民政部统一部署的对口援建、“明天计划”“肢残助行工程”“关爱功臣”、社会工作等社会福利和优抚项目。完成了福建省组织开展的重大节日慰问贫困群众及民政对象、非营利性民办养老机构一次性开办和床位运营补贴、挂钩帮扶、养老护理员和社区工作者岗位培训等任务。

（三）充分发挥社会组织服务社会的作用

鼓励支持社会组织参与社会服务，拓展民政服务社会的工作范围，不断提升民政福利彩票的形象与品牌效应。2015年省级彩票公益金，资助部分公益慈善团体实施有关民生服务项目、开展走访慰问基层困难群众2150万元，占支出总量的6.5%。

四、加强福利彩票公益金管理的措施

一是严格落实《彩票管理条例》《彩票管理条例实施细则》《彩票公益金管理办法》等有关规定，贯彻省政府专项资金管理办法，按照彩票公益金项目管理要求，进一步完善项目资金管理办法。

二是加强同财政、审计、监察等职能部门的配合，积极发挥各级职能部门作用，按照民政部要求开展管理使用情况检查，确保彩票公益金管理使用安全高效。

三是及时向社会公布公益金管理使用情况，主动接受社会公众监督。

2015年度福利彩票公益金使用管理情况报告

江西省民政厅

一、福利彩票销售及公益金筹集情况

2015年，江西省销售福利彩票323469.7万元，筹集公益金91735.42万元，上缴中央财政45867.71万元，上缴省财政45867.71万元，其中省财政下拨市、县留成公益金22948.08万元，下拨超收奖励公益金1005.81万元。

二、福利彩票公益金使用情况

（一）中央福利彩票公益金使用情况

2015年，中央福利彩票公益金补助江西省8226万元，用于资助城镇老年社会福利机构、光荣院、农村五保供养服务设施、城镇社区养老服务设施、城乡为老服务信息网络平台、精神卫生福利机构、儿童福利机构、残疾儿童和受艾滋病影响儿童养治教康、孤残儿童手术康复“明天计划”、流浪未成年人救助保护中心、殡葬设施建设、社会工作和志愿服务等项目共计138个，涵盖老年人福利、残障人福利、儿童福利和社会公益四类。

（二）省级福利彩票公益金使用情况

经省财政厅核准使用的省级福利彩票公益金为65000万元。一是用于省本级项目28020万元。其中，省养老服务中心建设补助项目18000万元，省荣誉军人康复医院南昌院区建设项目2000万元，省救灾物资储备库迁建补助项目2000万元，省假肢中心综合机加工基地项目1000万元，社会组织公益创投和购买社工服务1600万元，省“青苗关爱工程”项目800万元，社会服务人才素质提升工程项目1000万元，福利彩票公益宣传项目400万元，福利机构健身器材配备项目180万元，贫困家庭残疾人矫形器补助项目180万元，孤残儿童手术康复“明天计划”项目300万元，社区图书室援建项目100万元，革命老区爱心基金会扶助项目 180 万元，其他社会福利事业项目 280 万元。二是用于补助地方建设项目 36980 万元。其中，公办养老机构建设项目 18300 万元，资助项目 307 个；民办养老机构补助项目 1500 万元，资助项目 40 个；城镇社区居家养老服务中心（站）项目 1430 万元，资助项目 113 个；农村养老服务平台建设项目 3570 万元，资助项目 356 个；儿童福利机构建设项目 3000 万元，资助项目 24 个；社区示范点建设补助项目 1700 万元，资助项目 239 个；综合减灾示范社区建设补助项目 300 万元，资助项目 144 个；救助管理站（未成年人救助保护中心）建设项目 1200 万元，资助项目 24 个；城乡公益性骨灰安放设施建设项目 1100 万元，资助项目 244 个；婚姻登记场所标准化建设项目 100 万元，资助项目 21 个；农村医疗救助项目 500 万元；全省福利机构孤残儿童康复项目 800 万元，资助项目 7 个；支持赣南等原中央苏区和罗霄山连片特困地区配套项目 2000 万元，资助项目 88 个；慈善超市项目 280 万元，资助项目 60 个；公办养老机构购买失能老年人护理服务项目 1000 万元，资助购买岗位 277 个；农村留守儿童关爱之家项目 200 万元，资助项目 48 个。

（三）市、县福利彩票公益金使用情况

2015 年，江西省地市级福利彩票公益金支出 14406 万元，县级福利彩票公益金支出 10631 万元。

三、福利彩票公益金管理及监管模式创新情况

坚持科学规划、绩效评估、严守程序、监督管理四个关键点，着力推进改革创新，着力加强制度建设，着力打造“阳光福利彩票”。

（一）统筹兼顾、突出重点，科学设计项目

秉承福利彩票“扶老、助残、救孤、济困”的公益宗旨，统筹用于老年人、残疾人和儿童福利事业以及社会公益事业发展。其中，根据《国务院关于加快发展养老服务业的若干意见》关于“每年安排不少于 50%的资金用于支持发展养老服务业”的要求，省级福利彩票公益金用于支持养老服务业比重超过 66%，涵盖公办养老机构、民办养老机构、城镇社区居家养老服务中心（站）、农村养老服务平台和养老护理员培训等项目。

（二）因素测算、适度倾斜，合理分配资金

统筹考虑市（县）区域发展、人口数量、建设规模、机构布局、资金配

套、项目执行进展等因素确定额度切块分配给各设区市由其自主分配，下放项目审批权限，以充分调动地方积极性。在具体操作方面，安排不少于45%的资金重点投向赣南等原中央苏区、罗霄山连片特困地区和养老服务业综合改革试点地区。

（三）项目管理、程序审核，规范使用流程

依据《彩票管理条例》及其实施细则和财政部《彩票公益金管理办法》等法规政策，将彩票公益金列入政府性基金预算，会同省财政厅制定了《江西省彩票公益金管理办法》，并联合出台省级福利彩票公益金资助公办养老机构、民办养老机构、儿童福利机构、残疾人事业发展等配套的项目管理办法16个，确保一个项目、一个管理办法。在具体操作方面，将公益金使用纳入《江西省民政专项资金管理规程》，全程规范公益金的分配、拨付、发放、监管。

（四）绩效评价、定期公示，健全监督机制

一是纳入预算绩效管理。在预算阶段，按照《省政府关于全面推进预算绩效管理的实施意见》要求，及时将200万元以上福利彩票公益金资助项目纳入预算绩效目标管理，接受财政、审计、社会保障等专家评审组对项目设置的必要性、实施计划的可行性、绩效目标的合理性、绩效指标的明确性、绩效指标与预算申请的匹配性等方面进行评审，增强预算项目支出的科学性。执行阶段，再次对预算项目支出开展绩效评价，并将其作为改进预算管理和以后年度预算安排的重要依据。二是推进信息公开透明。每年将上年度公益金使用情况报民政部备案，定期在江西民政网公布上年度使用情况并尽量做到细化、量化，接受社会监督；下发《关于做好设立福利彩票公益金资助项目标识工作的通知》，对已建成的项目，督促设置永久性福利彩票公益金资助标识；编制福利彩票年度社会责任报告，邀请媒体走进福利彩票公益金资助项目；制订《江西省建设“阳光福利彩票”专项行动方案》，在全省开展建设“阳光福利彩票”专项行动。三是及时开展督促检查。开展民政民生资金检查、年度评估和专项督查、审计，对福利彩票公益金使用情况进行督查。2015年专门派出6个督查组对全省2012—2014年省级福利彩票公益金资助的养老服务设施项目建设进展、使用绩效等情况进行了专项督查。

四、下一步工作思路及建议

（一）工作思路

研究制定江西省福利彩票公益金管理使用办法和绩效评估办法，进一步

筛查制度漏洞，防范管理风险；建立福利彩票公益金使用信息公开制度，进一步提高透明度；健全福利彩票公益金资助项目督查和评估制度，进一步提高执行效率。

（二）工作建议

建议民政部根据财权和事权相匹配原则，在公益金留成比例方面向基层倾斜，提高基层的积极性、自主性。

2015年度福利彩票公益金使用管理情况报告

山东省民政厅

一、福利彩票销售及公益金筹集情况

2015年，全省福利彩票销售额为1448689.14万元，降幅为1.99%。其中，电脑票销售额为948890.01万元、“中福在线”销售额为378412.31万元、即开型彩票销售额为121386.82万元。

2015年山东省共筹集福利彩票公益金400174.71万元，其中上缴中央196831.82万元，省本级留成61134.74万元，市以下分成142208.15万元。

二、福利彩票公益金使用情况

2015年，山东省各级民政部门共使用福利彩票公益金209713.15万元，重点用于为老年人、孤残儿童、残疾人等特殊困难群体服务的社会福利设施建设和受助对象受益项目，其中部级福利彩票公益金30007万元，省级福利彩票公益金41955.2万元，市县级福利彩票公益金137750.95万元。

（一）部级福利彩票公益金使用情况

2015年各级民政部门共使用部级福利彩票公益金30007万元，其中老年人福利类项目15951.7万元，主要用于养老服务设施、为老服务信息网络平台等；其他社会公益类项目3789.3万元，主要用于殡葬基础设施改扩建及设备更新、城乡困难群众医疗救助等；儿童福利类项目1236万元，主要用于儿童福利机构设施设备更新改造以及残疾孤儿手术康复“明天计划”等；残障人福利类项目9030万元，主要用于精神卫生福利机构、民政康复辅具机构建设、改造及设备更新等。

（二）省本级福利彩票公益金使用情况

2015年各级民政部门共使用省级福利彩票公益金41955.2万元，其中老年人福利类项目28487.47万元，主要用于老年人福利设施，养老服务信息平台建设以及养老机构运营、高级护理员和管理人员培训、本专科毕业生从事养老服务工作奖励、高等（职业）院校设立养老服务专业奖励等；其他社会公益类项目11614.63万元，主要用于殡仪馆、农村社区、烈士纪念设施建设和设备更新改造，以及医疗救助、低保家庭本科新生入学、扶持社会组织发展项目等；儿童福利类项目953.1万元，主要用于残疾孤儿康复“明天计划”和低保家庭先天性心脏病手术等；残障人福利类项目900万元，主要用于为贫困家庭残疾人配置及维修假肢康复辅助器具项目等。

（三）市、县级福利彩票公益金使用情况

2015年各级民政部门共使用市级福利彩票公益金119107.92万元，县级福利彩票公益金18643.03万元，共137750.95万元，主要用于老年公寓、敬老院、农村幸福院、日间照料中心、城乡社区、救助站、殡仪馆等基础设施建设和设备更新改造，以及老人生活救助、城乡困难群众和优抚对象医疗救助、临时困难救助等非基础设施项目。

三、福利彩票公益金管理情况

山东省各级民政部门高度重视福利彩票公益金使用管理，始终秉承福利彩票“扶老、助残、救孤、济困”的发行宗旨，严格遵循彩票公益金的使用原则，力求福利彩票公益金使用规范有效，确保福利彩票公益金在加快民政基础设施建设、提高救助水平、保障和改善民生、推进民政事业发展中发挥重要作用。

（一）推进建章立制，落实构建长效机制

在联合省财政厅出台《山东省福利彩票公益金管理使用暂行办法》的基础上，修订了《山东省民政厅财务管理办法》，出台了《山东省民政厅专项资金管理暂行办法》《山东省民政厅专项资金支出绩效评价管理暂行办法》等多项规章制度，进一步细化流程、明确分工、夯实责任，建立规范福利彩票公益金管理使用长效机制。

（二）严格预算管理，资金规范高效运行

一是实现福利彩票公益金与一般预算资金统筹管理、综合使用。福利彩票公益金作为政府性基金全部纳入部门预算管理，与一般公共预算同时编报。在预算编制中，立足事业发展需要，突出年度工作重点，注重发挥公益金杠

杆、引领和探索作用。二是严格项目审批制度。在资金使用上实行自下而上的申报制度，坚持集体研究、民主决策、专款专用、重点使用和公开透明原则，科学安排彩票公益金资助项目，确保福利彩票公益金投向合规、运行安全、使用高效。三是下放部分项目审批管理权限。对农村社区服务功能提升奖补、养老服务业发展等项目，由各市根据工作任务和工作开展情况安排具体项目，减少主观因素，促进补助资金公平分配。

（三）开展宣传推介，提升社会公益形象

按照《彩票公益金管理办法》要求，认真做好福利彩票公益金使用的宣传公告工作。为充分宣传福利彩票公益金使用效果，对用福利彩票公益金资助的项目挂置公益金资助标识，彰显福利彩票发行宗旨，扩大社会影响力。每年将民政部门省级福利彩票公益金使用情况在省民政厅门户网站进行公示，自觉接受社会监督。

（四）落实审计检查，大力推行绩效评价

针对 2014 年审计署对彩票资金管理使用专项审计结果，强化措施，加大整改力度，进一步规范山东省福利彩票公益金管理使用。同时高度重视福利彩票公益金使用绩效，按照“预算编制有目标、预算执行有监控、预算完成有评价、评价结果有运用”的要求，采取民政部门自评、与财政部门联合评价等多种方式，积极开展福利彩票公益金资助项目绩效评价工作，切实保证福利彩票公益金管理规范、使用安全。

2015年度福利彩票公益金使用管理情况报告

河南省民政厅

一、福利彩票销售及公益金筹集情况

2015年河南省福利彩票发行销售总量达到62.65亿元，其中22选5为1.59亿元、双色球为21.48亿元、3D为4.91亿元、30选7为0.37亿元、幸运彩为6.12亿元、快三为5.02亿元、视频票为18.17亿元、即开票为4.99亿元。2015年河南省共筹集福利彩票公益金17.62亿元，上缴中央财政8.81亿元，省级留成8.81亿元。

二、福利彩票公益金分配情况

2015年河南省共筹集福利彩票公益金17.62亿元，省级留成8.81亿元。其中省本级留成3.38亿元，占河南省公益金留成的38.36%；省财政厅统筹0.93亿元，占河南省公益金留成的10.56%；返还市县4.5亿元，占河南省公益金留成的51.07%。

（一）河南省民政厅本级福利彩票公益金使用情况

省级福利彩票公益金的使用秉承福利彩票“扶老、助残、救孤、济困”的发行宗旨，遵循突出重点、统筹兼顾、公平公开的原则。2015年河南省民政厅本级留成3.38亿元，重点用于老年人福利、残疾人福利、儿童福利、社会公益慈善4个方面。其中，资助老年人福利类7项，安排资金17392万元，占51.33%；资助儿童慈善类福利5项，安排资金4040万元，占11.92%；残疾人福利类3项，安排资金2548万元，占7.52%；社会公益类8项，安排资金6425.2万元，占18.96%；社会救助类2项，安排资金3479万元，占10.27%。

（二）民政部本级福利彩票公益金补助河南省情况

根据《财政部民政部关于下达2015年用于社会福利事业的彩票公益金的通知》（财社〔2015〕73号），财政部向河南省下达了2015年度民政部本级彩票公益金补助地方项目资金14169万元，分别用于支持老年人、残疾人、儿童福利类和社会公益项目事业。资金分配采取项目法和因素法，项目法即直接由财政部、民政部直接分配至具体项目，因素法即根据人口数量和结构、地方财力、工作任务及成效等分别用于支持老年人、残疾人、儿童福利类和社会公益项目事业。

老年人福利类项目7411万元。主要用于城镇老年社会福利机构、城镇社区养老服务设施、农村五保供养服务设施、光荣院、优抚医院以及城乡社区为老服务信息网络平台等设施设备改扩建及更新改造。

残疾人福利类项目1800万元。主要用于资助民政精神卫生康复类福利机构以及民政康复辅具机构建设与设备配置。主要资助民政精神卫生康复类福利机构配置安防监控系统、改建或配置消除安全隐患的设施设备、改建无障碍设施以及为增强医疗服务能力，参与医院等级评定所需的设施设备改造、配置。在民政康复辅具机构建设与设备配置方面，主要用于资助机构提高康复辅具产品研发应用、配置服务、康复训练、专业人员实训等示范功能的建设以及服务设施设备的购置。

儿童福利类项目4070万元。主要用于儿童福利机构设施设备特别是消防安全设施设备配置、改扩建及更新改造、残疾儿童和受艾滋病影响儿童养治教康项目、残疾孤儿手术康复“明天计划”项目。

社会公益类888万元。主要用于流浪未成年人救助保护中心、殡葬基础设施改扩建和更新改造，以及社会捐赠体系建设以及社会工作志愿服务工作补助等。其中，用于流浪未成年人救助保护中心228万元，殡葬基础设施360万元，社会捐赠体系建设150万元，社会工作和志愿服务工作补助资金150万元。

（三）市、县彩票公益金使用情况

2015年度省级彩票公益金返还市、县4.5亿元；民政厅本级公益金留成3.38亿元，其中用于市、县项目资金2.13亿元，占58.88%。

2015年度中央彩票公益金资助河南省14169万元，其中用于市、县项目资金13591万元，占95.92%。

2015年度部、省两级彩票公益金用于补助市、县2003个项目，其中补助老年类项目1127个，用于儿童福利类项目201个，用于残疾类项目33个，社会公益类项目642个。

三、严格按照福利彩票公益金的使用宗旨，确保使用方向

首先，坚持“扶老、助残、救孤、济困”的宗旨，在福利彩票公益金的使用上按照立足民政、统筹兼顾、重视基础、突出重点的原则；在分配方式上实行因素法、竞争性分配和项目法等，视具体情况而定。在福利彩票公益金使用方向上坚持有利于推动全省社会福利事业的平衡发展，主要用于老年人福利、残疾人福利、儿童福利、社会公益4个方面。

其次，为进一步加强省本级福利彩票公益金使用管理工作，切实提高资金使用效益，进一步提升福利彩票公益金资助项目管理的科学性和公正性，省厅规划财务处、社会福利和慈善事业促进处和驻厅纪检组联合开展了彩票公益金使用管理专项检查。按照民政部要求制订了河南省《“阳光福利彩票”专项行动实施方案》，下发通知督促各地贯彻落实《河南省彩票公益金管理办法》，完成了全省《互联网销售彩票行为自查自纠工作》检查。下发了《河南省民政厅省级彩票公益金项目评审暂行办法》（豫民办〔2015〕4号）和《河南省民政厅省级福利彩票公益金使用管理办法的通知》（豫民〔2015〕3号）。

最后，切实提高公益金使用效果。福利彩票公益金资助社会福利事业和社会公益，改善了全省公办社会福利机构、儿童福利院、救助站、未成年人救助保护中心、敬老院、养老福利机构等一大批社会福利机构的基础设施建设；实施“明天计划”“儿童福利指导中心”“幸福院”“慈善超市创新示范”“支持社会组织开展社会服务”等项目，为推动河南省社会福利和社会公益事业全面发展提供了强有力的保障，特别是养老项目，覆盖到了县级综合性福利机构养老床位建设、日间照料中心、乡镇敬老院、农村幸福院、养老护理员培训等多个方面，为提升全省老年人福利设施建设和服务水平，促进养老事业发展发挥了重要作用，受到了社会各界的好评。

四、下一步工作思路

（一）以安全运行为前提，确保彩票事业健康发展

福利彩票作为社会关注的热点和焦点，任何一个工作环节出了问题，都会带来巨大的社会风险和经济风险。结合开展“三严三实”“三查三保”专项活动，坚持问题导向，以“阳光福利彩票”为契机，持续加强自身建设。围绕省民政厅制订印发的《河南省建设“阳光福利彩票”专项行动实施方

案》（豫民文〔2015〕231号），及时确定“完善制度、规范运行、公开信息、提升形象”的工作方针，全面梳理排查河南省福利彩票销售管理工作、福利彩票管理使用和福利彩票信息公开流程等各个环节、各个方面可能存在的漏洞和风险点，加强监督和检查。

（二）进一步规范河南省各级民政部门福利彩票公益金使用管理工作

定期开展福利彩票公益金使用管理专项检查，确保福利彩票公益金使用管理规范、安全准确。继续做好福利彩票公益金项目绩效评价工作。对各级公益金使用情况进行绩效评价、跟踪问责，定期公布年度公益金使用情况，自觉接受社会监督。

2015年度福利彩票公益金使用管理情况报告

湖北省民政厅

一、福利彩票销售及公益金筹集情况

2015年湖北省福利彩票销售总额达到84.49亿元，同比增长14.49%，比上年增加10.69亿元。2015年湖北省筹集福利彩票公益金238966.79万元，其中上缴中央117169.67万元、地方留成121797.12万元，筹集公益金再创新高。地方留成公益金中，省本级留成54300.94万元，分配市县67496.18万元。

二、福利彩票公益金使用情况

2015年湖北省本级福利彩票公益金计划使用额度为4.859亿元。按照福利彩票“扶老、助残、救孤、济困”的发行宗旨和彩票公益金使用基本原则，重点支持社会养老服务体系建设项目，保障农村低保对象、城乡孤儿基本生活，城乡困难群众医疗救助，服务优抚对象、孤残儿童等特殊群体社会福利设施建设项目，适当支持符合规定的其他社会公益服务、慈善救济服务项目。

（一）省本级福利彩票公益金使用情况

1. 省本级项目14367万元

（1）社会福利类项目12224万元。①荣军养老康复医疗设备购置和荣军供养康复基础设施维修改造经费5954万元。为加强省本级优抚事业单位能力建设，改善省本级集中供养荣军居住条件，为全省集中疗养治病优抚对象提供更加优质的医疗服务，购置医疗专用设备，并对荣军供养康复基础设施进行维修改造。②残疾儿童康复训练及设施配套改造经费200万元。为贫困残疾儿童及福利院语言能力障碍儿童进行康复训练和购置康复训练保障设备。③贫困儿童大病慈善救助基金580万元。对身患重病的贫困家庭儿童进行医疗救助，共救助各类白血病儿童188人、先心病儿童126人。④福利彩票助学经费1415万元。共资助特困特优高中生“慈善阳光班”学生450人、贫困“励志班”学生1380人、孤儿大学生1202人，帮助贫困学生顺利完成学业。⑤孤儿教学基础设施及附属工程建设改造补助经费4075万元。为进一步做好全省适龄孤儿教育培训工作，对武汉民政职业学院孤儿教学基础设施及附属工程进行建设改造。

（2）社会公益类项目2143万元。①残疾军人假肢装修经费456万元。完成全省重度残疾军人假肢、代步三轮车等辅助器械的配制、更新、维修。②服务残疾军人假肢科研、康复辅具更新改造和“爱心助残行动”经费1147万元。开展假肢矫形产品科研，满足全省革命伤残军人需求，并为228名贫困肢体残疾人免费装配假肢康复器具。③北斗减灾示范工程配套经费340万元。国家北斗减灾示范工程建设配套经费，进一步提高湖北省综合防灾减灾和灾害应急救助的科技支撑水平。④养老服务和社工培训补助经费200万元。开展全省社会工作管理人才、养老服务人才及专业人才继续教育及培训。

2. 省级补助地方项目34223万元

（1）社会救助类项目11900万元。①城乡困难群众医疗救助经费4050万元。②农村最低生活保障经费3000万元。③农村分散五保户危房改造经费2000万元。④城乡孤儿生活保障资金1850万元。⑤灾害紧急救援区域性仓储设施建设补助经费1000万元。根据《湖北省综合防灾减灾“十二五”规划》和《湖北省救灾物资储备库项目建设规划》，对7个县级救灾物资储备库建设给予补助。

（2）社会福利类项目17323万元。①社会养老服务体系建设与运营补助经费6833万元。根据《湖北省民政事业发展“十二五”规划》《湖北省社会养老服务体系建设“十二五”规划》《湖北省老龄事业发展“十二五”规划》，以及省政府2015年为民办实事的有关要求，资助全省建设426个城市社区居家养老服务中心和435个农村互助照料活动中心，支持20个公办城市养老机构改、扩建项目，对全省181家社会办养老机构床位营运给予补贴，对4个省级社会福利培训基地进行补助。②农村福利院维修改造补助经费7310万元。支持全省166所农村福利院开展维修改造，消除安全隐患，完善基础设施，提升管理服务水平。③对口帮扶援建经费1395万元。根据中央、省委、省政府一系列对口帮扶文件要求，安排贫困地区、少数民族地区和三峡库区对口帮扶点城乡社会福利机构等建设项目经费。④光荣院维修改造补助经费900万元。用于全省11所光荣院维修改造，改善集中供养优抚对象生活条件。⑤城乡福利院健身器材采购经费400万元。⑥县级儿童福利机构建设配套补助400万元。资助人口规模在40万左右，孤儿人数较多的4个县

(市)建设儿童福利机构。⑦残疾孤儿手术康复“明天计划”配套经费85万元。用于全省福利机构具有手术适应证的残疾孤儿实施康复手术。

(3)社会公益类项目5000万元。①社区公共服务站建设经费2000万元。根据省政府2015年为民办实事的有关的要求，对全省城乡社区公共服务站建设项目进行补助。②殡葬改革补助经费1200万元。根据中共中央办公厅、国务院办公厅《关于党员干部带头推动殡葬改革的意见》(中办发〔2014〕23号)的要求，对全省非经营性殡仪馆新(迁)改扩建和更新设施设备，新建城乡公益性公墓进行补助。③其他民政管理事务项目补助经费900万元。主要用于减灾示范社区补助、贫困地区勘界地名公共服务工程补助、社会工作人才队伍建设试点项目补助、军供站设施设备维修购置、社区社会组织孵化等支出。④社会组织培育引导资金300万元。用于支持社会组织承接社会服务试点项目、社会工作服务示范项目、基层社会组织培育发展示范项目、社会组织人员培训项目。⑤省残联残疾人康复经费350万元。⑥省红十字会人道救助经费200万元。⑦省司法厅司法援助基金50万元。

(二)市、州、县福利彩票公益金使用情况

2015年市、州、县福利彩票公益金投入106968.05万元。

1. 按照项目类型分类

非基础设施类项目投入7997.13万元、基础设施类项目投入98970.92万元。

2. 按照项目类别分类

(1)残疾人福利类项目投资1727.93万元。主要用于新建和改扩建以服务生活困难和失能失智老年人为主的城镇老年社会福利机构、城镇社区养老服务设施、农村五保供养服务设施、供养孤老优抚对象的光荣院、对伤病残退役军人终身供养的优抚医院以及城乡社区为老服务信息网络平台等。

(2)儿童福利类项目投资4512.26万元。主要用于残疾儿童、受艾滋病影响儿童养治教康及县级儿童福利机构建设项目。用于资助儿童福利机构改善特教环境，更新特教设备，购置学习用品用具；购买、维修和更新脑瘫儿童康复训练设备器材及脑瘫儿童康复训练费用。

(3)老年福利类项目投资61704.2万元。主要用于新建和改扩建以服务生活困难和失能失智老年人为主的城镇老年社会福利机构、城镇社区养老服务设施、农村五保供养服务设施、供养孤老优抚对象的光荣院、对伤病残退役军人终身供养的优抚医院以及城乡社区为老服务信息网络平台等。

（4）其他社会公益类项目投资 39023.66 万元。主要用于市、县未成年人救助保护中心建设和滞留受助人员临时安置场所建设；用于殡葬基础设施建设和殡葬设备更新改造，包括殡仪馆维修、火化设备更新改造和公益性骨灰存放设施建设；用于社区公共服务设施建设和社会救助等。

三、福利彩票公益金使用特点及效果评估

（一）筹集规模不断增长

从 1987 年发行伊始至 2015 年，湖北省福利彩票累计发行销售 507.83 亿元，筹集公益金超过 156 亿元，省内留存公益金超过 80 亿元。通过扩大福利彩票发行，2015 年，省内年筹集可用的福利彩票公益金已超 12 亿元，极大地缓解了社会福利与社会公益事业发展面临的资金压力。

（二）受益范围不断拓展

福利彩票公益金最初主要用于老年人、残疾人、孤残儿童、灾困人群等社会困难群体的供养、康复、救济等社会救助和福利工作，随着我国社会福利制度从补缺型向适度普惠型转变，福利彩票公益金的使用范围也逐步覆盖到流浪乞讨儿童、在校特困学生等群体。除直接资助外，公益金还不断突破原有适用范围，为教育、医疗、社会组织、法律援助等社会公益事业提供了大力支持，尤其是对红十字基金及社会保障基金的投放使得越来越多的普通人享受到了福利彩票公益金的温暖。

（三）管理越发规范透明

从福利彩票设立初始，福利彩票公益金专项管理办法就不断得到完善，相关财务制度也纷纷建立，公益金管理日益规范化。湖北省通过对公益活动的大力宣传、弘扬以及对公益金使用情况作的社会公报都极大地增加了公益金的透明度，彰显了公益金使用的正当性和公开性，巩固了福利彩票公益金公开、公平、公正、公信的社会形象。

四、下一步工作思路及建议

目前，福利彩票公益金资助了大批公益项目，极大地促进了社会救助、社会福利和社会公益事业的发展，但是毋庸讳言，福利彩票公益金仍存在种种效益不高的问题。重资金分配、资金争取，却忽视使用效果，项目审批和资金分配受领导人意志影响较大，福利彩票公益金使用分散、多数与财政资

金配套使用，由于缺乏一套行之有效的绩效评价方法体系和标准体系，造成支出结构和使用不合理，致使有限的财力不能发挥应有的作用。在目前公益金的总体管理上仍偏重于提取和分配的现状下，要逐步将注意力转移到对公益金使用的管理上来，加快推行公益金绩效管理，需要的不仅是一些管理手段和技术的转变，更是一个涉及管理理念、运行机制、管理技术和法制建设的系统工程。为此，有以下几点建议。

（一）树立绩效管理理念

福利彩票公益金来自社会捐赠，是一种特殊的社会捐款和公共资金，社会对彩票公益金寄予着公益性的要求，期待产生良好的社会效益。这就要求我们摒弃传统的、落后的管理思维，把福利彩票公益金的使用效益放在首要位置，切实树立绩效管理的理念。在申报福利彩票公益金项目时，要对申报程序特别是项目绩效作出明确要求，项目预算单位必须做到实现规划项目的绩效目标，并严格按照项目设定的目标管理和使用资金去执行。要树立公正、透明、高效的理念。建立公益金资助项目信息报送和公开制度，及时公开公益金资助项目资金数量及绩效情况，主动回应社会对公益金使用的关注，制定和完善公开透明、规范高效的制度和措施，以较高的社会透明度和良好的社会效益取信于社会。

（二）完善福利彩票公益金使用的审批和监管制度

目前，福利彩票公益金的管理制度还不够健全和完善，影响到了公益金分配的公平性，也不利于根据公益金项目建设的情况实施有效监督。要在公益金的使用中体现公平、效率和效益，就需要进一步改革和完善公益金的使用和监管制度，建立从项目审批、资金分配到跟踪监管、评估的一整套有效的制度。一是应当建立和完善一套从公益金项目征集、立项、招标、投标、评审、公示、评估在内的公益金创投管理审批制度，杜绝资金分配的随意性和人为因素。二是应当适度引入市场竞争机制，通过政府购买服务的方式，引导鼓励社会组织承担公益金项目的建设，提高公益金对社会多元公共服务需求的满足程度。三是建立对公益金项目的跟踪问责制度。对公益金项目实施动态管理和分期拨款程序，引入第三方评估，对项目实施过程、结果及经济社会效益进行评估。四是建立福利彩票公益金资助项目公示制度。通过网络等媒介，定期向社会发布福利彩票社会责任报告、公益金使用情况及绩效评估结果，提高公开性和透明度。

（三）建立绩效评估指标体系

福利彩票公益金绩效评估指标体系是将内在联系的、代表性的关键绩效指标科学、有机地组成指标系统。绩效管理的实质是根据目标导向原则，通过明确项目责任、细化执行进度、规范项目实施过程、实行绩效评估等手段来提高效率、优化业绩。因此，建立健全一套完整、科学的绩效评估指标体系，以客观、准确地反映公益金使用绩效，是做好绩效评估工作的关键。福利彩票公益金绩效评估体系应当根据公益金项目的不同类型选择恰当的评价方法，构建动态、可扩充的指标体系，明确各类支出的绩效目标、评价指标和评分依据，通过实践不断加以补充完善，分类设立评价指标库，形成完整的评价方法和指标体系，并将其向评价对象和社会公众公布，以便于针对不同项目、不同评价内容选取相应的绩效评价方法、指标。

2015年度福利彩票公益金使用管理情况报告

湖南省民政厅

一、福利彩票销售及公益金筹集情况

湖南省福利彩票公益金始终践行“扶老、助残、救孤、济困”的发行宗旨和“公开、公平、公正”的发行原则，福利彩票销售呈现了安全运行、稳步增长的发展态势。2015年，全省福利彩票销售77.72亿元，按现行政策规定的公益金提取比例，共筹集福利彩票公益金21.2亿元。其中，上缴中央10.39亿元，上缴省级财政10.81亿元，按比例分成后，省、市州、县市区留成公益金9.1573亿元（其中，省级本级留成4.1573亿元，市州本级留成2.4996亿元，县市区本级留成2.5004亿元）。

二、省级福利彩票公益金使用情况

2015年，湖南省省级福利彩票公益金使用额度为41573万元，采用因素法分配，以保民政工作任务确定项目为总原则，结合市州、县市人口数量及结构、地方财政实力、工作任务落实及工作成绩等因素，资助范围主要集中在老年人福利类、残疾人福利类、儿童福利类和社会公益类四大类，具体情况如下。

（一）老年人福利类

为满足湖南省人民群众日益增长的养老需求，切实提高和完善全省养老服务机构的服务保障机制，湖南省继续加强养老基础设施建设，加大全省的敬老院、福利院（日间照料中心）和城乡养老服务示范化建设等几个领域的工作力度，2015年用于老年人福利类项目的福利彩票公益金为25100万元，占资金总额的60.37%。其中，敬老院改扩建项目493个，资金8650万元；福利院（中心）建设项目76个，资金10250万元；城乡养老示范点及示范性基层老年协会建设项目 786 个，资金 2400 万元；光荣院及优抚医院建设项目 50 个，资金 2000 万元；民办养老机构运营补贴及养老护理员培训 1800 万元。

（二）残疾人福利类

为加强湖南省残疾人福利机构建设，2015 年已列入湖南省重点民生实事项目，扶老助残一直以来是湖南省民政工作的重要内容，全省始终坚持“扶老、助残、救孤、济困”的宗旨。2015 年用于残疾人福利类项目的福利彩票公益金为 2900 万元，占资金总额的 6.97%。其中，省荣军医院伤残军人慢性创面修复诊疗及设备购置 600 万元；全省贫困肢残人员免费装配假肢及辅助器具救助项目 300 万元；省残疾人康复辅具技术指导中心建设项目 2000 万元。

（三）儿童福利类

为进一步完善全省儿童福利机构配套设施建设，提高福利机构工作人员专业素质，提升福利机构管理服务水平，2015 年用于儿童福利类项目的福利彩票公益金为 1200 万元，占资金总额的 2.88%。其中，流浪未成年人救助保护中心建设项目 20 所，资金 1000 万元；孤残儿童“明天计划”住院治疗及营养康复服务项目 200 万元。

（四）社会公益类

为加强改善以民生为重点的社会公益服务，让越来越多的人享受到与经济社会发展水平相适应的基本公共服务，提升湖南省基本公共服务水平，2015 年用于社会公益类项目的福利彩票公益金为 12373 万元，占资金总额的 29.76%。其中，殡葬设施建设项目 18 个，资金 3000 万元；社区建设项目 420 个，资金 6073 万元；勤廉善老建设项目 69 个，资金 400 万元；综合减灾示范社区建设项目 167 个，资金 500 万元；救灾物资储备仓库建设项目 8 个，资金 1000 万元；慈善超市建设项目 80 个，资金 300 万元；社会组织参与社会服务项目 37 个，资金 500 万元；社工人才队伍参与社会服务项目 42 个，资金 400 万元；社会工作和志愿服务项目 20 个，资金 200 万元。

三、福利彩票公益金管理情况

（一）遵循发行宗旨

湖南省福利彩票公益金严格遵行“扶老、助残、救孤、济困”的宗旨，以事定钱，统筹使用，集中财力办大事。凡不符合宗旨的项目一律不予考虑；

维护福利彩票公益金发行的社会形象，发挥公益金社会使用效益，提升福利彩票公益金在保障民生、推进民政事业全面发展中的重要作用。

（二）规范分配方式

省级福利彩票公益金分配方式主要以当年彩票公益金预算、因素法分配、控制数下达、项目备案反馈、资金直接拨付、使用绩效评价等。

（三）突出倾斜重点

重点向社会养老、社区建设和社会关注度比较高的社会公益等项目进行倾斜，优先保障民政新增业务和重点领域需要，2015 年重点加大养老、殡葬等方面的投入。同时，为贯彻落实党中央和省委、省政府有关精准扶贫的决策部署，重点向武陵山片区、罗霄山片区、革命老区、少数民族地区、边远地区倾斜。

（四）坚持公开公示

严格执行公示制度，每年定期向社会公布福利彩票公益金的筹集、使用情况，接受公众监督。不仅在省民政厅域网上公告，而且在《湖南日报》等省内主流媒体上刊登。

（五）注重项目整合

省级福利彩票公益金、省级财政预算、中央专项资金安排、发改委项目资金等通盘考虑资金的整合，集中财力办民生大事，避免重复建设和撒“胡椒面”。

（六）完善项目申报

按照“十二五”湖南省民政事业发展规划要求，项目安排要符合民政专项建设规划的具体安排，要根据各地政府年度民政工作任务的需求，项目原则上要通过项目库申报，并采取集体讨论、评审、公示等规范的分配程序，需要进行政府采购的必须申报政府采购计划，严格按照政府采购相关程序实施采购，未经批准不得安排项目库以外的项目。项目库中的项目申报要素要全面涵盖项目基本情况、明确项目年度、项目单位、项目名称、项目类别、项目建设状态、项目优先级、项目规模、资金来源、绩效目标等方面，并实行动态管理，滚动更新。除分阶段实施项目外，凡在以前年度已获得上级部门补助或完成施工建设的项目不得再重复申报。

（七）规范项目评审

由省民政厅业务部门牵头、厅纪检监察、厅财务参与，聘请专家或请第三方一并对资助项目的可行性和资质及社会效益和资助金额等方面进行评估评审，并严格规范项目审批程序。

（八）强化绩效评价

严格按“一个项目、一个办法”的要求安排资金、落实项目，实行绩效评价，将资金的使用范围、申报方式、分配过程、分配结果、使用效益等情况逐步向社会公开。

通过资助社会福利和社会公益项目，改善了“孤、老、残、困”人员的生活条件，完善了服务功能。“十二五”以来，通过省级福利彩票公益金资助市州、省直管县市配套和项目单位自筹等方式，新建和改扩建县市福利院（福利中心）56所、儿童福利机构17所、救助管理站88个、殡仪馆131所、敬老院1157所、农村幸福院4783个、省级城乡养老服务示范点1797个、军休管理服务机构38个、光荣院12所。全省养老床位总量达到27.5万张，城乡社区居家养老服务设施覆盖率分别达到36.5%和22%。“明天计划”资助2309名孤残儿童，年均流浪救助28万余人次。建成慈善超市1000个，实施多个慈善项目，累计接收捐赠20亿余元，援助困难群众120多万人次。

四、下一步工作思路

（一）加强福利彩票公益金信息公开

按照建设“阳光福利彩票”专项行动的要求，及时公开发行销售、福利彩票发行费和公益金使用管理情况等相关信息，以信息公开促进福利彩票发行销售和彩票公益金使用管理的良性互动。2015年将收集整理市州、县市区福利彩票公益金留成部门资金使用情况，并对外公示，接受社会监督。

（二）加大福利彩票公益金宣传力度

安排更多的福利彩票公益金开展系列福利彩票公益活动和市场营销活动，努力构建“以公益促进销售、以销售带动公益”的营销宣传机制，为促进福利彩票销售、建设“阳光福利彩票”营造了良好的工作环境和舆论氛围。

（三）提升福利彩票公益金筹集手段

通过实施动态管理，拓宽销售渠道，深挖资源潜力，加强技术保障等手段切实提高福利彩票销量和市场份额，筹集更多公益金，造福于慈善公益事业。

（四）强化福利彩票公益金使用管理监督

强化对公益金资助资金使用的及时性、合规性及项目建设情况进行监督检查；加强对各级公益金使用情况进行绩效评价；定期公布年度公益金使用情况，自觉接受纪检、审计、财政、社会公众的监督检查，更好地发挥福利彩票公益金的使用效益。

（五）全面开展第三方评估工作

湖南省从2013年来，对全省的民政专项资金引入第三方评估机制，聘请省财政备案的新星会计师事务所进行民政专项资金的评估，在评估工作中，采取政府购买服务的方式。今后，湖南省将进一步扩大范围，对老年人福利类、残疾人福利类、儿童福利类和社会公益类通过引入第三方机构开展评估工作，保证评估工作独立开展，提高评估结果的公平、准确和公正客观；并将项目执行情况作为对公益金的年度检查、评估和今后年度民政项目评审、资金安排的重要参考因素。

2015 年度福利彩票公益金使用管理情况报告

广东省民政厅

一、福利彩票销售及公益金筹集情况

2015 年，广东省福利彩票实际销售 205.05 亿元（其中深圳市销售 26.98 亿元），筹集公益金 59.11 亿元，除上缴中央外，地方留成 26.04 亿元，其中省级留存 6.25 亿元、地级市以下留存 18.23 亿元。

广东省福利彩票公益金留成分三级：

第一级：根据财政部和民政部有关规定，广东省筹集的公益金 50%上缴中央。

第二级：根据《财政部关于调整彩票公益金分配政策的通知》（财综字〔2006〕7 号），广东省从 2005 年起对社会福利彩票公益金分配政策进行了调整，除上缴中央外，地方留成部分按 100%计，省级专项公益金 6%、省级留成公益金 24%、市以下留成 70%。

第三级：根据《广东省实施〈中华人民共和国残疾人保障法〉办法》和广东省人民政府《关于帮助困难群众解决“看病难”问题的通知》（粤府〔2002〕47 号），各级留成社会福利彩票公益金的 20%作为残疾人事业专项资金，从财政专户划拨省残疾人联合会分配使用，20%的比例安排作为基本医疗救助金。除去上述两项，地方（含省级、市以下）留成占用 60%。

二、福利彩票公益金分配情况

从 2000 年起，公益金纳入财政专户管理，实行“收支两条线”管理；从 2009 年起，公益金纳入财政预算管理。为规范公益金管理，广东省先后制定了《广东省省级社会福利基金项目实施办法》《广东省省级社会福利基金筹集、管理和使用规定》《广东省福利彩票公益金残疾人事业专项资金管理办法》《广东省彩票专项公益金使用管理暂行办法》和《广东省福利彩票公益金使用管理办法》。

市以下留成公益金，由省财政部门按当期销售入库比例拨付地级市财政。省级留成公益金按比例分配提留后，由省财政厅、省残联、省民政厅分别提出方案。省只公示省级公益金使用情况，地级市以下的由市组织公示。

地方留成的6%由省级财政统筹专项公益金，具体分配由各地级市财政局和省有关部门向省财政厅提出申请，由省财政厅直接下达，无须知会民政部门。

地方留成的20%作为残疾人事业专项资金的公益金，由残联提出分配方案报财政部门、会同民政部门下达。

地方留成部分20%的基本医疗救助金按公益金实收比例，划入财政专户，与财政预算安排统筹使用。

除专项公益金、残疾人事业专项资金和基本医疗救助金外，用于传统福利彩票公益金使用的实际只有地方留成部分的60%。

省级公益金（可供民政分配使用的）分配根据《彩票公益金管理办法》规定的使用范围，以及民政工作重点，经省民政厅福利彩票公益金评审委员会研究讨论，提出省级留成公益金资助项目切块方案，报省财政部门列入年度财政预算。经省财政部门批复同意后，再由各业务主管处室提出具体分配方案，并经省民政厅福利彩票公益金评审委员会通过，报省财政部门审核下达。

三、福利彩票公益金使用情况

2015 年全省福利彩票公益金支出 42. 7 亿元，其中用于老年人福利 213188 万元、残疾人福利 23426 万元、儿童福利 14652 万元、其他社会福利和公益事业 175680 万元。其中省级公益金支出 71740 万元，包括 2015 年省级财政统筹的专项公益金支出 14340 万元。主要用于医疗急救、红十字备灾救灾与重大疾病防治（艾滋病、白血病、先天性心脏病等）、社会保障、特殊教育、贫困村公益性建设、社会福利与全民健身，以及农村垃圾处理设施建设。2015 年残疾人事业专项资金的公益金支出 11500 万元。主要用于补贴残疾人教育、职业培训费用，资助残疾人康复，扶持残疾人用品用具开发，兴建残疾人综合服务设施，购置残疾人服务机构所需设备，推动残疾人特殊艺术发展，支持残疾人艺术团工作，资助残疾人法律援助，补助残疾人体育事业等。2015 年可供省级民政部门分配使用的公益金 45900 万元。其中，基本医疗救助金支出 11500 万元、社会福利公益金支出 34400 万元。主要用于地市、厅本级及直属单位老年福利事业、儿童福利事业、社工人才事业、社会事务、基层政权及社区服务等其他与社会福利及公益事业相关支出。

四、福利彩票公益金管理情况

广东省民政厅一直以来严格执行财政、民政部门的有关规章制度，坚持按福利彩票“扶老、助残、救孤、济困”的发行宗旨确定分配原则，把社会效果作为检验福利彩票公益金使用的标准，科学合理使用福利彩票公益金，进一步规范福利彩票公益金管理。

（一）制定和完善相关专项资金管理办法

根据广东省人民政府《关于印发广东省省级财政专项资金管理办法的通知》（粤府〔2013〕125 号）的有关规定，省级福利彩票公益金属于财政资金，与省级财政专项资金统一管理。2014 年 4 月，省财政厅、省民政厅联合下发了《广东省福利彩票公益金使用管理办法》，对福利彩票公益金的使用范围、申报程序、拨付流程以及绩效评价和监督检查等进行了详细规定。其资金分配方案在省级财政部门专项资金管理平台向社会公示。同年，广东省民政厅印发了《广东省民政厅省级福利彩票公益金使用管理细则》。

（二）规范项目申报审批执行程序

一是制定了公益金项目申报评审流程，推行公平申报，科学评审，透明使用。省民政厅福利彩票公益金评审委员会，讨论和决定省级福利彩票公益金的使用计划，检查和监督福利彩票公益金的使用管理。二是精心编报公益金预算和资助计划，严把项目立项关、申报关，做到业务部门归口申报、财务部门审核汇总、厅党组集体决策，按时按要求上报省财政部门审定。三是严把预算执行关，严格执行财政部门下达的预算，不随意调整项目和比例，做到按财政部门规定要求调整项目预算。

（三）强化资金监督管理

一是实行定期公示制度。每年将福利彩票公益金资助项目的使用情况通过报刊、网络等媒体向社会公布，接受监督。二是坚持跟踪问责制。各相关业务部门定员定岗，指定专人负责，对资助项目实施全过程进行管理监督，及时反映、研究解决项目实施中遇到的问题，加强对项目实施情况的监督检查。

五、下一步工作思路

（一）加强福利彩票公益金制度建设

根据民政部、财政部有关规定，结合实际，会同省财政厅完善省级福利彩票公益金资金使用管理办法。

（二）强化各级福利彩票公益金使用管理的检查与监督

对资金使用的及时性、合规性及项目建设情况进行监督落实。

（三）加强绩效评价工作

对各级福利彩票公益金使用情况进行绩效评价、跟踪问责，定期公布年度公益金使用情况，自觉接受社会监督。

2015年度福利彩票公益金使用管理情况报告

广西壮族自治区民政厅

一、福利彩票销售及公益金筹集情况

2015年广西壮族自治区福利彩票全年销售507303.86万元，其中电脑彩票351038.60万元、网点即开型彩票39456.86万元、中福在线116808.41万元。按国家有关规定共提取公益金146510.48万元，其中电脑彩票按35%计提公益金115257.43万元（含弃奖公益金2066.60万元）、即开型彩票按20%计提公益金7891.37万元、中福在线按20%计提公益金23361.68万元。

二、福利彩票公益金使用情况

遵循福利彩票“扶老、助残、救孤、济困”的发行宗旨，2015年，广西壮族自治区继续对为老年人、残疾人、孤儿和弃婴等特殊困难群体服务的社会福利事业进行了资助，并安排了备灾仓库、流浪乞讨人员救助等专项资金，共安排彩票公益金资助项目1864个，项目投资总额182107.42万元，各个项目均按计划组织实施，并按项目资金管理要求，根据项目实施进度下拨到项目所在单位，多数项目已经完成，主要效益如下。

（一）养老服务能力显著提高

一是筹资4.5亿元实施“1521养老示范园区建设工程”和“农村养老服务中心建设工程”，新增养老床位2万张，比上年增长14%；二是筹资8599万元新建农村幸福院；三是筹资0.43亿元维修改造乡镇敬老院434个；四是投入1400万元开展五保村、乡镇敬老院维修改造及设备设施配置项目；五是筹资2500万元支持15个市县老年人活动中心的改造。截至2015年末，全区建成各类收养性养老服务机构1500余家，拥有养老服务床位16.1万张，每千名老年人拥有床位20.61张。全区建成各类居家养老服务中心和日间照料中心等设施800多个，全区城市社区居家养老和农村社区养老服务覆盖率分别达到61.2%和30.3%。全区共建成乡镇敬老院1167个、五保村6890个，全区农村五保供养服务机构总床位约9.56万张。

（二）救助流浪乞讨人员能力不断提升

2015年，广西壮族自治区继续用福利彩票公益金资助救助类单位建设，共安排22个项目，资助金额2600万元，主要用于各地市、县救助管理机构新建及改造，目前已完成投资并投入使用的项目3个，正在建设已完成部分投资的项目12个，正在落实土地还没有开工建设的项目6个。救助环境明显改善，规范化管理进一步加强，方便了困境人员的求助，充分发挥了救助管理工作作为托底性民生有机组成部分的作用。

（三）全区殡葬改革深入推进

2015年福利彩票公益金资助殡葬管理项目47个，金额5400万元。完成投资并投入使用的项目有24个，正在建设已完成部分投资的项目有13个，没有开工建设的项目有10个。全区殡葬基础设施得到改善，管理服务水平得到提高，最大限度地满足了人民群众个性化的殡葬需求，有效推动了人们丧葬风俗观念的进步。

（四）农村幸福院项目扎实开展

2015年自治区本级筹集4300万元配套中央实施农村幸福院项目，按照中央的标准，支持全区1433个农村幸福院建设，项目已全部完工。实施农村幸福院项目，有效解决了农村老年人日间生活照料、文娱活动、情感交流的场所需求，满足了农村老年人在日间吃饭、休息和开展文化娱乐等方面的需求，充分保障了农村老年人获得物质帮助、享受社会服务和社会优待等各项合法权益，健全了农村老年人关爱服务体系，有效破解了农村养老服务难题，填补了农村养老服务的短板。

（五）基层老年协会规范化建设圆满完成

广西壮族自治区在全国率先推进基层老年协会规范化建设，2015年继续筹资0.25亿元扶持示范性村级老年协会建设，每个协会扶持3万元。项目实施以来，累计扶持村级老年协会示范点3171个，受扶持的村级老年协会达到组织机构健全、章程制度规范、基础设施完善、活动开展正常，丰富了农村老年人的精神文化生活，在推进农村养老服务方面发挥了积极作用。

（六）其他各项社会福利事业得到蓬勃发展

一是实施政府购买服务项目，筹资 10919 万元，采用政府购买服务的方式，推进全区各地居家养老、社区服务、社会工作等 895 个购买服务项目，落实自治区关于政府购买服务工作部署，取得良好的社会效益。二是继续开展为养老服务机构订阅老年书报活动，共赠阅 2.77 万份报纸。三是继续实施为全区养老机构入住老人购买意外伤害保险，共为 200 多个养老机构、1.3 万人购买意外伤害保险，创新性地开展全区养老机构入住老人意外伤害保险工作，使老年人合法权益得到保障，避免了养老机构的经济损失，提高了养老机构抗风险能力，极大地促进了养老服务事业的健康发展。

三、福利彩票公益金管理情况

一是自治区财政厅、民政厅严格依据《彩票管理条例》《彩票管理条例实施细则》《彩票公益金管理办法》等规定分配和管理资金。

二是建立定期公告制度。每年 6 月底前，自治区民政厅在门户网站发布福利彩票公益金使用管理信息，包括使用规模、资助项目、执行情况和实际效果等，接受社会监督。

三是加强资金使用的监督管理，定期或不定期开展监督检查，进一步加强和规范福利彩票公益金监管，保障资金安全，提高资金使用效益。

四、下一步工作思路及相关建议

（一）严格福利彩票公益金的使用范围

福利彩票公益金的使用必须坚持专款专用，遵循福利彩票“扶老、助残、救孤、济困”的发行宗旨，主要用于资助为老年人、残疾人、孤儿和弃婴等特殊困难群体服务的社会福利事业，兼顾符合宗旨且公众关注、有利于弘扬社会主义精神文明的其他社会公益慈善事业，严禁违规使用。

（二）加快福利彩票公益金预算的执行

近几年福利彩票公益金安排了一些较大的专项资助活动，成效比较显著。但是由于资金拨付、项目规划、项目报建、征用土地等前期准备工作所需时间较长，个别项目不能按时投入使用。今后要加快项目资金拨付和项目建设进度，项目资金一经财政部门或者上级民政部门划拨到账，各单位都必须严格按照使用计划及时、足额拨付资金，不得滞留积存。

（三）加强对项目资金的绩效考核和监督检查

强化建立公益金使用绩效评价和绩效考评制度，评价内容包括资金投入与使用、预算执行、资金管理、保障措施、使用效益等。绩效评价结果与资金分配挂钩，对按时完成项目建设、及时投入使用、项目产生良好社会效益的市、县（区），建议在公益金分配上予以一定的倾斜。对于项目迟迟未能开工建设，导致彩票公益金闲置的，在下一年度减少公益金的安排额度。对违反资金使用的现象和行为及时处理纠正，并依情节追究单位领导和责任人的责任。

2015年度福利彩票公益金使用管理情况报告

海南省民政厅

一、福利彩票销售及公益金筹集情况

2015年，海南省销售福利彩票174374.43万元，筹集福利彩票公益金40766.99万元。其中，上缴中央福利彩票公益金20148.01万元，省本级留成福利彩票公益金11777.06万元，市县分成福利彩票公益金8841.92万元。以上中央、省、市县级福利彩票公益金已按规定上缴、下拨到位。同时，中央下拨福利彩票公益金3635万元，用于支持海南省老年人福利类、儿童福利类、残疾人福利类和社会公益类等社会福利事业项目。

二、福利彩票公益金使用情况

（一）2015年中央福利彩票公益金用于社会福利事业的使用情况

2015年中央福利彩票公益金用于社会福利事业34个项目，涉及金额3635万元。具体安排项目如下。

1. 老年人福利类

用于老年人福利类项目24个，涉及资金2032万元。

（1）托老院：主要用于海南省托老院、定安县托老院城镇2个老年人福利机构设施设备改扩建及更新改造。项目资金全部下拨到各单位，其中海南省托老院332万元，定安县托老院300万元。海南托老院已完成项目建设，使618位老人受益。定安县托老院正加紧办理项目建设手续。

（2）敬老院：主要用于海口、三亚等16个市县的敬老院消防设施维修改造及相关消防设备采购。项目资金900万元已下拨各市县。目前，项目已全部完成。

（3）光荣院：主要用于6个光荣院设备设施改扩建、更新改造及庭院基础设施建设。项目资金500万元已下拨。目前已有4个光荣院全部完成项目设备添置及更新改造工作，还有2个正在加紧办理项目建设手续。

2. 儿童福利类

用于儿童福利类项目7个，涉及资金940万元。

（1）海口市儿童福利院：主要用于儿童福利机构设备设施改扩建及更新改造，以及残疾儿童康复辅助设备配套设施采购，项目资金于2015年12月21日下拨至海口市民政局，目前海口市福利院正在加紧办理设备采购和项目建设工作。

（2）残疾孤儿手术康复“明天计划”项目6个：主要用于海口市、三亚市、儋州市、琼海市、文昌市、万宁市6市残疾孤儿手术康复项目。项目资金已下拨至各单位，目前正在筛选符合手术救治的孤残儿童，争取早日实施手术。

3. 残疾人福利类

用于残疾人福利类项目1个，涉及资金350万元。主要用于三亚市社会福利院设施设备改扩建及更新改造。项目资金已下拨，目前该院正在加紧项目建设。

4. 社会公益类

用于社会公益类项目2个，涉及资金363万元。主要用于海口市殡仪馆和三亚市殡仪馆设备添置，其中海口市殡仪馆200万元，三亚市殡仪馆163万元。资金已下拨至各单位，目前项目正加紧建设。

（二）2015年省本级福利彩票公益金用于社会福利事业的使用情况

2015年度，省本级福利彩票公益金用于社会福利事业共安排了12个项目，涉及金额7401.74万元。具体安排项目如下。

1. 农村敬老院建设资金550万元

主要用于儋州市白马井中心敬老院和琼中县吊罗山乡敬老院两个项目。建设资金已分别下达两个市县。其中，儋州市白马井中心敬老院300万元，琼中县吊罗山乡敬老院250万元。目前，两个项目正在加紧建设。

2. 农村幸福院建设资金372万元

主要用于全省472个农村幸福院项目。项目主要以村委会为单位，以“村级主办、互助服务、群众参与、政府支持”为主要模式，着重满足农村老年人日间照料、文体娱乐、医疗保健等需求，破解农村老年人无人照料等难题，改善农村老年人生活氛围，促进农村社会和谐稳定。目前，项目已全部完成建设工作。

3. 农村社区服务中心建设资金1132.5万元

主要用于全省15个市县30个农村社区服务中心建设。目前，项目已全部完成。

4. 社区老年人日间照料中心建设资金663.61万元

主要用于海口、琼海、文昌、澄迈、定安5个市县8个城乡社区老年人日间照料中心建设。目前，已有3个项目完成并开始运营，5个项目正在加紧建设。

5. 社会组织购买服务经费 288.352 万元

主要用于购买社会组织提供的居家养老服务和医疗救助服务。通过社工上门服务的方式为居家老年人提供生活照料、医疗卫生、健康保健、文化娱乐和精神慰藉服务，每月为 655 位老人提供至少 20 个小时服务，服务期限 1 年。同时对 97 人因家庭贫困而导致就医困难的患者给予医疗救助、心理救治和经济救济。项目进展顺利，已完成全部工作。

6. 社会养老服务体系建设项目资金 1614 万元

主要用于五指山市养老服务中心项目和临高县社会养老院包括区内道路工程、绿化工程、给排水工程以及电气工程配套建设相应的基础设施，目前 2 个项目都已完成。

7. 社区养老设施建设资金 997 万元

主要补助 14 个社区老年人日间照料中心建设。资金已于 2015 年 5 月底拨付到各市县。14 个项目已于 2015 年 7 月前全部开工建设。目前，已有 9 个已经建成；5 个完成主体工程进度 70%以上，正加紧工程进度。

8. 城乡医疗救助专项补助资金 300 万元

主要用于具有海南省常住户口的城乡低保对象、特困人员、在乡重点优抚对象、丧失劳动能力的重残人员、特困家庭的重病人员及市县人民政府确定的特殊困难对象在大病住院、门诊治疗、参保参合等方面进行救助。2015 年，全省共开展医疗救助 57.4 万人次，其中大病医疗救助 7 万人次。

9. 福利彩票公益宣传活动经费 65 万元

主要用于制作印有“彩票公益金资助——中国福利彩票”牌匾、“福利彩票动态”简报等，宣传中国福利彩票“扶老、助残、救孤、济困”的宗旨和福利彩票公益金用于社会养老服务事业的作用。

10. 流浪少年儿童救助保护费 39.28 万元

主要用于未成年儿童救助保护中心护理人员清洁、陪护等劳务护理费、社保等人员支出；受助儿童日常伙食费、医疗费、生活用品用具等生活支出；护送、接领受助儿童返乡路费等救助支出；受助儿童区日常水电费、用品维修等维护支出。

11. 儿童福利设施建设资金 135 万元

主要用于临高县儿童福利院建设。该项目位于临高县临城镇，总建筑面积 2500 平方米，床位 60 张，主要建设儿童福利院主体楼以及其他配套设施，项目建成后将成为主要收养无人抚养的孤儿、弃婴和残疾儿童的社会福利事业单位。资金于 2015 年 5 月下达临高县民政局。目前，该项目主体工程已建设完成，预计于 2017 年 6 月竣工验收。

12. 白沙县养老服务中心建设资金1200万元

主要用于白沙县养老服务指导中心建设，建设项目占地20亩，建筑面积为16000平方米，是一所集养老、休养、医疗、康复、娱乐为一体的养老服务指导中心。主要建设老年居住用房、老年娱乐中心、康复室、办公室、厨房、餐厅、围墙、绿化及设备等。目前，该项目主体工程已经完工，后续配套设施正在加紧建设中，预计于2017年6月竣工。

三、福利彩票公益金使用特点及效果评估

（一）老年福利事业快速发展，老年人生活质量进一步提高

福利彩票公益金用于老年福利事业的项目有托老院建设、敬老院建设、光荣院建设、养老服务体系项目、农村幸福院项目、社区老年人日间照料中心项目、社区养老设施等养老服务设施建设，较好地满足了当地优抚对象、五保对象和社会“三无”对象的养护需求；社会养老服务体系建设项目将为城镇“三无”人员、五保人员和具有社会养老服务需求的老年人，提供生活照料、家政服务、康复护理、精神慰藉、文化娱乐等服务，并为各乡镇养老机构提供示范和培训指导工作；农村幸福院项目和社区老年人日间照料中心建设，主要资助由城乡社区老年人日间照料中心和村委会建设村民自我管理、自我服务、自我发展的互助型农村幸福院，为城乡社区老年人提供文化娱乐、日间照料、精神抚慰等互助式服务。

（二）孤残流浪儿童救助保障力度不断加大，救助环境不断改善

孤残儿童、流浪未成年人是社会救助保护工作中的重点关注对象，应当得到全社会的关爱。2015年，全省用于流浪儿童救助保障工作经费39.28万元，为孤残儿童回归家庭、回归社会创造条件，更有利于流浪儿童救助工作的开展和流浪儿童生活质量的改善；用于“明天计划”手术项目补助50万元，“明天计划”的实施，帮助福利机构的孤残儿童解除疾患的折磨，帮助他们增强生活自理自立能力，同时孤残儿童大病得到救治康复后，为其实现家庭收养奠定了基础，解决了收养家庭的后顾之忧；安排儿童福利机构设备设施购置和更新改造1025万元，重点解决儿童福利机构设备设施老旧，特教设备、脑瘫康复训练设施不足等问题。

（三）困难群众医疗救助问题得到缓解，为民解困力度不断增强

以“扶老、助残、救孤、济困”为宗旨的福利彩票，在突飞猛进地发展的同时，也加大了对困难群体医疗救助和受灾群众救济帮扶的力度。在医疗

救助方面，安排300万元用于城市和农村特困居民医疗救助，切实帮助城乡特困群众解决治病难问题；安排288.352万元用于购买社会服务开展养老、教育、医疗等服务，满足困境儿童、孤寡老人、困难群众的各项需求。

（四）福利彩票公益金资助结构不断优化，社会公益类支出比重增加

在福利彩票公益金的使用上，海南省统筹规划、突出重点，优先安排社会福利事业基础设施建设，在资金分配上，重点向贫困地区、基层和农村倾斜，充分发挥福利彩票公益金的社会效益。海南省利用福利彩票公益金发展其他社会公益事业共支出3408.11万元，包括农村社区建设、支持残疾人福利机构等。其中用于农村社区建设资金1135.5万元，为各市县村委会建设一栋集办公和活动为一体的楼房，主要解决农村社区和城市社区居委会办公用房老旧和社区居民无活动场所问题，方便群众办事；安排2272.61万元用于贫困残疾人教育扶持、无障碍环境建设、精神病防治康复和残疾人辅助器具等项目，为全省残疾人提供更加完善、高质量的服务。

近年来，在管理和使用福利彩票公益金工作中虽然取得了一定的成绩，但是仍存在着项目推进缓慢，资金使用透明度不高，彩票公益金资助项目种类少等问题，在下一步工作中，将重点研究予以解决。

四、下一步工作思路

（一）加强项目建设管理

重点加强养老服务、社会救助、社区服务建设等方面项目的管理和实施，确保项目资金的合理使用，保证项目如期完成并投入使用。一方面，落实项目建设和实施工作的责任分工。在项目申报、资金下达前，根据项目隶属关系，加强与地方发改、财政、国土、规划等部门的沟通，明确项目建设工作的组织领导，指定专人负责跟踪实施项目前期工作，对项目使用情况、配套资金申报，项目前期管理等工作切实负起责任，确保申报内容真实有效。另一方面，加强福利彩票公益金补助项目建设管理，深入开展对市县项目实施情况的督查检查，指导各市县民政局严格落实好项目质量领导责任制。严格落实建设项目法人责任制、招标投标制、工程监理制和合同管理制。认真执行财务管理有关规定，确保各级福利彩票公益金在使用过程中得到有效监管。

（二）进一步改进福利彩票公益金使用管理

根据《民政部本级彩票公益金使用管理办法》（民办发〔2016〕7号）和《海南省民政厅关于印发〈海南省省级福利彩票公益金使用管理办法〉的

通知》（琼民函〔2016〕428号）规定，严格规范管理，确保福利彩票公益金使用公开透明。借助各种媒体和渠道加强资金使用公示公告工作，取信于民。监督各项目使用单位，按照规定设置福利彩票公益金资助标识，建立使用明白账，方便社会各界查询，接受社会监督。建立绩效评价体系和跟踪问责机制，合理确定评价指标的权重，研究制定并公布福利彩票公益金使用绩效评价指标。此外，充分发挥民政、财政、审计等部门行政监督作用，充分发挥新闻媒体和社会公众的舆论监督作用，严厉查处违法违规使用彩票公益金行为，促进福利彩票公益金管理健康发展。

（三）建立项目资料库

根据中央、省级福利彩票公益金使用情况，以文字、图片、视频的形式，分类建立项目资料库（包括项目介绍、资助金额、使用效果等）。严格依照项目档案管理制度，及时将福利彩票公益金使用管理过程的相关资料归档入库。

2015 年度福利彩票公益金使用管理情况报告

重庆市民政局

一、福利彩票销售及公益金筹集情况

2015 年，重庆市销售福利彩票 45.64 亿元，筹集福利彩票公益金 12.81 亿元，其中上缴中央 63146 万元，市财政局提取 8387 万元，市本级留存 25978 万元，区县本级留存 30617 万元。

二、福利彩票公益金使用情况

2015 年，重庆市安排市本级福利彩票公益金 26405 万元，民政部支持福利彩票公益金 8176 万元，共资助项目 216 个。

（一）推进老年福利事业

为应对人口老龄化的严峻挑战，逐步建立以居家养老为基础、社区服务为依托、机构养老为补充的养老服务体系，除积极争取部级公益金和各级财政加大对老年福利设施建设的支持力度外，重庆市地方留存福利彩票公益金也重点向全市老年福利设施建设项目倾斜。2015 年，全市市级福利彩票公益金和部级福利彩票公益金资助老年福利项目 43 个，资助资金 20955 万元，重点支持重庆市老年福利设施消防改造和提档升级。其中，安排 4795 万元用于全市乡镇敬老院房屋质量安全和消防安全隐患整改，改善了农村五保老人的居住环境；安排 15160 万元用于市、区县社会福利院建设及设施设备改造，改善了福利院硬件设施。

（二）推进全市儿童福利事业

近年来，全市儿童福利工作取得了长足发展。2015 年，全市市级福利彩票公益金和部级福利彩票公益金资助儿童福利项目 8 个，安排资金 1945 万元。如安排 780 万元支持市、区县儿童福利院建设；安排 350 万元用于“明天计划”等孤残儿童手术康复项目；安排400万元用于儿童福利机构养治教育康复补助；安排150万元用于白血病儿童医疗救助等。

（三）助推残疾人福利事业

为推进全市残疾人福利事业，自2010年起，重庆市市级福利彩票公益金每年10%以上专项用于残疾人福利事业。2015年，安排市级福利彩票公益金2500万元，支持市残联农村贫困残疾人危房改造项目。同时，安排部级和市级福利彩票公益金2950万元，支持市、区县民政精神卫生福利机构建设。

（四）支持社会救助体系建设

市级福利彩票公益金每年安排3000万元，用于城乡医疗救助项目，帮助解决全市城乡低保对象和困难群体看病难问题；安排300万元，用于补助老复员军人医疗经费。福利彩票公益金的及时资助，为健全重庆市社会救助体系，有效帮扶困难群体，促进社会和谐稳定，发挥了较好的作用。

（五）推动社会公益项目

2015年，重庆市市级福利彩票公益金支持1340万元，新建220个城市社区服务中心、创建24个国家级减灾示范社区，为城乡居民共享社区公共服务搭建了平台，促进了和谐社区建设；安排部级福利彩票公益金250万元，支持区县殡仪设施建设；安排部级福利彩票公益金300万元，支持区县救助管理站建设。

（六）树立福利彩票慈善公益形象

自2006年以来，全市组织开展了福利彩票助学等公益活动。2015年，重庆市继续安排市级福利彩票公益金800万元，用于资助福利彩票助学等公益活动，较好地树立了福利彩票良好的社会公益形象。

三、福利彩票公益金管理情况

重庆市始终秉承“扶老、助残、救孤、济困”的公益金使用宗旨，坚持规范、科学、高效的使用原则，规范程序，完善制度，加强监督，管好用好福利彩票公益金。

（一）健全公益金使用管理制度

近年来，重庆市不断完善福利彩票公益金使用制度。2013年，市财政局、市民政局联合制发《重庆市彩票公益金管理办法》（渝财社〔2013〕73号），规范了福利彩票公益金的使用范围、申请审批程序、公示宣传及监督管理。

（二）严格规范项目审批程序

为确保福利彩票公益金规范、有效使用，重庆市制定了公益金项目申报评审流程，推行公平申报，科学评审，透明使用。一是成立福利彩票公益金评审委员会。成立了由市民政局、市财政局领导及相关部门人员组成的“重庆市福利彩票公益金评审委员会”，具体负责公益金资助项目的核查、评审工作，并按照突出重点、解决急需的原则安排当年资助项目。二是建立项目库管理制度。

（三）不断强化监督管理

为切实管好用好福利彩票公益金，充分发挥福利彩票公益金的最大效益，全市加大了福利彩票公益金的监督管理力度。一是制定资金使用监督管理办法。制定了《重庆市民政局专项资金管理暂行办法》，将福利彩票公益金纳入专项资金监管范围，确保福利彩票公益金管理使用规范安全。二是实行定期公示制度。为积极回应社会关注，不断提升福利彩票形象，市民政局主动加强福利彩票公益金筹集、使用情况信息公开。每年 6 月底以前，在市民政局和市财政局公众信息网上公示上年度福利彩票公益金使用情况，接受社会监督，并在《重庆晨报》、大渝网、华龙网等媒体作深入专题报道。三是加强日常监管。重庆市将福利彩票公益金使用纳入内部审计和日常监管范围，定期对福利彩票公益金使用情况进行自查，同时主动接受审计、监察等部门以及新闻媒体和公众的社会监督。2015 年，市审计局组织开展了全市福利彩票公益金专项审计，促进福利彩票公益金规范管理，确保资金使用合规、合法。

四、下一步工作思路

（一）进一步加强福利彩票公益金监管

随着公益金管理使用的社会开放程度越来越高，管理责任也越来越大。重庆市民政局将进一步完善公益金使用情况督查机制，会同有关部门定期对公益金项目实施和资金使用情况进行督查，确保资金专款专用。同时，健全福利彩票公益金项目绩效评价制度，将绩效评价结果与资金分配挂钩。

（二）加大福利彩票公益性宣传力度

加大对福利彩票公益金资助项目社会效益等方面的宣传，让更多的公众了解福利彩票的公益性，关心、支持和参与福利事业建设，推进民政福利事业健康快速发展。

2015 年度福利彩票公益金使用管理情况报告

四川省民政厅

一、福利彩票销售及公益金筹集情况

2015 年全省福利彩票销售额为 834518.01 万元，筹集公益金 237992.51 万元（含弃奖 3926.51 万元），上缴中央 117033.01 万元，全省留存 120959.52 万元。其中，省民政厅统筹使用 39600 万元，市、县留存 64908.83 万元，其余的 16450.69 万元由省财政集中建立专项公益金。民政部资助本省部本级福利彩票公益金 44877 万元。2015 年全省各级福利彩票公益金合计投入 103841.29 万元。

二、福利彩票公益金使用情况

（一）民政部资助部本级福利彩票公益金使用情况

2015 年民政部资助本省部本级福利彩票公益金 44877 万元，全省严格按照民政部、财政部下达的文件要求，加强对福利彩票公益金的使用管理，严格按照规定的用途使用资金，确保专款专用。

1. 老年人福利项目情况

安排使用部本级福利彩票公益金 2000 万元，资助 100 个农村区域养老服务中心试点项目。

安排使用部本级福利彩票公益金 1246 万元，资助 6 个公办养老机构建设项目。

安排使用部本级福利彩票公益金 2970 万元，资助 262 个养老机构消防安全设施设备改造项目。

安排使用部本级福利彩票公益金 376 万元，资助 34 个社区养老服务设施设备补助项目。

安排使用部本级福利彩票公益金 7494 万元，资助农村幸福院建设项目。

安排使用部本级福利彩票公益金1540万元，资助10个优抚医院和光荣院维修改造和设施设备购置项目。

安排使用部本级福利彩票公益金780万元，资助6个市（州）养老服务信息平台建设项目和资阳市社会福利院国家智能养老物联网运用示范工程建设项目。

安排使用部本级福利彩票公益金300万元，资助99个省示范性基层老年协会开展关爱农村空巢老人居家养老服务项目。

2. 残疾人福利项目情况

安排使用部本级福利彩票公益金3300万元，资助10个民政精神卫生社会福利机构维修改造和设施设备购置项目。

3. 儿童福利项目情况

安排使用部本级福利彩票公益金100万元，资助残疾孤儿手术康复“明天计划”项目。

安排使用部本级福利彩票公益金170万元，资助9个儿童福利院残疾儿童特殊教育项目。

安排使用部本级福利彩票公益金190万元，资助4个受艾滋病影响儿童救助指导中心设施设备购置项目。

安排使用部本级福利彩票公益金1420万元，资助5个儿童福利院建设和购置设施设备项目。

安排使用部本级福利彩票公益金120万元，资助四川省肢体伤残康复中心残疾儿童脑瘫康复项目。

4. 社会公益类项目情况

安排使用部本级福利彩票公益金14599万元，资助全省城乡医疗救助。

安排使用部本级福利彩票公益金212万元，资助16个救助管理站（流浪未成年人救助保护中心）维修改造项目。

安排使用部本级福利彩票公益金500万元，资助14个殡葬设施维修改造项目。

安排使用部本级福利彩票公益金190万元，资助10个社会工作服务项目。

安排使用部本级福利彩票公益金370万元，资助省慈善信息平台建设、绵阳市捐赠废旧纺织品综合利用项目和4个市慈善超市试点项目。

（二）省本级福利彩票公益金使用情况

2015年省民政厅统筹使用福利彩票公益金39600万元，按照福利彩票公益金“扶老、助残、救孤、济困、赈灾”的宗旨，全部用于社会福利事业和公益事业。

1. 老年人福利项目情况

为贯彻落实党的十八大提出的“积极应对人口老龄化，加快建立社会养老服务体系和发展老年服务产业”和《四川省人民政府关于加快发展养老服务业的实施意见》提出的“加快发展社会养老服务”的目标任务，积极应对日益严峻的人口老龄化趋势，省民政厅2015年安排使用23682万元，60%以上的留存福利彩票公益金用于社会养老服务体系建设，重点保障老年人社会福利服务对象的供养、康复、照料等工作，促进老年人社会福利事业发展。

安排使用省本级福利彩票公益金17500万元，资助养老服务体系建设。

安排使用省本级福利彩票公益金1000万元，资助100个农村区域养老指导中心建设。

安排使用省本级福利彩票公益金210万元，资助21个社区养老服务社会化示范区建设。

安排使用省本级福利彩票公益金4772万元，资助四川省养老实训示范基地建设、四川省革命伤残军人休养院休养员休养楼建设、四川老年大学搬迁后维修改造。

安排使用省本级福利彩票公益金200万元，资助农村老年协会建设和开展“敬老、爱老、扶老”活动补助。

2. 残疾人福利项目情况

安排残疾人福利类2653万元。

安排省本级福利彩票公益金200万元，资助“晚情行动”项目，在全省开展“三无”、五保老人白内障复明手术、装配假肢矫形康复辅具，在德阳市、绵阳市、遂宁市、宜宾市、眉山市5个市（州）先后为3389人次“三无”、五保老人完成白内障复明手术和装配假肢矫形康复辅具。

安排使用省本级福利彩票公益金1000万元，资助全国第九届残运会筹备补助。

安排使用省本级福利彩票公益金1453万元，资助省直属残疾人福利事业单位维修改造及设施设备购置。

3. 儿童福利类项目情况

为贯彻落实《国务院办公厅关于加强孤儿保障工作的意见》（国办发〔2010〕54号）、《四川省人民政府办公厅关于加强孤儿保障工作的实施意见》（川办发〔2011〕30号）精神，省民政厅2015年安排使用彩票公益金4445万元，重点支持儿童福利机构完善孤残儿童养育、治疗、康复、特殊教育和职业技能培训等方面的功能，为孤残儿童健康成长提供必要的资金保障和服务保障。

安排使用省本级福利彩票公益金 2985 万元，资助四川省孤儿职业技术学校建设。

安排省本级福利彩票公益金 300 万元，资助儿童福利机构内脑瘫儿童筛查、康复训练、培训，矫形器配置及调试等。

安排使用省本级福利彩票公益金 160 万元，资助四川省志翔职业技术学校孤儿学生教育等。

安排使用省本级福利彩票公益金 1000 万元，资助开展全省贫困家庭脑瘫儿童康复救助工程，补助贫困家庭脑瘫儿童康复手术、康复训练和辅具适配等。

4. 社会公益类项目情况

安排使用福利彩票公益金 8820 万元，支持社会公益事业发展，推进以改善民生为重点的社会建设，提高基本公共服务水平。

安排使用省本级福利彩票公益金 7920 万元，资助城乡医疗救助。

安排使用省本级福利彩票公益金 200 万元，资助开展创新慈善爱心超市示范化建设。

安排使用省本级福利彩票公益金 500 万元，资助 43 个社区建设、购置设施设备及信息化建设等。

安排使用省本级福利彩票公益金 200 万元，资助帮困助学活动项目。

三、下一步工作思路及建议

下一步全省将按照福利彩票公益金管理和使用的相关规定，进一步规范和加强福利彩票公益金筹集、分配和使用管理。

（一）进一步加强领导，高度重视福利彩票公益金管理使用工作

严格遵守福利彩票发行宗旨和彩票公益金使用规定，制订公益金安排计划，积极争取各级财政部门的支持，最大限度地发挥福利彩票公益金使用的社会效益。

（二）严格规范福利彩票公益金申请审核程序和监督机制

建立完善福利彩票公益金管理使用的工作程序，坚持当年拨付当年使用的原则，确保福利彩票公益金安全、准确、高效使用。切实做到不改变福利彩票公益金项目资金用途，不挤占和挪用福利彩票公益金，不平衡一般财政预算，保证专款专用。加强与财政、审计等部门的沟通协调，组建联合督查组，对福利彩票公益金的管理和使用等情况开展专项监督检查和绩效评估。

（三）做好福利彩票公益金项目的社会公告和信息通报工作

及时公开福利彩票公益金资助项目情况，主动接受人民群众、社会各界和新闻舆论的监督，有效保障福利彩票公益金使用规范安全，提高福利彩票工作的公信度。

2015年度福利彩票公益金使用管理情况报告

贵州省民政厅

一、福利彩票销售及公益金筹集情况

2015年，贵州省经过各级民政部门的努力，销售各类福利彩票总金额达到249779.74万元，共提取彩票公益金78098.14万元（含弃奖奖金2716.3951万元），其中上缴中央18848.44万元，省级留存福利彩票公益金29212万元。

在省级留存福利彩票公益金29212万元中，省本级留存9849万元，市州一级留存9861.5万元，县级留存9861.5万元。

二、福利彩票公益金使用情况

为支持各地做好社会福利工作，经与省财政综合处、社保处和省民政厅规财处召开项目论证会进行论证，2015年度省本级福利彩票公益金预算安排10159万元下拨各地。

（一）老年人福利项目安排使用5100万元

按照省财政厅下达的预算科目和资金额度，下拨农村敬老院建设项目经费及星级敬老院评定奖励资金2400万元，国办养老机构建设、设备设施购置及养老服务培训经费620万元，民办养老机构建设补助经费400万元，农村幸福院、社区日间照料中心、农村居家养老服务站建设和居家养老设备设施购置经费1000万元，光荣院、优抚医院建设及设备设施购置经费500万元，全省社会福利机构信息管理平台建设维护经费50万元，养老服务机构综合责任保险补贴资金50万元，养老机构核查项目经费50万元，养老服务标准化体系建设经费30万元。

（二）残疾人福利项目安排使用 300 万元

下拨贫困家庭肢体功能障碍者救助康复项目经费 500 万元。

（三）儿童福利项目安排使用 589 万元

下拨儿童福利机构建设及设施设备购置经费 300 万元，孤残儿童护理员职业技能培训、鉴定项目经费 50 万元，孤儿助学工程项目经费 30 万元，残疾孤儿手术康复“明天计划”项目及围手术护理中心经费 50 万元，未成年人社会救助保护试点项目经费 60 万元，儿童福利项目培训及机构合作经费 59 万元，孤儿收养家庭评估登记及培训项目经费 40 万元。

（四）社会公益项目 4170 万元

下拨各地殡葬设施改造项目经费 1400 万元，温暖贵州项目经费 200 万元，社区服务项目经费 770 万元，紫云县扶老济困项目经费 300 万元，贵州慈善事业发展基金 150 万元，民政孤残对象慰问费 30 万元，社会工作人才培训项目经费 50 万元，支持社会组织发展经费 150 万元，公益金支持项目评审及前期工作经费 20 万元，省见义勇为基金 100 万元，省级救灾仓库建设经费 1000 万元。

（五）市州级和县级福利彩票公益金 19723 万元

用于支持本级及各地福利机构基础设施建设及办公设备购置。共资助基础设施建设项目和非基础设施建设项目 803 个，通过福利彩票公益金的投入，使本省社会福利事业和公益事业项目得到长足发展。

三、下一步工作思路

在今后的工作中，一是进一步加强福利彩票“扶老、助残、救孤、济困”宗旨的宣传，增强公益金使用的透明度，使更多的人了解福利彩票的发行宗旨和目的，激发和培育彩民参与社会福利和社会公益事业的积极性和荣誉感，把购买福利彩票当作为社会福利事业作贡献的行为，从而增加彩民数量，提高彩票销售量；二是在福利彩票公益金的使用上，严格执行民政部、财政部的规定，每年年初，对贵州省留成的福利彩票公益金提出年度使用计划，集中力量办大事。将福利彩票公益金更多地用于兴办社会福利项目，充分发挥福利彩票公益金支持社会福利和公益事业的积极作用。

2015年度福利彩票公益金使用管理情况报告

云南省民政厅

一、福利彩票销售及公益金筹集情况

2015年，云南省共发行销售福利彩票645591.36万元。其中，电脑彩票销售169909.67万元，3D销售142954.55万元，中福在线即开票销售147906.28万元，传统型即开票销售31338.81万元，快乐十分彩票销售153380.92万元，银行定投101.02万元。筹集公益金19.36亿多元。筹集的公益金中，上缴中央93451.97万元，地方留成99260.33万元。地方留成中，省残联分成4662.29万元，省本级留成37531.47万元，专项公益金16084.91万元，州（市）分成40981.64万元。

二、福利彩票公益金使用情况

云南省民政厅2015年度福利彩票公益金的使用按照突出重点、科学、合理、公平、公正的原则，确保了列入省委、省政府“10件惠民实事”和“十二五”养老服务体系建设项目等已制订规划的社会福利事业项目。2015年省本级福利彩票公益金资助项目具体可分为资助老年人福利类项目、残障人福利类项目、儿童福利类项目、其他社会公益类项目四类。

（一）老年人福利类项目

2015年以来，云南省民政厅认真贯彻落实国务院和省政府出台的系列文件，全力推进养老服务业发展，截至2015年末，全省公办养老机构134个，农村敬老院686所，居家养老服务中心1424个。养老床位达12.3万张，养老服务供给越来越丰富，社会力量参与养老服务业的局面逐步形成，为“十三五”时期全面加快推进养老服务体系建设打下了良好基础。

（二）残障人福利类项目

省本级福利彩票公益金共安排1300万元用于残障人福利类项目，同时，继续对全省精神卫生社会福利机构按照要求进行了提升和规范。“义肢助残”和为残疾军人更换假肢及康复辅具补助项目工作有序开展。

（三）儿童福利类项目

在统筹规划的基础上，省本级福利彩票公益金共安排1000万元，优先把当地领导重视、建设积极性高、土地和配套资金落实到位的地区列入计划，资助儿童福利项目。在各级民政部门的共同努力下，多个儿童福利服务机构建成投入使用，妥善安置了当地孤残儿童和弃婴，得到了社会的广泛认可和赞誉。

（四）其他社会公益类项目

资助项目包括“城乡社区建设”“殡葬基础设施设备建设”“烈士纪念设施维修改造项目补助”“支持社会组织参与社会服务”“贫困大学生资助项目补助”等。

三、福利彩票公益金管理情况

云南省民政厅专门成立省社会福利事业彩票公益金资助项目评审委员会，下设评审委员会办公室，负责福利彩票公益金安排使用工作，明确了省本级福利彩票公益金的资助项目范围、原则、资助项目申报程序和申报材料，严格对省本级福利彩票公益金资助项目进行监督管理；各相关业务处室根据业务对口原则负责对福利彩票公益金资助项目的审核、跟踪问效及监督检查。各级民政部门建立健全项目管理责任制，督促项目实施、确保专款专用；对上一年度资助项目进展情况每月报送省民政厅并负责收集汇总所辖区域申报的项目材料，建立项目储备库，认真筛选上报项目。

四、福利彩票公益金筹集、使用与监管模式创新

2015年云南省民政厅开展了建设“阳光福利彩票”专项整治工作，专项整治工作以民政部建设“阳光福利彩票”专项行动为指导，以建设“阳光福利彩票”为主题，从建立健全福利彩票发行销售管理制度体系、建立健全公益金使用管理制度体系和健全信息公开制度三个方面入手，不断提升和树立福利彩票良好的公益形象与公信力，彰显福利彩票“扶老、助残、救孤、济困”的发行宗旨和公益使命。

五、下一步工作思路及相关建议

（一）修改《云南省彩票公益金管理办法》

商省财政厅，尽快修订出台《云南省彩票公益金管理办法》，重点内容是加强监督管理，提出绩效评价管理和信息公开办法。

（二）调整完善项目评审委员会组成

建立健全公益金分配民主决策机制，探索建立云南省社会福利事业彩票公益金项目评审委员会专家库。

（三）加强分类、精细化管理监督

按照一类项目、一个管理办法，一笔资金、一个管理制度，争取在 2017 年内完善管理监督。

（四）严格执行监督管理办法

各类项目均要成立监管小组，将执行效果和绩效评价结果作为次年资金安排的依据，当年至少汇总上报两次监管情况、一次中期评估（7 月底前）、一次终期评估（11 月底前）。

（五）建立健全“四个制度”，加强事中事后监管

通过建立健全项目备案制度、督查制度、通报制度、绩效评价制度，每年根据各县（市、区）实际执行的项目，按照业务归口原则，加强事中事后监管，日常监督与专项监督相结合的方式，对项目建设资金使用实施全过程监督管理。各地按月将项目实施进展情况书面上报业务处室，每年 6 月、12 月由业务处室对各地项目实施情况进行综合评估，评估情况作为下年安排项目的重要依据。

（六）逐步建立完善年度审计、抽查制度

切实履行审核、跟踪、评价、通报问责等职责，确保福利彩票公益金使用实现预期效益。

（七）提升公信力

完善信息定期发布机制、健全突发事件信息发布制度、完善公益金使用情况公示制度、建立公益金使用效果宣传工作机制。

2015年度福利彩票公益金使用管理情况报告

西藏自治区民政厅

一、福利彩票销售及公益金筹集情况

2015年，西藏自治区福利彩票销售106564.01万元。其中，3D游戏7328.74万元，双色球9878.00万元，七乐彩游戏118.43万元，生肖时时彩59.39万元，“快3”77236.11万元，即开型彩票11943.35万元。

根据彩票公益金提取和分成比例，2015年西藏自治区共筹集福利彩票公益金30354.34万元，上缴中央15013.04万元，自治区本级留存15341.30万元（其中包括328.25万元弃奖公益金）。

二、福利彩票公益金使用情况

2015年，中央专项福利彩票公益金补助西藏自治区44952万元，其中1572万元（财综〔2015〕33号）专项用于支持农村幸福院建设；43380万元（财综〔2015〕22号）中31500万元专项用于补贴之前政府投入孤儿集中收养机构和五保集中供养机构项目建设缺口资金，11880万元主要用于老年护理院、灾害应急避难场所、荣军院、城市和农村社区服务设施等项目建设。民政部本级福利彩票公益金补助西藏自治区7246万元（财社〔2015〕73号）主要用于老年人福利类、儿童福利类、残障人福利类、社会公益类项目建设。在福利彩票的投放使用上，根据民政部和财政部有关规定，进一步加强福利彩票公益金管理，完善审批制度，保证了福利彩票公益金在规定范围内使用，做到专款专用，使福利彩票公益金真正发挥其应有的作用。

对于自治区本级彩票公益金的使用，自治区民政厅根据民政事业发展规划和公益金留成总额，拟订年度项目计划。根据项目计划要求各地（市）结合实际上报项目需求情况及项目申报材料；民政厅根据福利彩票公益金使用范围，对各地提交的项目申报材料进行筛选，拟订分配方案，报区财政厅审定后下拨项目资金，由各级民政部门组织实施。同时，督促各地（市）严格按照《彩票公益金管理条例》《彩票管理条例实施细则》《彩票公益金管理办法》等法规文件，合法合规使用好本级福利彩票公益金，做到规范管理、专款专用，使公益金发挥最大效益。

三、下一步工作思路

（一）加大彩票发行力度，积极筹措公益金

在福利彩票发行销售方面，不断深化销售体制改革，全面夯实站点销售体系，加大发行销售力度，进一步扩大销售网点，创新机制和加强管理，确保销售持续快速增长，筹集更多的公益金，为全区社会福利和公益事业发展提供有力支撑。

（二）进一步规范本级福利彩票公益金的使用

严格按照《西藏自治区彩票公益金管理办法（暂行）》和福利彩票公益金取之于民、用之于民的发行目的，规范使用福利彩票公益金，明确区、地（市）留成比例，不挪用滥用，随意开口子，严格遵循“扶老、助残、救孤、济困”的发行宗旨使用福利彩票公益金。

（三）加强公益金的审计和社会监督

加强项目监管，建立健全内部审计制度，定期或不定期地对公益金使用情况进行督促检查；坚持福利彩票资金专款专用的原则，不得将福利彩票公益金用于平衡财政一般预算或者其他支出；主动接受财政、审计、监察等部门以及新闻媒体和公众的社会监督。

2015年度福利彩票公益金使用管理情况报告

陕西省民政厅

一、福利彩票销售及公益金筹集情况

（一）销售情况

2015年，全省福利彩票共销售827307.5808万元，比上年增加70101.7908万元，增长8.473%。

（二）公益金筹集情况

根据彩票公益金分配政策，彩票公益金在中央和地方之间按50∶50的比例分配。地方留成彩票公益金分配政策，彩票公益金上缴中央后，留归地方的彩票公益金，福利彩票公益金省级和市级之间按43∶57比例分配。

根据彩票公益金分配政策，2015年全省共筹集福利彩票公益金232203.2669万元，上缴中央116101.6334万元，地方留成120655.5901万元（弃奖转省级公益金4553.9567万元）。

二、福利彩票公益金使用情况

2015年陕西省本级福利彩票公益金用于全省社会福利事业和公益事业50672.5万元。陕西省民政厅依据福利彩票“扶老、助残、救孤、济困”的宗旨，按照科学、合理、公平、公正的原则，统筹考虑区域发展、人口数量、建设规模等因素，确定项目补助标准，重点用于为老年人、残疾人、孤儿等特殊困难群体服务的社会福利设施建设和受助对象直接受益的项目，具体分为社会养老服务体系建设、儿童福利项目、社会福利机构建设、社区建设、城乡医疗救助、优抚对象医疗补助、资助贫困大学生、残疾人事业、社会公益事业9类。

三、福利彩票公益金使用的基本做法

（一）加强制度建设

陕西省始终把加强福利彩票公益金的规范管理放在首位。依据财政部《彩票公益金管理办法》（财综〔2012〕15号）的有关规定，明确了相关单位和人员的职责，规范了资助项目的申报资料及程序，明确了资助项目的审核以及定期向社会公布等方式。制定了《陕西省福利彩票公益金资助养老项目绩效评估暂行办法》（陕民发〔2015〕66号），促进福利彩票公益金资助养老机构项目的规范化管理水平，提高了资金使用管理水平与使用效果。

（二）坚持民主评审

组织对资助的每一个项目从立项批复、可研报告、项目实施计划书、资金投入规模、资金来源情况、资金配套情况、单位自筹资金情况和申请资助资金数额等项逐项进行审核。并制订了《2015年度福利彩票公益金收支计划》。

（三）及时检查项目

省民政厅每年重点检查各市福利彩票公益金使用相关制度是否建立健全、资金是否专款专用、项目招标是否符合有关规定。适时深入项目管理单位、福利机构、社区、困难群体等资助对象，对资助项目或单位进行现场检查，并对资助项目的建设进行指导帮助，提出合理化建议和建设进度要求，达到项目建设标准和资助条件。

（四）公开透明资助

按照社会福利基金使用范围和管理要求，适时对年度实际资助情况，通过民政公众信息网络，向社会公布年度彩票公益金使用情况，接受社会监督，受到社会广泛好评。

四、下一步工作思路

按照国务院颁布的《彩票管理条例》和2012年财政部、民政部、体育总局颁布的《彩票管理条例实施细则》，陕西省将进一步完善本级公益金资助办法，加强对彩票公益金的管理使用。

（一）推进社会公开

将拟资助项目情况和公益金使用情况在省民政厅网站上公示，接受舆论监督，继续督促项目使用单位在公开场所悬挂公益金资助标识，自觉接受社会监督。

（二）加大支持力度

加大对老年人、残疾人、儿童福利事业的支持力度，兼顾社会公益事业，重点向基层倾斜，使公益金分配更加具有可操作性和公正性。

（三）加强对社会福利的政策研究

建立跟踪问责机制，不断加大社会开放度、增强社会透明度、扩大社会参与度，增强公益金使用的广泛性、有效性和公平性，向社会交出一本公开账、明白账、放心账。

2015年度福利彩票公益金使用管理情况报告

甘肃省民政厅

一、福利彩票公益金筹集情况

2015年甘肃省留成福利彩票公益金共计64861万元，其中省级留成34966万元、省级集中留成1459万元、市（州）级留成16438万元、县（市、区）级留成13456万元。

二、福利彩票公益金使用情况

2015年省级福利彩票公益金收入预算为34966万元，加上结转的419.38万元，实际支出35385.38万元，资助项目如下：

（1）社会福利机构在建和设施配套项目16248.38万元；

（2）居家养老服务平台建设项目950万元；

（3）社会办养老服务机构一次性建设补贴113万元；

（4）儿童福利机构在建和设施配套项目3280万元；

（5）民政精神卫生福利机构在建和设施配套项目1150万元；

（6）示范社区建设项目100万元；

（7）救灾物资储备库建设项目1930万元；

（8）购买社会组织参与社会服务项目525万元；

（9）殡葬基础设施建设项目2000万元；

（10）城市社区老年人日间照料中心建设项目1569万元；

（11）农村社区老年人日间照料中心（互助老人幸福院）建设项目1210万元；

（12）农村五保供养服务机构建设项目2000万元；

（13）流浪乞讨人员救助管理机构补助项目1000万元；

（14）优抚对象医疗补助500万元；

（15）慈善事业类补助310万元；

（16）其他社会公益事业类2500万元。

2015年度福利彩票公益金使用管理情况报告

青海省民政厅

一、福利彩票销售及公益金筹集情况

（一）2015年度福利彩票发行与省本级公益金筹集情况

2015年青海省福利彩票发行中心共发行游戏品种6种，分别为双色球、3D、七乐彩、中福在线、即廾票和快3。当年彩票销售金额116817.19万元。其中，双色球、七彩乐品种公益金提取比例为35%；上缴省财政比例为17.5%，上缴中央财政比例为17.5%。3D品种公益金提取比例为34%；上缴省财政比例为17%，上缴中央财政比例为17%。中福在线和即开票两个品种公益金提取比例为20%；上缴省财政比例为10%，上缴中央财政比例为10%。快3品种公益金提取比例为28%；上缴省财政比例为14%，上缴中央财政比例为14%。计提公益金金额总计33629.76万元。其中，上缴省财政公益金金额16814.88万元，上缴中央财政公益金金额16814.88万元。根据《青海省彩票公益金管理办法》(青政办〔2011〕31号）的规定，省财政统筹15%，即2522.23万元。结合上年结余部分，2015年度共安排省民政厅省本级彩票公益金为14620万元。其中，用于老年人福利项目10011万元，残疾人福利类项目1200万元，儿童福利类项目1061万元，社会公益类项目2348万元。

（二）2015年度部本级彩票公益金分配情况

2015年财政部、民政部采用因素分配法分配下达青海省社会福利彩票公益金6239万元（财社〔2015〕73号）。其中，用于老年人福利项目3506万元，残疾人福利类项目500万元，儿童福利类项目1640万元，社会公益类项目593万元。

二、福利彩票公益金使用情况和特点

根据民政部和财政部的有关规定，青海省切实加强福利彩票公益金的管理，严格秉承“扶老、助残、救孤、济困”分配宗旨，保证福利彩票公益金在规定范围内使用，做到专款专用，使福利彩票公益金真正用到实处。在福利彩票项目的安排方面，坚持“规划引领、统筹安排”的原则，立足《青海省国民经济和社会发展第十三个五年规划纲要》《青海省社区老年人专业养护专项规划》等5个专项规划，通过总体规划与各专项规划的有机结合，进行民政项目科学统筹。同时，积极拓展思路，探索PPP建设运营模式与政府购买公共服务方式，通过“三社联动、公益创投”等项目，构建多层次、多方式的公共服务供给体系，提升民政公共服务软实力，切实发挥民政公共服务职能。

2015年度福利彩票公益金主要用于社会福利中心、社区老年日间照料中心、青南牧区孤寡老人代养服务项目、儿童福利院、残疾人事业发展、殡葬基础设施建设更新改造项目、流浪未成年人救助保护中心建设项目、烈士陵园维修改造等项目。

三、效果评估

民政厅在基金预算时，重点加大对各类社会福利机构和有特殊需要的困难群体的资助，提高了福利彩票公益金使用效益，有力地促进了当地社会福利事业的发展，在维护困难群体的生活权益，构建社会主义和谐社会和促进社会文明进步方面发挥了重要的作用，全省民生福祉水平持续提升，各族群众幸福感不断增强，青海省民政事业跃上了新台阶。

四、下一步工作思路

中国福利彩票来自于社会、服务于社会，取之于民、用之于民。福利彩票公益金的筹集、分配、使用，联结着特殊困难群体的福祉，事关社会公平与正义，历来是全社会共同关心、关注的问题。青海省将紧密结合年度工作任务，完善制度建设，科学合理安排支出计划，提高执行效率，加强与全国省会城市之间业务经验交流，积极发展社会福利事业，加强民政公共服务基础设施建设。

2015年度福利彩票公益金使用管理情况报告

宁夏回族自治区民政厅

一、福利彩票销售及公益金筹集情况

2015年，全区发行福利彩票15.33亿元，筹集彩票公益金42941万元，按照彩票公益金分配政策，上缴中央21471万元，自治区本级留成19701万元，返还市县1770万元。弃奖转入额727.7万元。2015年自治区本级可用彩票公益金共计22198万元。

2015年，财政部、民政部下拨自治区用于社会福利事业的彩票公益金12586万元。

二、福利彩票公益金拨付使用情况

根据《彩票公益金管理办法》的有关规定，按照福利彩票“扶老、助残、救孤、济困”的宗旨，坚持“科学、合理、公平、公正”的原则，突出重点，统筹考虑区域发展、服务对象数量、建设规模等因素，确定项目补助的标准。2015年，自治区彩票公益金资助项目安排资金16056.3万元。其中，部级公益金12586万元，自治区级公益金3470.43万元。重点用于为老年人、残疾人、孤儿等特殊困难群体服务的社会福利设施建设和受助对象直接受益项目。

（一）老年人福利类项目

1. 农村幸福院建设项目

中央专项彩票公益金安排1323万元，用于全区21个县（区）553个农村幸福院建设，建筑面积25306平方米，床位630张，添置设备571台，直接受益人数13472人，间接受益人数151873人。

2. 民办养老服务机构一次性床位补助

自治区福利彩票公益金安排554万元，用于全区13个民办养老服务机构床位补贴，床位684张，直接受益人数3078人。

3. 老年福利机构、养老服务设施等设施设备改扩建及更新改造

民政部福利彩票公益金安排5180万元，用于全区53个敬老院改扩建、民办养老服务机构消防设施改造等项目。改造面积9279平方米，床位2551张，直接受益人数5601人。

4. 宁夏老年人服务中心建设项目

自治区福利彩票公益金安排1916.43万元，主要用于宁夏老年人服务中心建设项目。

（二）儿童福利类项目

民政部福利彩票公益金安排1597万元，主要用于宁夏儿童福利院、各市县儿童福利院的改造、维修、设备购置等项目。

（三）残疾人福利项目

中央彩票公益金安排3835万元。其中，中央专项彩票公益金安排3000万元，用于银川市精神病康复中心（银川市德安康复中心）项目建设。该项目规划占地约50亩（33335平方米），总建筑面积30450平方米，总床位500床。项目分二期实施，其中一期建筑面积24000平方米，床位300床，设置综合楼、门诊、治疗、康复、医技、行政办公、住院楼、宿舍食堂楼、其他用房（含设备用房）等功能；二期建筑面积6450平方米，包含1栋200张床位的康复楼。民政部福利彩票公益金安排835万元，用于各市县残疾人康复、爱心护理、特殊教育等项目。

（四）社会公益类项目

1. 城乡社区建设项目

自治区福利彩票公益金安排1000万元，主要用于全区22个市、县（区）150个城乡社区服务站建设。

2. 其他社会公益类项目

民政部福利彩票公益金安排651万元，主要用于银川市、石嘴山市、固原市等市县的流浪未成年人保护中心、殡仪馆及生态公墓等项目建设。

三、彩票公益金资金管理情况

（一）完善管理制度

为规范和加强彩票公益金资助项目管理，自治区民政厅印发了《关于设

立彩票公益金资助项目标识的通知》，要求各彩票公益金资助项目实施单位要严格按照统一的格式设置项目标识。

（二）健全评审机制

福利彩票公益金资助项目审批坚持程序化。由项目使用单位提出资助项目申请，填报项目概况、绩效目标和考核指标，列入预算储备项目，在民政厅自评的基础上，财政厅组织专家进行预算绩效评审后列入使用计划。一是中央补助福利彩票公益金使用计划由民政厅厅长办公会议审定，报自治区财政厅审核后，民、财两家联合下达市县。二是自治区本级福利彩票公益金纳入预算管理，民政厅厅长办公会议审定后报自治区财政厅，列入政府性基金预算，经自治区人民政府和人民代表大会批准执行。

（三）强化监督管理

彩票公益金监督坚持常态化。一是加强过程监管。通过行政监督、审计监督、纪检监督、民主监督、社会监督等方式，加强对民政资金管理使用情况的监督，不定期地对民政资金管理使用情况进行全面跟踪检查，每年对全区民政专项资金包括福利彩票公益金管理使用情况进行一次全覆盖检查，2015 年 8 月在市（县、区）民政局自查自纠、五市民政局全覆盖检查的基础上，对全区 10 个县（区）进行了重点抽查。二是强化事后监管，建立民政专项资金支出绩效评价机制。印发了《宁夏回族自治区民政事业专项资金支出绩效评价管理暂行办法》，对民政专项资金包括福利彩票公益金从绩效评价的对象和内容、组织管理和工作程序、评价指标、评价方法等进行全面规范。

四、下一步工作思路及建议

（一）下一步工作思路

福利彩票公益金在民政公共基础设施建设中所占比重较大，用好管好公益金对于社会福利事业的发展起着至关重要的作用。民政厅将在探索创新公益金管理模式上下功夫，一是建立、健全项目申报机制，根据《彩票公益金管理办法》和财政资金绩效管理的要求，严格按照资助项目程序和要求，对新申报项目要进行调研、评估、筛选，明确项目绩效目标、具体内容、实施方式和实施步骤，建立项目事前目标申报审核和立项评审机制；二是加大项目执行监督检查力度，按照年初确定的公益金资助项目，对项目执行情况进行事中监督；三是完善绩效评价体系，下半年对 2016 年福利彩票公益金资助项目开展绩效评价，将评估结果与公益金预算编制挂钩，推动全区民政公共基础设施建设和社会福利事业的健康发展。

（二）建议

1. 引入竞争性分配机制

在福利彩票公益金分配领域择优扶持紧缺社会福利建设项目，提高资金的使用效益。每年安排项目竞争性扶持奖励资金，采取“以奖代补”的形式，按项目投资总额确定分配扶持金额。

2. 完善公益金使用监管体系

财政、民政等部门要切实履行对福利彩票公益金的分配使用的监管职能。对公益金必须做到资金管理和项目管理相分离，健全各项工作机制，特别要健全、完善市县（区）福利彩票公益金使用监管制度。

3. 广泛接受社会监督

严格执行公示制度，将公益金资助的项目名称、状况、资金使用、项目进展面向社会公开，不仅要在民政公众网上公告，而且要在主流媒体上刊登。

2015年度福利彩票公益金使用管理情况报告

新疆维吾尔自治区民政厅

一、中央福利彩票公益金资助项目

投入使用公益金68732万元，用于城乡医疗救助、社会养老服务体系、残疾人康复，有效改善了全疆困难群体的生活条件。

（1）城市医疗救助资金6596万元，分别资助乌鲁木齐市400万元，克拉玛依市10万元，石河子市114万元，伊犁州700万元，塔城地区200万元，阿勒泰地区200万元，博州400万元，昌吉州100万元，吐鲁番市100万元，哈密市100万元，巴州200万元，阿克苏地区500万元，克州500万元，喀什地区2072万元，和田地区1000万元。

（2）中央集中彩票公益金资助老年活动中心和老年康复中心项目资金16250万元，分别安排自治区本级老年活动中心5000万元和老年康复中心11250万元，主要用于上述项目工程建设。

（3）中央集中彩票公益金资助老年活动中心项目资金5300万元，主要用于该项目的工程建设。

（4）2015年中央专项彩票公益金支持农村幸福院项目资金1971万元，主要用于全疆657个农村幸福院项目配套资金。

（5）2015年民政部本级彩票公益金8115万元，主要用于资助全区老年福利、儿童福利、残疾人福利、社会公益四方面项目。其中资助自治区民政厅项目1160万元，乌鲁木齐市项目245万元，克拉玛依市项目45万元，石河子市项目114万元，伊犁州项目725万元，塔城地区项目440万元，阿勒泰地区项目110万元，博州项目342万元，昌吉州项目280万元，吐鲁番市项目155万元，巴州项目130万元，阿克苏地区项目620万元，克州项目400万元，喀什地区项目2233万元，和田地区项目1230万元。

（6）中央专项彩票公益金资助“伊犁州精神病院迁建”项目资金2000万元。

（7）新增中央专项彩票公益金资助“吐鲁番市怡心福利院改扩建”项目资金2000万元。

（8）新增中央专项彩票公益金资助“阿克苏康宁医院改扩建”项目资金2000万元。

（9）新增中央专项彩票公益金资助“塔城地区精神病人福利机构新（迁）建”项目资金3000万元。

（10）中央集中彩票公益金支持儿童福利设施建设项目资金13400万元。分别资助自治区流浪未成年救助保护中心建设资金3800万元，自治区艾滋致孤儿童救助安置指导中心建设资金4600万元，自治区孤残儿童康复中心建设资金5000万元。

（11）中央集中彩票公益金资助老年活动中心和社会福利服务中心项目资金6200万元。

（12）中央集中彩票公益金支持塔城地区火化馆项目资金400万元。

（13）中央集中彩票公益金支持玛纳斯县殡仪馆和社会福利服务中心项目资金1500万元。

二、自治区本级福利彩票公益金资助项目

2015年，自治区本级投入使用公益金3459.5万元，主要用于养老、助残、救孤及社会工作等方面共计10个项目：

（1）资助新疆老年公寓建设改造项目200万元；

（2）资助新疆慈善总会项目资金100万元；

（3）资助爱心关注资金600万元；

（4）资助自治区康复辅具技术中心设备设施配套资金450万元；

（5）资助自治区流浪未成年人教育安置培训中心建设资金300万元；

（6）资助自治区重点民生工程（厅本级）1500万元；

（7）资助自治区养老服务体系建设（自治区养老护理员培训经费）104万元；

（8）资助社会养老服务体系建设综合试点项目（居家养老服务信息化建设）80万元；

（9）资助全区社会工作购买服务项目、全区优秀民办社会工作服务机构资助项目及扶持新建民办社会工作服务机构开展社会工作服务项目125.5万元；

（10）用于新疆老年大学建设项目资金1500万元。

三、健全机制，确保资金管理和使用的规范化、制度化

（一）明确项目申报范围

认真贯彻落实福利彩票“扶老、助残、救孤、济困”的发行宗旨，将彩票公益金真正用于保障资助城乡贫困群众大病医疗，服务五保老人、孤残儿童、流浪未成年人等特殊群体公共服务设施建设项目。严格项目申报流程，明确申报单位在申报项目时，必须严格按照项目申报要求，采取自下而上、逐级申报、逐级审核的原则进行，申报的项目必须符合国家有关政策，项目审批书、建议书、可行性研究报告、配套资金承诺函、土地证明、施工设计、环评报告、节能评估报告、初步设计及概算编制等各项申报资料必须齐全方可申报，确保项目确定之后能逐渐开工建设。

（二）严控项目资金下拨

组织专家对申报项目进行评审，采取百分制形式对项目进行打分，并运用因素法，从项目规模、人口分布、项目成效等方面统筹考虑项目可行性，遴选出符合条件的项目上报自治区财政厅研究。

（三）加强项目监督管理

建立项目进度定期报告制度，要求各地按季度上报资助项目的资金使用、项目进展和项目预期完成等情况，确保项目如期完工。按照谁分配、谁管理、谁督查的原则，建立福利彩票公益金项目督查分级负责制，采取定期或不定期的形式联合发改、财政等部门对项目单位的项目实施过程进行督导和检查，对在检查中发现虚报套取、挤占挪用公益金；违规利用公益金进行采购、用于行政经费、发放津补贴；违规分包或转包；利用公益金开展营利活动；其他违法违纪行为的，将缓拨、停拨或收回已拨付资金，情节严重的，削减或取消下一年度公益金预算额度，情节特别严重的，依法依纪追究有关单位和个人责任。

（四）开展项目公示工作

严格遵循福利彩票公益金使用管理真实、准确、公开、透明的原则，加强公益金的审计和社会监督，在自觉接受财政部门、审计机关监督管理的同时，及时将福利彩票公益金的使用情况向社会公示，并要求公益金使用单位必须悬挂公益金资助标识，自觉接受社会监督，确保资金使用的公平公正、公开透明，切实推动福利彩票公益金管理走上制度化、规范化轨道。

2015年度福利彩票公益金使用管理情况报告

新疆生产建设兵团民政局

一、福利彩票销售及公益金筹集情况

新疆生产建设兵团（以下简称兵团）遵循彩票公益金取之于民、用之于民的原则，按照“扶老、助残、救孤、济困”的宗旨，为推动兵团老年人、残疾人、儿童福利和社会公益事业的发展发挥了重要作用。

2015年度，兵团共发行社会福利彩票10346.2万元，其中发行电脑福利彩票：双色球为2417.6万元、3D为900.9万元、七乐彩为75万元、时时彩为5210.10万元、喜乐彩为10.2万元、35选7为151.10万元、25选7为47万元、18选7为5.9万元，发行即开型福利彩票1528.4万元，共募集福利彩票公益金3018.19万元，上缴中央1509.10万元，自治区留存518.29万元，兵团本级留存990.8万元。

二、福利彩票公益金管理使用情况

（一）民政部本级福利彩票公益金管理使用情况

民政部非常关心支持兵团社会福利事业的发展，在老年人福利、残疾人福利、社会公益事业等项目中给予兵团大力支持。2015年，民政部福利彩票公益金补助和支持兵团社会福利、社会公益项目资金2910万元。

1. 老年福利类

老年福利项目2000万元，用于资助兵团第四师71团养老院50万元、第四师73团养老院50万元、第六师芳草湖农场养老院500万元、第六师五家渠市西林老年日间照料中心150万元、第九师162团养老院150万元、第十师181团养老院50万元、第十师188团养老院50万元、第十师北屯康乐养老院150万元、第十一师四团老年日间照料中心150万元、第十一师水利水电社区日间照料中心150万元、第十二师221团养老院50万元、第十二师222团养老院50万元、第十三师红星一场二道湖社区日间照料中心150万元、兵团社会救助保障中心卡子湾社区老年人服务中心300万元。

2. 儿童福利类

儿童福利项目390万元，用于资助第八师石河子儿童福利院建设。

3. 残疾人福利类

残疾人福利类450万元，用于资助第二师34团精神病福利院200万元、第八师精神病福利院250万元。

4. 社会公益事业类

社会公益项目70万元，用于资助第八师石河子殡仪服务站70万元。

（二）兵团本级福利彩票公益金管理使用情况

根据《关于拨付2015年度新疆生产建设兵团福利彩票公益金返还资金的通知》（新财综〔2016〕3号），拨付兵团本级彩票公益金990.8万元，因此，兵团民政局拟将2015年与2016年公益金合并使用。

三、福利彩票公益金筹集、使用与监管模式创新

兵团通过筹集使用福利彩票公益金，推动了兵团社会福利和社会公益事业的发展。在公益金的筹集上，兵团已在辖区内农牧团场及五家渠、北屯、阿拉尔、图木舒克、铁门关和双河市等城市（镇）设立福利彩票销售网点200余个；在彩票公益金的使用上，兵团严格执行国家关于彩票公益金使用的有关规定，按照“扶老、助残、救孤、济困”的福利彩票发行宗旨，使彩票公益金最大限度地惠及兵团职工群众，让福利彩票公益事业深入人心，在天山南北发挥最大的社会效益；在监管模式上，不断改革和健全福利彩票公益金监管机制，确保彩票公益金取之于民、用之于民。

四、下一步工作思路及建议

福利彩票公益金将持续“安全运行、健康发展”，“十三五”时期计划彩票销量实现7.5亿元目标，继续资助兴建养老、孤残群体社会救助、社区、慈善、残疾人等社会福利项目，树立良好的福利彩票“公益、慈善、健康、快乐、创新”的品牌形象。同时，推进销售网点标准化、规范化管理。此外，将重点加强对福利彩票工作的监督管理，健全完善决策机制，建立健全决策听证机制，对涉及社会公共利益的业务决策要听取社会代表的意见，努力提高决策的科学性。

下 篇

2015年度中国福利彩票
公益金项目优秀案例精选

2015年度中国福利彩票公益金项目优秀案例精选

一、老年人福利

（一）北京市民政局：为失智老年人配备防走失手环项目

1. 项目基本情况

为贯彻落实《中华人民共和国老年人权益保障法》和《北京市居家养老服务条例》，切实保障老年人安全，针对失智老年人易走失的问题，2015年市民政局、市老龄办启动为北京市有需求的失智老年人配备防走失手环项目，通过购买服务的方式为失智老年人及其家庭提供实时定位、紧急呼叫、运动轨迹、安全区域等辅助服务。采取政府公开招投标方式，确定服务商；委托社会组织作为第三方进行信息审核；协调、指导、督促服务商和社会组织开展配备工作。

2. 项目的主要特点和做法

第一，制订项目实施方案。

经过对老年人的失智状况及实际需求充分调研后，确定了本项目实施对象、项目内容、运作方式、配备流程等，并制定下发了《关于启动为失智老年人配备防走失手环项目的通知》（京民老龄发〔2016〕71号）、《关于推进为失智老年人配备防走失手环工作的通知》（京老办发［2016］4号）等文件，指导为失智老年人配备防走失手环工作的顺利进行。

第二，认真开展政府采购工作。

2015年12月完成了490万元的防走失手环公开招投标工作，共采购了7657个手环，与中标单位签订了合同，并在社团办2016年福利彩票公益金资助社会组织开展公益服务项目中择优选取了北京益生福祉养老产业发展中心作为为失智老年人配备防走失手环项目委托服务的社会组织，提供社会服务，承接申请人病历材料审查工作，对申请人员的资质条件进行审核，同时对服务组织提供的产品与服务进行监督，保障项目实施的公平性、准确性。

第三，全面审核申请信息。

为保证资质评估的科学、公平、公正，北京益生福祉养老产业发展中心聘请了具备相应医护资质的失智专家5名，对老年人的线上和线下申报信息进行审核，对老年人年龄、户籍所在地、身份证明、医疗信息材料、监护人身份证明等材料进行审核，并派出2名工作人员对审核未通过的老人信息进行及时反馈，进行电话沟通、邮件回复、信息录入等，同时建立健全全市失智老人健康档案（包括纸质及电子版）。

第四，开展政策咨询及项目宣传。

为配合项目实施，市老龄办制订了宣传方案，拍摄了关爱失智老人公益短片，建立了“关爱失智老人”官方平台，通过微博、微信平台增进社会互动。同时，市老龄办与服务组织合作，在360网站上进行专题宣传，印制了大量的海报和宣传折页发放到各个社区，并开通96156专线咨询电话，方便市民咨询。

为加大项目宣传力度，北京益生福祉养老产业发展中心印制了防走失手环项目政策宣传折页及失智预防知识单页，开展政策宣传和失智常识的普及，通过各种渠道发放宣传品10000余张。为防走失手环配备项目开通了电话专线、微信平台及网站专栏，组织专家专门负责线上解答，对相关政策、失智老人照料、失智预防进行网上宣传；拓宽宣传渠道，组织专家及专业人员深入朝阳区、丰台区等多个街道、社区及社会组织中开展防走失手环的政策宣传与政策咨询。在项目实施中，结合父亲节、母亲节、九九重阳节等重要传统节日，分别开展了“关注失智，防走失行动”“记忆导航”“关爱失智，相伴回家”“社区失智老人守护计划”等系列活动。现场为参与活动的老年人进行失智筛查和评估，积极介绍防走失手环的使用功能与使用方法等。形式多样的宣传和知识普及活动效果反响强烈，受到了各街道及社区老年人的欢迎。

第五，对养老服务机构进行评估业务培训。

为加大防走失手环的配备力度，扩大失智筛查与评估渠道，委托北京益生福祉养老产业发展中心在全市100余家养老机构和居家养老服务组织开展了失智筛查与评估服务的业务培训。特聘请了中国阿尔茨海默病协会的专家和在一线从事失智老人照料工作的专业人员，分别在丰台、海淀、朝阳、延庆、密云等区为全市范围内100余家养老机构及居家养老服务组织，开展了相关医护人员失智筛查技能培训，培训内容涉及失智诊断、中国记忆体检专家共识、失智筛查等。为方便服务机构能够在日常服务中遇到疑难问题得到及时解答，在每场培训结束后，建立微信平台，由专家实时为服务人员进行网上解答。

第六，对服务商的配备工作进行监督检查。

为保障项目实施质量，建立了与服务商实时联系制度，密切关注监督项目实施流程。委托北京益生福祉养老产业发展中心从老人申请—资质审核—信息反馈—信息传送—服务商配发—使用反馈—产品投诉等各个环节设专人负责，及时与服务商对接，做好老人信息交接手续；对服务商服务进行跟踪并准确掌握每一位老人的配发进度和服务需求，及时与服务商进行沟通和反馈；设置投诉热线，方便老人及家属对服务进行投诉。开通电话专线设专人负责接听并处理老年人咨询、投诉，按照政策要求进行耐心、细致的解答并做好接听电话记录，协调服务商及时准确将防走失手环配发到位。

第七，建立全市失智关怀体系。

通过防走失手环配发项目的实施，逐步建立了全市失智老人关怀服务体系。一是建立失智老年人档案，并对失智老人生活状况、生活习惯、社会交际、家庭背景、心理状态及服务需求等进行综合分析和总结；二是对全市养老机构或日间照料机构开展失智筛查和资质审核工作，建立全市失智关怀服务机构120余家，使全市失智老年人在家门口就能享受到便捷的服务；三是登录益生宜适微信平台线上通过失智筛查量表进行自助评估，并可通过线上申请听取专家建议，及时准确地为失智老人及家属提供失智预防，失智常识普及，失智照料咨询等专业化服务。

3. 项目的主要成效和案例点评

为深入了解服务情况，北京市民政局对60名已配备手环的老人及家属进行了随机电话跟踪回访和满意度调查。老年人及其家属针对手环配发流程、形状样式、功能使用、后期服务、使用效果等提出了很好的意见。被回访的老人均表示感谢政府对老人的关爱，为失智老人家庭带来了福音，这个项目不仅为失智老人配备了手环，更让失智老人家属正确地认识失智的相关知识，并掌握了对失智老人家庭照料的常识。被回访的老人对手环的形状样式都非常满意或满意，满意度达到了100%；在配备流程方面，80%老人认为线上程序相对复杂，配备周期过长；但对于手环本身90%以上的老人表示，在待机时间上如果能够延长会更为实用；在功能使用方面对定位和运动轨迹方面满意度达到95%以上。

该项目运行实施以来，社会影响力逐步显现，不仅有效减少了由失智老人走失给家庭和社会带来的生活负担，同时让社会上更多的人了解和关注失智老人。该项目的实施，不仅仅是老人和家属对本项目满意度高，社区和各养老机构在积极参与失智筛查和评估的同时，也加深了对失智的认识，对提高服务能力起到了积极作用。通过对日间照料中心、养老机构、社工、社区服务人员开展的失智筛查技能相关培训，有效地提升了养老从业人员业务水平，并且在为老人提供服务的同时，见证了使用手环后对老年人生活的改变，加深了对养老服务事业的价值认同。

（二）上海市民政局：社区标准化老年活动室“以奖代补”项目

1. 项目的基本情况

社区标准化老年活动室是老年人活动的重要场所，是社区为老服务设施均衡布局的重要一环。在各级党委、政府的关心支持和各级民政、老龄部门的共同努力下，上海市社区标准化老年活动室有了较快发展，全市目前共有5500多家，为广大老年人提供了社区活动场所，对开展各类健康有益的社区老年文体活动，提高老年人生活质量作出了积极贡献。

为解决运营支持资金不足等问题，进一步推动上海市老年活动室规范运作，提升服务品质，市民政局（老龄办）于2015年对全市社区标准化老年活动室开展“以奖代补”（以下简称“奖补”）工作。全市社区标准化老年活动室“以奖代补”评估工作，由市民政局（老龄办）委托上海市老龄事业发展中心（以下简称市老发中心）组织实施。市老发中心根据《开展上海市社区标准化老年活动室管理服务评估工作的方案》要求，具体组织实施评估工作，每年评出2900家。其中：第一档，占总数10%左右，计300家；第二档，占总数20%左右，计600家；第三档，占总数70%左右，计2000家。

根据福利彩票公益金的使用要求，“奖补”经费主要可用于如下范围：日常维修和更新改造；添置零星设备和器材；购置涉老的图书、报纸和杂志；水、电、燃气等公用事业费的开支；其他符合福利彩票公益金使用规定的事项。此项目极大地支持了上海市社区标准化老年活动室的运营发展，也受到了老年人的欢迎。

2. 项目的亮点

第一，广泛发动，有序推进。

市老龄办、市老发中心召开专题会议，统一部署评估工作，各区老龄办对此项工作高度重视，积极响应，全力配合。部分区克服地域广、评估难度大的问题，充分调动各方资源开展评估工作，各项工作也得以高效的推进和落实。

第二，统一评估标准，做到公平、公开。

“奖补”工作是一项有助于推动本市老年活动室规范运作，社会影响力大的工作。为此，市老龄办组织设计并制定《上海市社区标准化老年活动室管理服务评估表》，根据老年人的实际需求和老年活动室的建设营运情况，明确25项评估内容和评分标准，增强了评估标准的科学性和可行性，确保“奖补”工作的公平、公正、公开。

第三，规范评估流程，严格把关。

评估工作经过初评、复评、公示、审定多个环节，初评阶段，各区充分调动资源对本辖区内标准化老年活动室进行初步评估，并上报名单。复评阶段，根据各区上报的初评结果，对初评名单的全部第一档次和部分（分数排序前50%）第二档次标准化老年活动室由各区老龄办组织老年志愿者进行复评，对名单中第二档后50%及第三档老年活动室基本认可。根据复评结果进行排序，结合初评名单与复评名单，形成“奖补”建议名单。公示阶段，在上海老龄网对“奖补”建议名单进行公示。

第四，加强财务管理，规范资金用途。

对“奖补”资金账务管理提出严格要求。一是标准化老年活动室日常收支应单列记账，账目清楚，凭证符合规定。二是使用“奖补”资金添置的固定资产应填写固定资产登记表，并按国有资产管理规定制作登记卡。三是使用“奖补”资金进行项目维修和更新改造的，应有会计师（审计师）事务所出具的竣工决算审计报告或财务收支审计报告。内审出具的审计报告，应征得当地国家审计部门的认可。四是区县民政局（老龄办）收到市级“奖补”资金后，应及时下拨到各街道乡镇，并指导其做好账务管理，严禁出现“奖补”资金呆账、挪用或乱用现象。

3. 案例点评

2015年，对2900家标准化社区老年活动室进行“奖补”，“奖补”资金达1200万元，进一步推动上海市老年活动室规范运作，提升服务品质；推动社区老年活动室进一步改善活动环境、规范运行管理、拓展服务功能、提升服务质量，更好地满足社区老年人的精神文化需求。

（三）重庆市民政局：支持乡镇敬老院消防整改项目

1. 项目基本情况

2015年，重庆市全面开展了社会福利机构消防安全专项治理工作。由于全市1040所乡镇敬老院大多利用原乡镇办公楼、卫生院、学校等老旧、闲置房屋改造而成，硬件基础条件较差，消防安全隐患严重，亟须进行改造。因此，2015年，重庆市整合部级福利彩票公益金4795万元、市财政专项资金6000万元、市级福利彩票公益金3000万元，共计13795万元专项用于乡镇敬老院消防整改。

2. 项目主要做法

第一，区县拉网排查。

2015年9月，全市启动社会福利机构消防安全专项治理工作，各区县民政、消防部门对辖区乡镇敬老院进行了拉网式排查，检查实行“实名制”，落实“谁检查、谁签字、谁负责”的要求，完善台账，逐项记录隐患，细化整改方案，制定具体整改措施。

第二，分类完成整改。

对检查发现的火灾隐患，实行分类整改，制定针对性防控对策和源头管控措施。对排查出的火灾隐患和违法行为，消防部门依法下发法律文书督促整改，民政部门督促机构落实整改责任、方案、资金和整改期间的防范措施；对存在重大火灾隐患的乡镇敬老院，要提请区县（自治县）政府挂牌督办，逾期未整改的，责令停办并协调安置入住人员；对整改难度确实较大的乡镇敬老院，应提请区县（自治县）政府组织有关部门专题研究决定，逐一落实“五定”（定人员、定责任、定资金、定标准、定时限）措施，确保隐患整改期间不发生火灾事故。

第三，市级重点督查。

2015 年 12 月至 2016 年 3 月，市民政局、市公安消防总队组成联合工作组，分区域对全市乡镇敬老院安全排查工作进行了重点抽查，尤其是对消防安全责任落实情况、建筑消防设施情况、消防宣传教育培训情况、灭火和应急疏散准备情况等进行了检查，进一步督促区县做好乡镇敬老院消防整改工作。

第四，资金保障到位。

全市积极整合部级福利彩票公益金、市财政专项资金、市福利彩票公益金，全力支持区县开展乡镇敬老院专项治理工作。在此基础上，市民政局、市公安局联合下发的《关于开展社会福利机构消防安全治理工作的通知》（渝民〔2015〕214 号）也明确规定：“各地财政资金对社会福利机构的建设补贴，要重点用于对消防安全设施建设升级改造，各区县（自治县）留存的福利彩票公益金应优先用于社会福利机构消防整改。”截至 2015 年 12 月底，全市各区县整合财政资金和本级留存的福利彩票公益金近 2 亿元，用于社会福利机构安全整改。

3. 项目主要成效

截至 2016 年底，全市 80%的乡镇敬老院彻底完成消防整改任务，较好地改善了农村特困人员等困难老人的居住环境，保障了他们的生命财产安全，进一步推进福利机构安全规范运营，维护服务对象合法权益，推动全市老年福利事业健康有序发展。

4. 案例点评

福利彩票公益金资助乡镇敬老院消防整改项目，很好地体现了福利彩票公益金“扶老、助残、救孤、济困”的使用宗旨。乡镇敬老院入住对象为农村特困人员和经济困难的高龄、失能老人。他们大多年老体衰，是民政重点服务对象，也是社会重点关注的困难群体。实施福利彩票公益金资助乡镇敬老院消防整改项目，改善这部分困难老人的居住环境，保障他们的生命财产安全，是一个重要的民生项目，体现了党和国家对这部分困难老人的关心，也体现了福利彩票公益金在改善民生、构建和谐社会中发挥的重要而积极的作用。

（四）浙江省民政厅：城乡社区居家养老服务照料中心项目

1. 项目的基本情况

居家养老是社会养老服务体系的重要构成，城乡社区居家养老服务照料中心是居家养老的重要场所和服务平台，事关千家万户老年人的晚年生活。2011 年浙江省政府出台《关于深化完善社会养老服务体系建设的意见》，部署实施社区居家养老服务照料中心建设项目，将城乡社区已建的居家养老服务站、“星光老年之家”通过设施改造、功能提升，转型升级为社区居家养老服务照料中心。浙江省民政厅每年安排省级福利彩票公益金用于资助社区居家养老服务照料中心建设。2015 年民政部下达福利彩票公益金 3282 万元，省级下达福利彩票公益金 1.656 亿元，用于城乡社区居家养老服务照料中心建设，全省新建城乡社区居家养老服务照料中心 6120 个。截至 2015 年底，全省共建成城乡社区居家养老服务照料中心 1.92 万个，加之原有居家养老服务站和未升级的“星光老年之家”，居家养老服务基本覆盖城乡社区。

2. 项目的主要做法

第一，政府主导，统筹推进，着力发展居家养老服务。

一是党委、政府重视。浙江省委、省政府高度重视居家养老服务工作，将其作为积极应对人口老龄化的一项重要举措，纳入老龄事业和社会福利事业发展总体规划，采取积极有效措施，予以大力推进。浙江省人大 2015 年初颁布了《浙江省社会养老服务促进条例》，将居家养老等社会养老服务工作纳入法制化轨道。省政府不断加大居家养老服务工作推进力度，至 2015 年已连续 3 年将其列入为民办实事内容。

二是确立基本模式。根据传统的家庭养老模式和现阶段浙江省经济状况及各方面承受能力，确立了以家庭为中心、社区为依托，专业化、社会化服务为支撑的居家养老服务模式。即以家庭为基本单元，以社区为基础平台，实现各类服务资源的整合利用；以专业化、社会化为支撑，提高居家养老服务水平。通过这一模式，形成了由家庭成员或专人上门提供服务的“分散居住在家庭养老”和由社区居家养老服务照料中心集中提供服务的“到社区居家养老服务照料中心接受养老服务”两种方式。

三是明确发展目标。在总结经验的基础上，浙江省政府下发文件，明确到 2020 年实现“9643”养老服务总体格局，即享受居家养老服务的老年人比例为96%，享受政府提供养老服务补贴的老年人比例为3%。并确定到2017年底，全省城乡社区实现居家养老服务全覆盖，形成20分钟居家养老服务圈。

第二，整合资源，加大投入，强化要素保障。

一是加强用房保障。采取新建与改建相结合的方式，加快推进居家养老服务设施建设。加大资源整合力度，将闲置的学校、厂房、办公楼改造成为居家养老服务照料中心，不断扩大服务覆盖面。浙江省建设厅、省民政厅制定强制性标准，明确新建住宅项目必须配建居家养老服务设施，并与住宅同步规划、同步建设、同步验收、同步交付使用，同时满足不低于总建筑面积的2‰、不少于20平方米两个条件；对尚未配建居家养老服务设施的老城区和居住区，要通过购置、置换、租赁等方式予以解决。

二是加大资金投入。为支持居家养老服务照料中心建设，省级财政每年安排养老服务资金，给予全省符合条件的居家养老服务照料中心建设补助5万元，各地相应落实建设资金，给予补助10万—50万元，一些市县财政安排了运行经费补助。据不完全统计，2015年全省用于居家养老服务的财政资金达10多亿元，其中大部分为福利彩票公益金。同时，积极动员各方力量参与支持居家养老服务，鼓励经济条件较好的村（社区）将部分集体经济收益用于居家养老；引导民间资本和慈善基金捐资兴建居家养老设施，形成了多元化、多渠道的资金筹措机制。

三是实行税费减免。认真落实国家税费优惠政策，确保居家养老服务组织享受中小企业、小型微利企业和家庭服务业等相应的税费优惠政策。对失业人员、残疾人、退役士兵及毕业2年以内的高校毕业生创办的居家养老服务机构，按规定给予3年内免收管理类、登记类和证照类有关行政事业性收费。通过税费减免，有效降低了居家养老服务机构的运行成本。

第三，完善网络，壮大力量，加强居家养老服务组织队伍。

一是完善管理服务网络。加快推进县（市、区）、乡（镇）、村三级管理服务网络建设，市、县（市、区）设立养老服务指导中心，承担居家养老服务的工作指导、业务培训、监督管理等职能；乡镇（街道）设立养老服务中心，为社区开展居家养老服务提供指导，并协助做好监督管理等工作；社区（村）设立居家养老服务照料中心，承担信息管理、需求评估、补贴发放、服务质量监督等具体实施工作。三个“中心”形成有机统一的整体，为居家养老服务提供有力的组织保障。

二是加快专业队伍建设。依托大中专院校，积极开展养老服务与管理专业教育，实施“入职奖补”政策，鼓励初高中毕业生报考养老护理专业，扩大养老服务专业人才培养规模。截至2015年底，全省有37所大中专院校开设相关专业，当年招收1万多名学生。通过设立教育培训基地、举办职业技能竞赛等形式开展护理员职业培训。截至2015年底，全省已建立养老服务人员培训基地168个，培训4万多人次，有7000多人取得初级以上职业资格，共有专兼职居家养老服务人员近15万名。

三是开展志愿为老服务。通过宣传发动、建立“时间银行”、完善注册登记制度等方式，大力发展为老志愿者队伍，为老年人提供理发、义诊、健康体检等免费服务。截至2015年底，全省共有为老服务志愿组织2.31万个、登记注册的志愿者达50.65万人。积极发挥基层老年协会作用，组织开展以低龄、健康老人帮助高龄、失能老人的“银龄互助”活动，全省共有3万多个老年协会开展志愿服务活动，服务人数达248万，弥补了专业护理力量的不足。

3. 项目的成效及影响

第一，居家养老服务设施建设进一步加快。

2015年，全省新建城乡社区居家养老服务照料中心6120个，新增老年食堂2000家。截至2015年底，全省城乡社区居家养老服务照料中心总数达到1.92万个，老年食堂1万余个，分别比2014年底增长了46.56%和25%，有效缓解了城乡社区特别是农村养老服务设施缺乏、服务覆盖面不广、服务基础薄弱等问题。同时，也进一步扩大了福利彩票公益金的影响力。

第二，居家养老服务整体水平得到了提升。

认真贯彻落实浙江省《城镇居家养老服务设施规划配建标准》和《居家养老服务与管理规范》，从居家养老设施配备、服务规范、岗位设置、资金管理使用等方面逐步加以规范。开展了养老服务需求评估，作为提供居家养老服务、确定养老服务补贴的依据。同时，要求所有居家养老服务照料中心使用统一的名称和标识。通过宣贯标准，落实规范，建立居家养老服务管理运行机制，提高了居家养老服务的标准化、规范化水平。

第三，居家养老服务市场逐步形成。

通过采取民办公助、公建民营、政府购买服务等方式，鼓励社会力量举办专业化居家养老服务机构。引导有一定规模的机构开展集团化经营，培育了一批省内居家养老服务知名企业，引入了一些省外知名企业落户浙江省。借助养老服务机构或建立对口服务关系，开展“家院互融”，为社区居家老年人提供养老服务，将机构资源向附近社区开放，促进了两者之间的资源共享、优势互补，使老年人享有多样化、专业化、市场化的照料服务。截至2015年底，全省已有各类居家养老服务企业和组织9000多家。

第四，居家老年人的生活质量得到了提升。

在开展居家养老服务中，各地根据老年人的身体状况、经济状况进行分类，分别提供相应的居家养老服务。对独居、空巢、高龄、失能老年人，根据其经济困难程度，提供无偿或低偿的服务。同时，结合浙江省的养老服务补贴制度，将低保家庭中的失能、失智老年人确定为“一类对象”，享受每人每年不少于6000元的居家养老服务补贴；将经济困难的其他失能、失智老年人确定为“二类对象”，根据实际提供一定标准的补贴。截至2015年底，全省共有23万余名老年人享受了居家养老服务补贴。对中高收入的普通老年人，通过个人自付或给予一定优惠的方式享受居家养老服务，老年人的获得感得到了提升。

（五）安徽省民政厅：铜陵市福利事业管理中心“老年公寓老人康复设施购置”项目

1. 项目的基本情况

为贯彻落实《铜陵市人民政府关于加快发展养老服务业的实施意见》以及市政府“医养结合”工作专题会议精神，缓解铜陵市失能半失能老人的托养、医疗、康复困难，建立铜陵市医养结合型养老试点“社会养护院”项目，将铜陵市社会福利事业管理中心颐寿公寓康复楼进行改造建设，并增加相应配套设施。2015年省级福利彩票公益金资助铜陵市老年公寓老人康复设施购置项目的实施，为社会养护院顺利投入运营提供了配套基础设施和有力保障。

2. 项目的主要做法和成效

社会养护院功能定位面向全市失能和半失能老人，中心专门召开会议研定“福利彩票公益金老年公寓老人康复设施购置项目资金的实施方案”。一是根据社会养护院的建设规模和设计布局，设计各楼层护理老人所需配置的基础康复、医疗设施设备。整个面积4000平方米，五层框架结构，一层设为医疗用房，负一层及二、三、四层均为老年人生活居住用房，床位数100张，配备包括：医疗床、洗浴椅、治疗车、手术推床、助步器等设施设备。二是按照规范采购程序，实施了政府采购，项目预算资金为55万元，通过铜陵市公共资源管理局采购中心招标，加强项目的绩效管理。

项目将于2016年完成，通过铜陵市颐寿公寓运营体制改革，委托合肥九久夕阳红老年护理中心经营，2017年1月社会养护院正式运营。

3. 案例点评

以“医养结合”为目标，合肥九久夕阳红老年护理中心通过专业承包，优化机构养老照护方式，探索开展涵盖健康护理、康复、精神慰藉的模式，颐寿公寓一方面为住养老年人提供生活照护，另一方面开展康复护理、精神慰藉、文化娱乐、临终关怀等项服务，并重点开创医养融合养老模式，按行业标准设立专业医疗机构和医养结合床位，为住养老人提供更加优质的服务，积极争创省、部级示范性医养融合机构，为带动铜陵市养老服务业优质增效发挥积极的作用。

（六）海南省民政厅：海南省托老院设施设备改扩建及更新改造项目

1. 项目基本情况

海南省托老院设施设备改扩建及更新改造项目属2015年中央福利彩票公益金用于社会福利事业的老年人福利类项目。该院位于海口市南海大道，占地面积38799.99平方米，建筑面积22712.48平方米，是海南省最大规模公办公营模式的综合性社会养老福利机构，是一所集养老、休养、医疗、康复、娱乐为一体的托老院。项目主要为老年娱乐中心、康复室、厨房、餐厅等设备设施配置及更新改造。

2. 项目资金使用及管理情况

海南省托老院严格按照财政部《彩票公益金管理办法》（财综〔2012〕15号）的有关规定，向省民政厅提交项目申报有关材料（包括项目简要说明、项目申报书、项目可行性研究报告、项目实施方案及项目预算等内容），经省民政厅厅长办公会议审议通过。2015年12月21日，省财政厅将项目建设资金332万元下拨。省托老院严格按照政府采购招标程序，对所需设备进行公开招标采购。项目将于2016年7月开始实施，当年12月份完工。首先，用于完善基本设备配置。主要配置污物车、护理车、沐浴推床、全能电动医床、休闲椅、送药车等设施设备，共支出297.86万元。其次，设备更新改造。主要对房屋改造、装太阳能、电梯，厨房设备更新，共支出34.14万元。

3. 项目绩效情况

通过购买污物车、护理车、沐浴推床、全能电动医床、休闲椅、送药车等设施设备，逐步完善服务基本设备配置，为老人提供优质服务做好基础。通过房屋改造，装太阳能、电梯，厨房设备更新改造，确保后勤保障。项目直接受益老人达618人。

4. 案例点评

该项目的顺利实施，为该院提供了较为完善的护理设施设备，使该院成为以提供养老服务为重点，集孤老供养、日间照料、社会养老等功能于一体，接纳城市无人照料的老人和低收入、独居、空巢、失能等养老困难的老年人，提供生活照料、家政服务、康复护理、精神慰藉、文化娱乐等服务的全省养老服务的示范单位。

（七）青海省民政厅：推行政府购买牧区困难老年人“代养服务”项目

1. 项目基本情况

青海地处青藏高原，是我国辖区面积最大、平均海拔最高、人口密度最小、少数民族比例最高、自治州数量最多的省份。2015 年底全省总人口 588 万，老年人口 69 万，其中农牧区老年人占 51.9%。全省经济总量低，自然条件差，基础设施薄弱，针对青海省地广人稀、居住分散、服务半径大的养老服务实际，为进一步落实政府兜底责任，充分发挥社会力量的主体作用，满足全省农牧区困难老年人就近养老的心愿，解决居家养老服务问题，重点解决好留守、高龄、失能等重点困难老年人群的养老问题，大力推进农村养老服务供给侧结构性改革，织密编牢农村基本养老服务保障网。2015 年，在省委、省政府的统一部署下，青海选择环湖地区的海南藏族自治州和青南地区的玉树、果洛、黄南 3 个州，共 8 个县 52 个乡镇开展了牧区老人政府购买“代养服务”试点。

2. 项目主要做法

第一，明确标准，精准对象。

采取政府购买服务的方式，按照每月每名老人日托 500 元、全托 800 元的标准，重点为长期散居的牧区五保、“三无”、空巢、独居等困难老人，提供基本居家养老服务。参照低收入家庭认定的相关程序，严格“一报三审一公示”（即由老年人或其代理人自愿申报，由村委会会同老年协会初审，乡镇政府审核，县民政局代养服务管理员和乡镇民政干事逐一入户调查，县级民政部门审定后由乡镇进行公示）。2015 年为 1401 名困难老人提供了代养服务。

第二，规范流程，引导参与。

确定老年人代养服务的购买主体是乡镇人民政府，承接主体是具有法人资格的农村敬老院、村级组织以及有爱心的个人等社会力量。制定《青海省农牧区困难老人代养服务规范（试行）》，规范代养服务流程，对代养服务的申请、审核、审批等环节，代养服务对象的确定，代养服务的形式、内容、费用支付方式，服务质量的考评与监督、档案管理等作出明确规定。试点期间，经村委会或村老年协会组织把关，多数老年人与承接主体双方自愿选择“左邻右舍、亲朋好友”担任养老服务员。对象确认后，由乡镇政府、村级组织、承接主体、老年人签订四方协议，确定代养服务关系和双方责任义务。由于青海牧区自然条件艰苦、“三社”力量薄弱，缺少必要的承接主体，各试点乡镇积极引导农村敬老院主动面向本区域老年人提供代养服务，发展农村老年人组织，培育乡村居家养老服务站，一批小诊所、小商店成为小型“代养服务站”。

第三，组织培训，严格考评。

试点地区乡镇政府普遍开展代养服务员培训工作，培养了一批具有一定养老服务技能、有爱心、肯奉献的村级养老服务员。为加强代养服务的绩效考评工作，在支付代养服务费环节之前，专门设计了工作业绩、工作态度、服务对象意见三方面的考核内容，其中服务内容和质量占比达75%。考核未满70分的，当月即不得领取代养服务费。同时，积极引导农村敬老院主动面向本区域老年人提供代养服务，发展农村老年人社会组织，培育乡村居家养老服务站，一批小诊所、小商店成为小型“代养服务站”。

3. 案例点评

代养服务适应政府转变职能、加强养老服务供给侧结构性改革、创新农牧区养老服务体系的新形势和新要求，相对于农村敬老院、社会福利院等农村牧区现有养老服务，更富人情亲情和乡土气息，满足了农牧区老年人就近就地养老的心愿，解决了高寒牧区居家养老“最后一公里”的服务问题，为闯出一条经济欠发达地区养老服务新路子作出了有益的尝试，对毗邻省份牧区以及全国其他地广人稀地区、邻边贫穷地区有一定借鉴参考意义。

（八）内蒙古包头市：青山区老年综合养护院项目

1. 项目的基本情况

包头市青山区老年综合养护院是自治区首家公建“医养结合型”老年养护院，该院位于包头市青山区二〇二医院康复区（东南区），占地面积10500平方米，总建筑面积5370.26平方米，总计五层。为力求高标准、高规格，养护院建造之初完全按照国家标准化养老服务打造，床位153张，分A、B、C、D四种户型，平均床位面积35平方米，房间内均设有冰箱、液晶电视、电热水壶、衣柜、床头柜等，部分高档房间配备商务沙发和桌椅。养护院于2014年开始建设，总投资2000余万元，其中政府投资1650万元，福利彩票公益金支持400万元，于2015年8月建成并投入使用。养护院运营后受到民政部和上级党委、政府有关领导的高度重视，先后接待了多方领导和同人的参观、考察与调研。

养护院内设有接待大厅、餐厅、阅览室、棋牌室、老年活动中心、多媒体娱乐厅以及综合养护院独有的医学理疗康复区，能够满足不同护理条件老年人的养护要求和养护功能。在运营思路上，青山区老年综合养护院坚持“公建民营”，通过公开招投标，引入优质养老机构惠德老年公寓运营，打造全市养老服务示范品牌。

2. 项目的主要做法及成效

为体现医养结合的一致性，青山区老年综合养护院与二〇二医院深入合作，创办了新型的养老模式——医养结合的老年综合养护院。所谓“医养结合”，即建设养老机构与医疗资源的整合和共享。青山区老年综合养护院是医疗、养老、养生三者有机结合之下的产物，是在健全的养老服务的基础之上又加强医疗卫生建设的医养结合机构。“医养结合”在传统的生活护理服务、精神心理服务、老年文化服务的基础上，更加注重医疗康复保健服务，涵盖医疗服务、健康咨询服务、健康检查服务、疾病诊治和护理服务、大病康复服务以及临终关怀服务等，是养老服务业的一种提升。

第一，在生活环境方面。

一是生态、低碳、环保的自然环境。园区内绿树环绕，空气清新，假山、喷泉、凉亭、长廊，这些怡人的生态景致，为老人在喧闹的都市中营造了一个最惬意的园林式住养环境。设置方便通道、公共区域老人方便座椅及安全护栏；公共区域有绿植摆放及养生健康口诀展示。

二是星级酒店标准环境配套。园区为老人提供高端配套设施，房间面向朝南，为老人带来明亮而温暖的居住环境；园区饮用水均采用纳滤膜过滤后的管道直饮水，水质 pH 值呈弱碱性，符合人体生理需要，保留了水中有益于人体的微量元素。

第二，在医疗保健方面。

一是配备完善的医疗保健设施和专业的管理服务团队为老人保驾护航。详细记录老人既往病史、用药情况、体检报告、治疗过程等信息。每月有医护人员到房间巡检，提供健康咨询，跟踪老人健康状况，制订个人健康管理及服务方案，指导老人进行康复训练。每个房间都设置了紧急医疗呼叫器并且 24 小时有医护人员轮流值班，让老人享受全方位的医疗保健服务。

二是园区每两天根据每位老人身体状况选取不同中草药泡脚。如头晕眼花、杀菌止痒、排除血管内毒素、活血化瘀、舒经活络、暖足热身等，满足不同的需求，帮助老人缓解身体不适。

三是由青山区政府牵头，养护院与二〇二糖尿病专科医院，共同打造一家医养结合的新型养老服务场所，具体如下：

（1）将综合养护院分为三种类型的生活服务区域：第Ⅰ类型，老年病、糖尿病老人治疗的老人生活区域；第Ⅱ类型，需求康复、按摩、理疗的老人生活区域；第Ⅲ类型，生活完全能够自理型的健康老人生活区域。

（2）在综合养护院的经营管理运营中，为了给老人及家属提供便利，方便老人就医，特设一个医疗养护生活区。包括：输液、打针、配药，医务人员全天候进行查房，及时为老人提供医疗服务。

（3）对护理人员进行高标准、严要求的培训，在日常护理老人的同时帮助有需求的老人进行专业的康复训练，不断提高老人的生活环境和生活质量。

第三，在营养膳食方面。

透明卫生的厨房环境，安全新鲜的食材，优秀厨师合理膳食配餐。养老营养膳食部结合老人自身体质及口味偏好特聘请国家三级公共营养师为其提供营养配餐，努力打造少盐、少糖、少油的营养食谱，用餐品种花样繁多，保证半个月菜品不重复，还注重色、香、味的配合，为老人提供安全、卫生、绿色、放心的食品。除一日三餐外，养护院还为老年人精心准备了免费的下午茶点和自制的营养酸奶，调剂老人饮食结构。

同时还特别提供零点和送餐服务。老人菜品原材料，如米、面、油及调味料，全部由各大知名企业提供。在食材质量上也由专人负责，保证老人可以食用到当天新鲜的瓜果蔬菜。

第四，在高端养老服务方面。

齐备的娱乐设施、丰富多彩的文娱活动和科学的指导性课程，丰富了老人的精神生活，给予老人养身、养心的全新生活理念。在室外设置健身器材；在活动室设置老年游戏健身小玩具，在阅览室设置放大镜；定期播放健康养生讲座或老年人健身视频、幽默视频；组织老人或为老人读报，开茶话会鼓励老人之间及老人和工作人员之间多进行交流和沟通；丰富老人业余生活，给他们展示自己的平台，体现他们的价值感；带动老人适当做集体活动；定期为老人做心理咨询，陪老人聊天。

开设冥想室，以瑜伽冥想、聊天辅导为主，倡导老年人放松心情、舒缓情绪，对有情绪或心理有障碍的老人进行一对一的聊天心理辅导，以排解老年人的心理压力。

秉承敬老孝老的中华传统美德，推行大爱，提倡子女多陪伴老人，为老人和子女创造单独在一起的机会，让老人多感受家庭的温暖和子女的孝心。出于此心愿，养护院为老年人设置了亲情空间，让他们脱离喧嚣和世俗，换个环境共享美好时光。设置孝心沐浴间：在养老院内设置私密独立的区域作为沐浴间，可供两个人同时沐浴。每间沐浴间使用暖色调灯光，配备洗浴木桶、一次性洗浴套装，保证舒适、温暖、卫生、温馨的环境，让老人和家属在家的环境中放松地休息、沐浴、聊天。

由于老年人的生活节奏多缓慢且人生经历丰富，喜好传统的事物，喜欢怀旧，养护院尽量贴合老年人的生活背景，为他们提供接地气的休闲方式。设置琴棋书画室：为有文化底蕴和有文化气息的老人提供学习琴、棋、书、画的便利，让老人在书法和绘画中寻找乐趣，在琴棋的乐趣中消磨时光。开设茶艺室：为喜欢品茶的老人提供茶具和茶品，教授老人茶艺茶道，提升品位，陶冶情操。在茶艺室开辟红色经典区域，在此区域可摆设相关年代的服饰、摆件、书本、生活用品和老旧照片，还可播放红歌，并以此作为怀旧的开端，让老年人能畅所欲言，沟通交流。

院内组建了老年合唱团，陶冶老人情操，提升文化素养。练习合唱会大大改善老年人的身体状态，增强记忆力，时刻保持年轻健康的心态，从而达到拥有健康的体魄。

老年人也有新爱好，老年人也能与时俱进，老年人也有创造力和灵活的头脑。养护院不仅鼓励老年人多交流，还鼓励他们多动手、勤用脑，鼓励他们老有所学、老有所乐，还特意为老年人开设了创意空间和玩具世界两个区域。并设置阳光花房，以方便老人在冬季也能感受暖季的花红草绿，感受绿色生机。

第五，在特色管理方面。

根据国家老年人评估方法的要求，养护院逐步建立和完善老年人评估体系，通过科学的方法和先进的技术在养老院内设置老年人评估室，分阶段对老年人的身体状况和活动能力进行系统的评估，以便更好地为老年人提供相应的服务。

（九）广东省惠州市：社会福利服务中心项目

1. 项目的基本情况

惠州市社会福利院（惠州市社会福利服务中心）是惠州市民政局直属的正科级公益二类事业单位，原为惠州市马安福利农场，于2004年6月改制为惠州市社会福利院，2010年7月加挂了“惠州市社会福利服务中心”的牌子，实行一套人马、两块牌子管理。主要负责对孤寡优抚对象的供养管理，社会老年人的托养、护理，对本地敬老院、民办社会福利机构进行业务指导、培训等。

2010年，经惠州市委、市政府同意重新选址建设惠州市社会福利院新院，即惠州市社会福利服务中心项目，该项目是市委、市政府的“民心工程”，市十一届人大一次会议议案重点项目。该项目位于红花湖南入口处，总占地77671平方米，总建筑面积29075平方米，800张床位，概算总投资约1.6亿元。于2012年10月开始动工建设，其中一期400张床位将于2014年10月完工并投入使用，二期400张床位将于2016年12月完成工程建设，目前正在进行内部设施设备采购工作。

惠州市社会福利院设备先进、设施完善。在老人房间，带有独立阳台、洗手间，配置有空调、热水、电视、应急呼叫等设施；在公共区域，安装了视频监控、音乐广播、电梯、无障碍设施等，另外还设置了健身房、书法室、绘画室、棋牌室、图书室、电子阅览室、多媒体教室、文娱表演大厅等场所；在医疗康复方面，设置了专业的医务室，配备了医生、护士、康复师等专业技术人员，使老人的普通病、常见病足不出户就能得到有效及时的诊治，同时与惠州市中信医院建立了医疗合作关系，开通绿色通道，老人大病、急诊等能快速、及时送院治疗。

2. 项目的主要做法

第一，新建老年公寓，完善基础设施。

实施福利中心二期工程，完成8栋老人公寓（400张床位）及室外配套设施（室外健身场、道路绿化、广场、围墙、停车场等）的建设。

第二，推进信息化建设。

推进为老服务工作标准化、信息化，委托信息技术公司进行了“60为老服务平台”养老管理系统的开放，系统以“易用、灵活、便捷”为设计理念，具备入住及协议、收费、生活照料及护理服务、老人档案、仓库、人事、设备、捐赠、区域、考勤、工资、财务等多种管理功能。

第三，完善配套设施。

丰富老人院舍休闲生活，实施了福利中心广播系统。

第四，进行技能培训与业务指导。

福利院积极履行指导、培训职能，进行业务技能培训与业务指导，承担了面向其他社会养老机构的公益业务指导与技能培训，运营以来，聘请香港及省福利中心养老专家，先后举行了4次养老护理员培训和技能鉴定班活动。

第五，提供健全养老服务。

福利院具体为老人提供生活照料、膳食、环卫、休闲娱乐、洗衣、心理（精神）支持、老年护理、安保、医疗保健等服务，为入住老人提供了托养、休闲、娱乐、医疗保健等多种服务。

3. 项目的主要成效

第一，新建8栋老年公寓，养老床位数达到800张。

福利中心规划总床位800张，一期、二期工程各400张，已全部实现建设目标，床位的配置与舒适度也达到了相关标准。

第二，信息化建设水平显著提高。

“60”为老服务管理信息系统已成功上线使用，运行正常，能基本满足福利院的使用需要，目前正在扩展系统功能，如老人院内定位等，全面实现信息化、便捷化办公。

第三，配套设施更加完善。

配置齐全了为老服务各项配套设施，包括院内广播系统、监控安保设备、太阳能和饮水设备、洗衣设备、厨房设备、消防设备等，保障了为老服务各项工作的顺利开展。

第四，保证了入住老人住得安心、舒心、开心。

为入住服务对象提供了周到的生活照料、休闲娱乐、医疗保健、营养膳食等多种服务，保证了他们在院内住得安心、舒心、开心。

（十）黑龙江省依兰县民政局：依兰县综合性社会福利中心建设项目

按照《黑龙江省“十二五”基本养老服务体系建设规划》及《哈尔滨市

关于加快推进养老服务业发展的实施意见》，综合性社会福利中心建设列入依兰县2015年重点民生工程，确定在2016年底前全部完成。依兰县综合性社会福利中心是一所集孤儿院、光荣院、敬老院于一体，以养老服务为重点，兼顾孤儿、老兵、城镇“三无”人员等困难群体的综合性社会福利机构。

1. 项目基本情况

按照上级工作要求，依兰县政府于2015年10月下旬，启动依兰县综合性社会福利机构建设工作，县福利中心选址在原达连河镇中煤龙化哈尔滨有限公司职工医院，该医院位于化工公司北生活区东北角的山脚下，占地面积7395平方米，建筑面积3665平方米。县政府计划在其原有建筑基础上合理规划、改建，使其达到福利中心建设要求。设计床位200张，其中100张用于满足城乡“三无”老人需求，100张社会化经营，采取“公办民营”的方式管理，有效解决养老机构床位不足的问题。该项工程总投资1113.2万元（其中装修改造977万元，家具厨具136.2万元）。省级补助资金496万元，县级自筹600余万元。工程按照法定程序，通过招投标方式，稳步推进，将于2016年10月8日全部竣工。现有床位214张，办公室3间，图书馆1个，活动室1个，静点室1个，护士站4个，康复室1个。

2. 项目运营模式

鉴于依兰县实际，按照《关于政府和社会资本合作模式建设运营综合性社会福利中心的指导意见》（哈民政发〔2015〕75号）精神，借鉴上海等发达地区先进经验，经请示市民政局领导、县主要领导及主管领导同意，在新改建的依兰县综合性社会福利中心进行“公建民营”管理模式，“按照‘公开、公平、择优’的原则，采取公开招标的方式确定运营主体”。要求经营者具备相关资质，应当承担社会公共服务职能，预留部分床位，优先接收低保及特困人群，另外部分床位面向社会开放经营，有效解决管理体制不健全、服务人员素质低、服务水平不高等问题，推动公办福利机构健康发展。目前，通过采取公开招标的方式，已确定运营主体为华康老年公寓，现已申请启动运营。

3. 项目的主要成效和案例点评

依兰县委、县政府高度重视社会福利中心的建设和发展，在财政比较紧张的情况下，努力克服建设资金不足、工期短等难题，积极协调，优先保障社会福利中心建设工作，推动全县养老机构服务水平提档升级，社会反响很好。

县委、县政府专门成立由主管副县长为组长，县民政、发改委、国土、规划、财政等相关部门主要负责同志为成员的依兰县社会福利中心建设工程领导小组，全力推进项目建设。县政府迅速召开城乡规划会，专题研究县社会福利中心项目选址问题。定期召开项目推进例会，研究解决项目建设过程中的规划建设、招投标、项目资金等问题。针对建设资金不足问题，县领导坚持“集中财力办大事”的原则，整合福利彩票公益金等相关资金，集中用于县社会福利中心建设。同时，加强资金监管，坚决防止侵占、挤占、截留、挪用项目资金行为，确保项目资金专款专用，县财政共拨付建设资金600余万元，优先保障项目建设。针对社会福利中心机构及人员编制问题，县编委会及时研究，专门出台文件，将社会福利中心定为股级财政全供事业单位，编制3人，切实解决了发展后顾之忧。

依兰县将社会性福利中心建设纳入全县项目建设总体部署，高起点规划、高标准设计，力求做到设计规范、设施齐全、环境优美。加强项目规划与政策、财力要素之间的衔接协调，提高项目实施的可行性、实效性。项目规划既充分利用政府现有资源，节省了建设资金，又充分考虑交通、环境等周边有利条件，为长远发展奠定基础。项目设计主体建筑2层，设有老人活动场所、医务室、残障康复室等，规划床位200张。按照建设工程有关规定组建项目法人，严格按照招投标程序，对施工单位资质审核，对工程勘察、设计监理、施工等进行公开招标并签订合同，确保建设优质工程。同时，加强项目资金管理，聘请专业机构进行项目概预算、审查结算和过程审计，形成建设、施工、监理、概预算、过程审计多方把关、相互制衡的监管体系。通过造价审核，共核减合同概算100多万元，降低成本近10%。

依兰县县委、县政府主要领导经常检查指导社会福利中心项目建设情况，通过召开专题会议和现场办公等推进项目建设，形成了主要领导亲自抓、分管领导具体抓的良好机制。县直有关部门为项目建设开辟绿色通道，按政策减免有关费用，从简从快办理各项审批程序，形成工作合力，有效推进项目建设进度。施工单位严格按照合同约定，制订计划，加快进度，确保按期、按要求完成项目建设任务。

（十一）江西省龙南县民政局：资助龙南县社会福利幸福园项目

1. 项目基本情况

江西省龙南县社会福利幸福园位于东江乡大稳村，靠近大广高速龙南南出口，邻近县城，交通便利，所处环境宜居宜养，项目总用地面积50亩，总建筑面积10599平方米，总投资约3000万元。主体工程项目分8个区，东部为办公区；西部为餐厅区；中部为康复中心、医护区；南部为颐养院（老年养护楼）；北部为残疾人公寓、光荣院（优抚中心）以及雨露院（儿童部）。附属设施工程主要包括消防、园林、道路、广场、池塘、围墙等设施。根据《江西省民政厅 江西省发展改革委关于开展以公建民营为重点的第二批公办养老机构改革试点工作的通知》，龙南县已向上级发改和民政部门申报了公建民营（公办民营）试点，拟通过委托管理的方式，吸收社会资本进入，增加社会服务供给。

2. 项目的主要做法和成效

第一，创新破局，观念思路先转。

由于历史和地理的原因，原中央苏区龙南县的民政基础设施建设较为薄弱，总体呈现设施不完善甚至空白的格局，影响了社会服务事业的发展。如无综合性福利中心、无光荣院和儿童福利院，农村敬老院因处于规模小、设施简的窘况，“鸟笼”式院落让不少有入住需求的五保老人敬而远之。

为改变这种现状，龙南县创新工作思路和发展路子，探索出一条“以项目为龙头带动事业发展”的路子，为实现民政基础设施项目和民政养老、社会福利等事业齐头并进的“两条腿平衡走路”发展格局指明了正确的方向。

第二，争取支持，蓝图规划先绘。

为彻底改变日益增长的社会服务需求与民政基础设施的服务供给之间存在着越来越明显矛盾的现状，同时，为充分用好党中央、国务院的苏区振兴优惠政策，优先解决群众关注的突出民生问题，龙南县民政系统广大干部以时不我待的紧迫感和为民解困的使命感，在加紧形成养老服务体系、社会福利体系调研成果的基础上，储备规划了龙南县社会福利幸福园项目，旨在建成龙南县第一家集五保老人、重点优抚老人和孤儿集中供养以及医养结合等服务于一体的综合性社会福利机构，并迅速完成了选址定址、土地报批、项目立项、环评能评、方案设计以及项目申报，正是“磨刀不误砍柴工”，成熟的项目和实施条件，使龙南县在向国家、省市民政部门争取福利彩票公益金资助的努力中，拿得出可行、可信、可见的蓝图，争取了主动，赢得了肯定和支持。

第三，立足实际，规范设计先行。

为确保项目设计严格执行标准规范并在床位设置、功能布局等方面立足本县实际情况，项目业主单位龙南县民政局主动作为，密切加强与中标设计单位的沟通和协商，确保了整个设计过程和内容严格依照《老年养护院建设标准》《儿童福利院建设标准》等法规及标准开展设计工作。

幸福园项目外立面设计主要采用的是顶端陶红琉璃瓦、外墙淡黄瓷砖，形成简洁大气大方的建筑形体；内部结构设计中采用的是各楼栋独立兼全连廊设计、单侧外走廊通风采光设计，左右双楼道设计、无障碍电梯设计、最新规范消防设计、墙体内保温设计、走廊扶手设计、儿童房养教乐设计以及环形路联通广场设计等，皆在宏观和微观上充分体现了“起居舒适方便、空气流通清新、功能完善配套”的人性化设计理念。

第四，狠抓质量，管理和制度并行。

一是加强组织领导，积极发挥地方政府主导作用。为充分发挥上级福利彩票公益金“扶老、助残、救孤、济困”的宗旨，2015 年，龙南县将彩票公益金重点资助民生工程列入了县政府重要议事日程，列为年度重点工程加以推进，并纳入政府目标管理和考核，由一名县领导挂点负责，确保项目施工按照细化的年度管理考核目标任务有序推进，使施工中遇到的各种问题能够得到及时有效的解决。

二是严格落实制度，依法依规加强工程建设监管。严格执行各项项目工程制度是工程质量和管理的核心，在项目施工中，严格执行项目法人责任制、工程造价预结算制、招标投标制、工程监理制、施工现场签证制、工程施工安全管理制和合同管理制等建设管理的法律法规，确保了幸福园工程按照既定监管目标逐步顺利达到各阶段建设目标。

三是修好德勤清廉，严格执行资金管理使用规定。把工程实施的每一项环节都关进制度笼子的同时，县民政局严格执行项目法人责任制，认真履行业主单位的职责，项目组成员通过接受廉政教育、警示教育等方式，勤修为民之德，不碰红线、不越底线，不吃拿卡要，得到了项目施工方和监理方的肯定，树立了民政人的正直廉明、艰苦奋斗的良好形象，确保了工程的顺利推进。

3. 案例点评

龙南县社会福利幸福园是中央、省市福利彩票公益金支持赣南等原中央苏区社会事业类项目建设的重点工程之一，也是龙南县为贯彻落实《国务院关于支持赣南等原中央苏区振兴发展的若干意见》精神启动的重点民生工程。该项目从蓝图规划到工程实施、建成，成功地达到了预期的目的，获得了上级民政部门的肯定和广大群众的赞许，成为龙南县福利彩票公益金项目和民生工程的一个亮点，也成为坐落在赣南次中心城市上的一个重要民生地标，这一地标承载着党中央、国务院对苏区人民的深切关怀，彰显了“扶老、助残、救孤、济困”的福利彩票公益金宗旨，也体现了依法依规、不折不扣落实工程建设管理各项规章、规范和制度的极端重要性。

（十二）江西省分宜县民政局：新余市失能老人集中护理服务试点项目

1. 项目基本情况

分宜县有 12 所公办养老机构，其中农村敬老院 11 所，社会福利院 1 所。集中供养城乡特困人员 683 人，其中失能和半失能人数达 89 人，占集中供养对象的 13%。为解决公办养老机构失能老人的长期护理问题，让失能老人有尊严地养老，按照江西省民政厅《省级福利彩票公益金资助公办养老机构失能老年人护理服务试点项目实施方案》的要求，分宜县为新余市购买公办养老机构失能老年人集中护理服务试点县。在认真调研的基础上，分宜县在县社会福利院建立了失能老人护理服务区。目前，全县23名失能老人全部集中到县福利院，享受专业而贴心的护理服务，幸福地颐养天年。

2. 项目主要做法

第一，深入调研，因地施策。

为掌握全县失能、半失能老人实际情况，县民政局多次深入乡镇敬老院、社区及城市“三无”老人家中进行调研。了解失能老人的分布情况、生活状况、护理情况和设立集中护理片区的基础条件，通过座谈调查，认真了解失能老人自己的护理意愿。最后，决定在县社会福利院内设立失能老年人护理区，将乡镇敬老院及社区家庭不能自行护理的失能老人集中进行护理。

第二，完善设施，提升服务。

为给失能老人创造一个温馨舒适的护理环境，分宜县投入资金40余万元，对原社会福利院内一幢老年公寓进行提升改造，改造面积1200平方米，调整并改造了7套特殊护理室，添置了护理床位28张，安装了安全扶手、电热水器、空调、监控等设施。

同时，制定了《护理工作流程》和《护理工作制度》，建立了由县财政局、县民政局及公办养老机构组成的综合性评审机制，对购买公办养老机构失能老人护理服务项目的数量、服务质量和资金使用绩效等进行考核评价，以达到按照工作制度和工作流程规范护理，提高服务质量的目的。

第三，购买服务，专业护理。

2016年8月，县福利院失能老年人护理区正式投入使用，全县23名失能老年人陆续接入院内，成为首批入住集中护理区的居民。分宜县采取政府购买服务方式，按照每护理1名老人1000元/月的标准，与具有护理资质的“一家人”家政服务公司签订合作协议，由该公司安排10名专业护理人员，24小时为失能老年人提供清洁、睡眠、饮食、排泄等照料，以及心理安慰、康复照护、临终关怀等服务，保障特困失能老人基本的生存安全和生命尊严。

在生活护理的基础上，县福利院还聘请了一名专业医疗护理人员，定期为失能老人开展健康检查、医疗保健服务。同时，根据老人的健康状况，对他们进行药物治疗、饮食调理、康复护理等全方位有计划的护理。

3. 项目主要成效

失能老人在入住集中服务护理区前，分散在各个乡镇敬老院中，由于敬老院工作人员配备不足，而且没有专业护理知识和技能，致使这些残障老人得不到很好的照顾，生存状况令人担忧。现在，老人在集中护理点得到了专业而贴心的护理。优质的护理服务、规范的护理程序、配套的护理设备、温馨的护理环境，使失能老人身体得到专业护理、心理得到慰藉，共享生命尊严。

（十三）陕西省岚皋县民政局：推进公办养老服务机构改革试点项目

为激发公办养老服务机构活力，促进养老服务业快速发展，岚皋县积极推进公办养老服务机构改革试点，将县老年公寓直接交由社会力量进行运营管理，切实减轻了政府负担，探索出了“政府举办、民资运作、团队管理、职权明晰、优势互补”的具有岚皋特色的“公建民营”养老机构运行管理新模式，初步实现了资源共享、合作双赢的社会效果。

1. 项目基本情况

岚皋县老年公寓总投资3250万元，其中省福利彩票公益金投入200万元，市福利彩票公益金投入120万元，撬动地方财政2450万元、社会资金450万元。项目占地30亩，建筑面积7021平方米，拥有床位178张，将于2016年5月正式运营。公寓设医疗室、电脑房、乐器室、阅览室、书画室、棋牌室、康复室、文体活动演出大厅和休闲健身广场，餐厅可容纳220人同时就餐。起居室有标间和大小套间，洗浴、娱乐、健身等设施一应俱全。公寓现有培训合格的养老服务人员26名，能够为老年人提供日托、全托、养老助残、休闲娱乐、康复理疗、保健按摩、临终关怀等方面的服务。公寓以“老人至上、服务第一”为宗旨，加强管理、优化服务，将旅游和富硒资源与养老结合，积极探索医养结合、生态休闲养老新模式，力求为陕西养老事业作出更大贡献。

2. 项目主要做法

第一，加强组织领导

岚皋县委、县政府高度重视养老服务发展改革工作，把加快推进公办养老服务机构改革试点工作列入重要议事日程，把老年公寓作为岚皋县重大民生工程精心打造。县主要领导先后多次深入老年公寓召开办公会，专题探索、研究解决公寓改革运营中的困难和问题。成立了由主管县长任组长、民政局局长任副组长，县发改、财政、卫计、人社、安监、住建、教体、消防、农林科、文广旅游、市场监管等有关单位负责人为成员的公办养老服务机构改革试点工作领导小组。县民政局还选派3名工作经验丰富的人员，专门负责指导老年公寓运营管理，协调帮助处理日常运营中的问题，全力推进试点工作的实施。

第二，强化部门责任。

为加强工作协调，建立了部门联席会议制度，每季度召开一次联席会议，定期分析公办养老服务机构改革试点工作进展情况和存在的问题，研究推进公办养老服务机构改革试点工作的相关政策措施，落实相关任务要求，整合各方养老服务资源，从人员技能培训、环境绿化美化、健身康复设施、税收、供水、用电、医疗等方面为老年公寓发展提供最大限度的帮扶支持，形成齐抓共管、整体推进的工作合力。

第三，落实扶持政策。

为支持社会力量举办养老服务机构，开展养老服务，完善补贴支持政策，进一步促进本县养老服务事业快速健康发展。一是建立完善了养老机构运营补贴制度。由县财政每年预算专项资金，对老年公寓按实际入住人数，给予每人每年3000元运营补贴。二是政府通过购买服务，委托老年公寓对全县重点优抚对象提供短期疗养服务，所需经费从优抚专项资金中列支。三是采取以奖代补的方式，将老年公寓承包费5.5万元奖给老年公寓，专项用于改善环境，开展适老活动。四是加强养老服务岗位职业培训，建立持证上岗制度。由县人社局组织相关培训机构对老年公寓从业人员进行老年家政、老年护理、老年营养以及老年心理等为主要内容的免费培训，提高养老服务从业人员职业道德、服务意识和业务技术水平。

第四，强化运营监管。

一是确立了政府指导价管理机制。为确保“公建民营”养老服务机构的公益性，老年公寓收费标准由县物价局统一制定，明确规定自理老人按照每人每月1100元、半自理按照1380元的标准收费，向社会公开公示，保证了低收入老人能够住得起老年公寓。二是按照合同依法做好监管工作。公建民营所签订的合同，是确定双方责权利、政府主管部门实行管理监督的主要依据，严格按照依法行政的原则，认真履行合同。三是交纳履约保证金。要求承包人在签订合同前，向县公产局交纳20万元的履约保证金和当年5.5万元的承包费，确保承包人能够按时履行合同所规定的义务。四是确保国有资产不流失。对老年公寓的全部资产进行清产核资、造册登记。五是实行定期考核。民政、财政等部门每半年对公寓的管理、经费投入、收费标准、工作人员待遇、养老服务质量、公众评议等内容进行考核。考核不合格，责令整改；整改不合格，解除合同。

3. 项目成效

第一，权责关系理顺。

老年公寓建成后，岚皋县政府及时采取面向社会公开招投标方式，择优选定了倾心公益慈善事业的岚皋县民主镇民营企业家陈洪福作为承包方，专门负责公寓建成后的管理、服务和运营。承包期限10年，每年向县公产局交纳5.5万元的经营承包费，签订经营承包合同。改变了政府包建、包办、包管的旧模式，立足宏观，依据养老服务法规和标准，重点从安全、收费、服务质量、固定资产管理等方面，对运营方进行监督管理、指导调控及社会满意度评价，切实维护老人合法权益。公寓自运营以来，管理和服务得到了社会各界的一致认可和肯定，在管理体系上初步形成了“民资参与、市场运作、政府监管、社会监督”的良性互动局面。

第二，财政负担减轻。

吸引了社会资金，缓解了地方政府财政资金投入的压力。为保证公寓顺利开园运营，承包人出资188万元（含保证金20万元、每年承包费5.5万元），用于购置餐具、厨具、娱乐器材、健身器材、办公用具、空调、电脑、窗帘、床及床上用品、衣柜家具用具，安装电视、电话、网络和学习培训等。这些民资的投资，改变了过去仅靠政府投资的单一渠道，实行政府扶持与社会资源整合互补，减轻了政府的财政压力，从而使养老服务机构运行与市场接轨，实现了社会效益与经济效益的互补双赢。

第三，社会效益明显。

入住率是提升养老机构管理和服务的首要前提。老年公寓运营以来，管理团队通过组织文艺展演、重阳节专题会演、免费试住体验等活动，同时成立了专门的营销团队，不断扩大公寓的影响力和知名度。开园不到6个月，入住率已达30%，入住老人数量稳步增长。到今年年底，预计入住老人可达到70人以上。如今的老年公寓，餐饮住宿不断改善、服务水平不断提升，文化娱乐活动有序开展，康复护理等各项工作平稳推进，环境优美，温馨和谐，公寓真正成为集老人生活、娱乐等多功能于一体的幸福家园。

第四，服务质量可靠。

为提高管理服务质量和水平，岚皋县民政局先后组织5名老年公寓管理服务人员两次到西安灞桥、未央区和平老年公寓实践学习，同时还组织6名护理人员参加省民政厅举办的“千人培训计划”，努力提高管理服务人员的技能水平。为使老人获得更加细致周到的护理服务，公寓开展了24小时全天候护理服务和“一对一”结对交流服务，让护理员在为老人提供服务的同时增进与老人之间的情感互动。为丰富老人的日常生活，公寓10月份又投入资金30万元，搭建了舞台，安装了IYD屏幕，建立了室内多功能演播大厅。为提高老人饮食质量，聘请了一名专业营养师，改善创新膳食特色，研究营养配餐，提高科学配餐水平，并成立伙食监管委员会，管委会由入住老人自行选举产生，对老人饮食进行监督并提出合理化建议。

（十四）云南省老年公寓：老年公寓PPP项目

1. 项目的概况

云南省老年公寓位于昆明市官渡区小板桥镇小喜村省荣誉军人康复医院

内，建筑面积21645.55平方米，500张床位。老年公寓PPP项目建筑主体地上高层部分为12—15层，裙楼部分为二层，地下一层，为一类高层综合建筑，设计使用年限50年。

2. 项目的主要特点

2015年第9次民政厅厅长办公会研究认为，省老年公寓建设项目十分重要，要积极主动适应市场经济需求，加强项目运营包装，力争将老年公寓进入PPP项目库，实现项目的社会效益和经济效益。

3. 项目的主要成效

目前，老年公寓主体工程土建部分全部完工，电梯、配电室设备安装完毕，已完成外部装修和室内二楼以上初装修。老年公寓PPP项目已完成项目识别和准备阶段，2016年先后分别被列入云南省省级第一批PPP示范项目和中央第三批政府和社会资本合作示范项目。该项目在完成项目识别和准备阶段后，于2016年12月9日完成正式招标采购，云南朋阳养老产业管理服务有限公司（牵头人）与上海瑞福养老服务中心组成的联合体成为成交供应商。2017年1月10日，云南朋阳养老产业管理服务有限公司按招标文件要求将2601.36万元划入政府方指定的账户。2017年2月16日，省民政厅厅长段丽元代表政府方与社会资本方（云南朋阳养老产业管理服务有限公司）董事长柳燕正式签订云南省老年公寓PPP项目《投资协议》。云南省荣誉军人康复医院以实物出资2499.35万元（其余5546.29万元作为资本公积金），云南朋阳养老产业管理服务有限公司出资2601.36万元成功组建“云南卓越养老服务有限公司”。

引入的社会资本2601.36万元主要用于老年公寓二次装饰装修工程（275.39万元），绿化环境改造、综合管网改造工程（895万元），室内同质透心PVC卷材地板、墙胶采购及安装工程（296万元）、天然气站（55万元）、监理服务（45万元）、设备设施购置（994.70万元）和预备费（40万元）。

4. 案例点评

政府和社会资本合作模式是公共服务供给机制的重大创新，有利于充分发挥市场机制作用，提升公共服务的供给质量和效率，实现公共利益最大化。在养老服务领域推广和运用政府和社会资本合作（PPP）模式，深入贯彻落实党中央和国务院精神，充分发挥市场在资源配置中的决定性作用和更好地发挥政府作用，逐步使社会力量成为发展养老服务业的主体，对提高养老公共产品与服务供给质量，提升服务效率具有重要意义。

云南省老年公寓建设发展滞后，至今没有一所省级老年公寓，全省养老服务业发展处在初级发展阶段，在规范管理和优质服务方面处于较低水平。本项目采用PPP模式，把云南省老年公寓建成具有养老、保健、治疗、康复、疗养、休闲为一体，环境优美、功能齐全、管理规范、服务优良的省级养老福利机构示范基地，打造成省级养老福利机构的品牌和标杆，并起到良好的示范和带头作用。推动云南省养老服务业全面、规范、优质、快速发展，促进社会和谐稳定。

（十五）湖北省宜都市社会福利院：消防设施改造项目

宜都市委、市政府，市民政局高度重视福利救助机构安全管理，在2015年“5·25”河南鲁山重特大火灾事故后，宜都市社会福利院积极行动，成立专班、落实措施，多措并举排查整改。投资200余万元对宜都市社会福利院实施了消防设施改造项目，消除了安全隐患、提高了院民消防意识，提升了市社会福利院消防安全能力水平，取得了显著效果。

1. 项目的基本情况

2015年“5·25”重特大火灾事故后，宜都市社会福利院经自查和各级联合检查发现重大火灾安全隐患，为保障人民生命财产安全，排除安全隐患，宜都市民政局经请示市政府同意拟实施宜都市社会福利院儿童服务楼及光荣院消防设施改造项目，该项目于2015年8月19日立项（都发改〔2015〕252号），项目建设内容为院内所有老年人建筑安装火灾自动报警系统、火灾自动喷淋系统和监控呼叫系统，配套建设泵房、发电机房和消防水池。聘请专业设计单位设计消防改造施工图并提交市消防大队审核。2015年10月14日通过公开招标确定湖北博士来科技有限公司为施工单位，10月20日签订施工合同并开工建设，12月28日完工，通过了第三方检测。2015年12月28日宜都市人民政府办公室批复同意宜都市社会福利院重大火灾隐患销案。

2. 项目的主要特点

第一，隐患整治，齐头并进。

宜都市社会福利院经自查和各级联合检查发现重大火灾安全隐患后，立即按照市消防大队审核的整改方案完成项目设计、预算评审、招标。此次消防改造项目涉及面广，种类多，主要包含两栋院民住宿楼增加消防疏散楼梯，每层楼增加室内消火栓，为院内所有老年人建筑安装火灾自动报警系统、火灾自动喷淋系统和监控呼叫系统。此次消防改造项目全面彻底地消除了宜都市社会福利院的各类安全隐患，齐抓并改，确保整改到位。

第二，协调配合，安全施工。

此次消防改造项目历时较长，难度较大，而且福利院内的群体多为老人，项目安全问题就显得尤为突出。在此次改造项目实施过程中，宜都市社会福利院与施工单位严格遵守工程施工现场管理制度和安全文明施工条例，将安全放在首位，相互协调相互配合，安全顺利地完成了此次消防改造项目。

第三，积极整改，及时销案。

此次消防改造项目涉及面广，但从发现安全隐患开始，宜都市社会福利院就积极制订整改方案，积极按照市消防大队的要求进行整改。2015 年 7 月开始对院民住宿楼（和泰楼、吉兴楼）增加了消防疏散楼梯、每层楼增加了室内消火栓；10 月火灾自动报警系统、火灾自动喷淋系统开始施工；12 月 22 日湖北楚安宁消防安全检测有限公司对宜都市社会福利院消防改造项目完成了第三方检测。此次消防改造项目在保障安全的前提下紧张有序地进行。12 月 28 日宜都市人民政府办公室批复同意宜都市社会福利院重大火灾隐患销案，成效显著。

3. 项目的主要做法

第一，高度重视，明确责任目标。

一是领导重视。河南鲁山县民办养老机构火灾事故发生后，市委、市政府高度重视全市社会福利救助机构的安全隐患排查整改工作，市委书记、市长多次到市社会福利院进行安全检查，分管民政工作的副市长在市福利院召开现场办公会，要求财政、住建、公安、消防、安监、公共资源交易中心等单位对市社会福利院消防安全隐患整改给予支持，特事特办，要求消防部门每天到场指导督办，民政部门每周向市政府报告整改工作进展情况。二是明确责任目标。市民政局与市社会福利院签订了《福利救助机构安全工作目标责任书》，市社会福利院根据目标责任书要求和排查出的安全隐患逐条分解责任，做到责任到人，限期完成，明确了按期整改到位的目标。三是强化督办。市民政局下发《关于做好福利救助机构安全隐患排查的通知》《关于建立局机关干部包保福利救助机构安全管理责任制的通知》，局党委书记、局长主抓市社会福利院安全隐患整改工作，制定整改措施并督促整改落实。

第二，积极行动，确保整改到位。

一是认真开展排查。市社会福利院成立了以院长为组长，各服务组组长为成员的安全隐患排查专班，对全院安全隐患进行拉网式排查，共排查出消防、食品安全、房屋安全等 19 项安全隐患，并逐条制订整改方案，能够马上整改的立行立改，不能马上整改的规定整改时限。二是争取多方支持。对项目建设中有难度的问题及时向市政府报告，争取领导重视和支持。项目建设资金及时筹措到位。各部门对于市社会福利院消防设施改造项目在项目立项、图审、资金安排、工程招标等方面积极配合，给予方便。三是严把工程质量。在施工过程中，市民政、消防部门明确专人负责，加强对工程实施及进展情况的检查、指导，严把工程质量关，市社会福利院成立工作专班，选派专人负责督促服务现场施工，确保施工质量，一次验收合格。

第三，建章立制，完善长效机制。

一是完善管理制度。认真梳理院内各项规章制度，对照要求查缺补漏，建立完善岗位职责、用电管理制度、用火管理制度、值班制度、安全检查巡查制度、安全档案管理制度、安全教育制度、安全操作规程、应急预案、考核与奖惩制度、食品药品安全等18项制度。二是加强教育宣传。通过给老人上安全教育课、张贴消防安全宣传图、开展消防演练等方式，让老人树立安全意识，掌握安全知识，牢记规章制度，自觉遵守安全规范。

4. 项目的主要成效

第一，消除了安全隐患。

目前，院民住宿楼均设有两部消防疏散楼梯，每层楼增加了室内消火栓。老人房间均增设了火灾自动报警系统、火灾自动喷淋系统、监控呼叫系统，彻底消除了安全隐患。宜都市人民政府办公室批复同意了宜都市社会福利院重大火灾隐患销案。

第二，提升了消防安全管理能力。

经过半年多的努力，宜都市社会福利院消防安全能力整体上有了质的提升，建立健全内部管理制度，严格用火用电，落实安全防范措施，建立健全消防巡查检查制度，极大地提高了社会单位检查消除火灾隐患的能力、组织扑救初起火灾的能力、组织人员疏散逃生的能力、消防宣传教育培训的能力。

第三，提高了职工院民消防安全意识。

职工和老人都了解体会到消防安全的重要性，思想、行动上都有了新认识。经过此次消防改造和院里定期组织的消防安全演习，无论是职工还是老人都大大提高了消防安全意识，掌握了逃生技巧。

二、儿童福利

（一）重庆市民政局：支持“明天计划”项目

1. 项目基本情况

孤残儿童手术康复明天计划简称“明天计划”是民政部救助各省份福利院孤残儿童所实施的一个项目。2015年，重庆“明天计划”办公室申报救治58例，实际救治46例。主要病种为外科23例、五官科1例、先天性心脏病4例、脑瘫7例、矫形康复8例、地中海贫血1例、血友病1例、重症肺炎1例。

2. 项目主要做法

第一，加强组织领导，确保“明天计划”各项工作顺利开展。

建立了以“明天计划”办公室为中心，联合民政部门、儿童福利机构、医疗机构、收养机构为一体的协作机制。民政部门负责项目督导，做好资金保障工作。儿童福利机构负责残疾孤儿的信息收集和手术申请。“明天计划”办公室负责申请材料审核、项目管理以及项目关键节点把控。医疗机构负责协调床位、组织专家资源开展手术治疗以及术后恢复工作。收养机构负责协助残疾孤儿收养和家庭寄养工作。

第二，制定流程，保障“明天计划”规范运作。

结合重庆市实际，召集福利机构、定点医院共同研究制定了《残疾孤儿手术康复明天计划工作流程》，明确普通和危急重症儿童流程、责任单位分工、手术康复申报与结账要求，实现了项目管理的制度化和规范化。

第三，专人专职，认真负责，确保“明天计划”协调推进。

“明天计划”办公室安排了专人负责全市福利机构儿童手术申报，定点医院预约，按要求向民政部上报各类资料，准确掌握儿童手术治疗、术后康复和安置情况，保持“明天计划”办公室与儿童福利机构、定点医院、收养机构之间的信息畅通。

第四，信息化管理，保证项目实施效果。

组织全市福利机构参加重庆市“全国儿童福利信息管理系统”培训班学习，全市各福利机构全部实现通过信息管理系统完成“明天计划”手术康复申报。“明天计划”办公室对残疾孤儿身份信息和申报资料严格审查，对具有手术适应证的残疾孤儿及时安排，特殊紧急患儿优先安排治疗。

第五，做好孤残儿童术后回归家庭工作。

坚持“应治尽治、应送尽送”的原则，积极为残疾孤儿回归家庭、立足社会创造条件，与市收养中心密切配合开展收养安置。目前已有 6 名儿童通过“明天计划”康复治疗后被国外家庭收养。

3. 项目成效

2015 年下半年，重庆“明天计划”办公室结合重庆市人民医院现有的资源和技术力量，对市爱心庄园、市儿童福利院的脑瘫患儿进行筛查，2015 年接受手术儿童约 80 例，且术后恢复良好。

4. 案例点评

实施孤残儿童“明天计划”手术康复计划项目，很好地体现了福利彩票公益金“救孤”的使用宗旨。孤儿是社会上最弱小、最困难的群体，他们最需要呵护、关爱。实施孤残儿童“明天计划”手术康复计划，残疾孤儿能够得到及时、有效的医疗救助，解除他们的疾痛，挽救他们的生命，增强其生活自理和自立能力，为他们进一步接受康复训练和文化教育创造条件，进而帮助他们实现回归家庭、走向社会的愿望。这对受助儿童而言，是改变他们一生命运的大事；对社会而言，则是造福儿童、造福民族和国家的好事，有利于弘扬中华民族扶孤助残的优良传统，有利于提高全社会的慈善意识。

（二）广东省民政厅：实施“残疾孤儿手术康复明天计划”项目

1. 项目的基本情况

“残疾孤儿手术康复明天计划”（以下简称“明天计划”）是民政部为生活在社会福利机构中的残疾孤儿实施的一项医疗救助行动，即为福利机构中凡是具有手术适应证的孤残儿童开展手术矫治。为加强对项目实施的指导，民政厅成立了“明天计划”领导小组，刘洪厅长任领导小组组长。“明天计划”领导小组办公室设在广东省收养登记中心，负责项目日常管理工作。各市级民政部门建立了“明天计划”专门工作机构，负责推动本地区项目深入开展。在各级领导高度重视下，“明天计划”建立了上下协同、运转有序的工作机制。2007年，“明天计划”转入长效机制，广东省继续坚持“应治尽治”的原则，工作内容不断延伸，形成了以手术矫治、脑瘫康复、远程会诊、大病救治为核心内容的综合性的医疗救助体系。

2. 项目的主要做法

第一，认真组织领导。

各地成立了相应的领导机构，下设办公室，制订了本地区实施“明天计划”的长期规划和年度计划，积极筹集配套资金，协调与财政部门、卫生部门和医疗机构的关系，审核、上报本地区手术康复申请，督促、检查、手术执行情况，落实年度计划并向社会公布实施进度和结果。

第二，积极筹集资金。

“明天计划”项目，以福利彩票公益金投入为主，省民政厅要求各地留存的社会福利基金要加大对“明天计划”项目的投入，并积极争取当地财政支持和大力开展社会捐赠，以满足本地实施“明天计划”的资金需要。手术经费原则上由部、省、市三级分担。部、省两级分担比例为4：6，由省、市分担的经费按不同地区类别承担不同的比例（除深圳市外），省与广州、珠海、东莞、中山、江门、佛山等市分担比例为5：5；省与汕头、韶关、河源、梅州、惠州、汕尾、阳江、湛江、茂名、肇庆、清远、潮州、揭阳、云浮等市分担比例为7：3。

第三，坚持资助原则。

严格执行省民政厅“明天计划”实施方案手术经费资助原则：①资助到人，不搞统包统分。②拨垫结合，每例手术按批准金额由部、省、市按资助比例先拨付50%的资金，手术完成并经验收合格后再核拨50%的资金。③专家评审，聘请医疗部门专业人士对手术方案、手术费用进行审核。④外部评估，聘请专门评估机构对各地手术情况进行评估，并将评估报告向社会公布。

3. 项目的主要成效

第一，积极开展“明天计划”手术治疗和康复。

根据《关于调整“明天计划”手术分类费用标准的通知》（民明办〔2013〕03号）精神，广东省认真组织各福利机构开展“残疾孤儿手术康复明天计划”工作。2015年全省共完成手术康复和矫形康复572例（其中手术109人），在部级定点医院手术7例。需手术康复经费517.7万元（含深圳），康复营养服务费54.5万元，围术期费用30.09万元，共计602.29万元。

第二，积极协调财政部门，保证资金落实。

积极协调省级财政部门，下拨了2014年度“明天计划”部级社会福利彩票公益金资助经费222.96万元，省级社会福利彩票公益金资助经费315.383万元，为19个市716名残疾孤儿手术康复提供了资金支持，让政府的关怀切切实实落到了实处。

第三，积极开展配置康复辅具工作，改善残障患儿生活功能。

按照民政部“明天计划”推进工作视频会议上提出的从三方面积极推进“明天计划”拓展工作的要求，积极抓好脑瘫康复向综合康复的拓展。2016年，省民政厅安排省假肢康复中心技术专家组，为全省633名孤残儿童配置了矫形器及康复辅助器具，并针对矫形器的日常康复应用举办了全省脑瘫康复及矫形康复培训班，使矫形器使用达到更好的康复效果。

第四，积极开展脑瘫儿童筛查工作，扎实推进脑瘫康复训练。

2015年，我们积极组织脑瘫康复示范基地开展脑瘫康复训练和筛查工作。广州、深圳、茂名、佛山脑瘫康复示范基地共为本院344名脑瘫儿童进行康复训练，康复时间达到348660小时。2016年开展了两次筛查工作，分别到全省各市的20多家福利机构筛查出140名脑瘫患儿进入各康复训练基地进行康复训练。通过系统的综合康复训练，大多数患儿运动能力、认知能力和生活自理能力都有了一定的提高，康复率达100%。各康复基地还积极为社区居民及残障人士提供矫形、康复、理疗等服务，共为4300名社区居民及残障人士进行各种康复治疗，并取得较好的效果和社会效应。

第五，积极创造条件，帮助孤残儿童回归家庭。

通过“明天计划”工作，使更多的残疾孤儿增强了生活自理能力、恢复了健康，为他们回归家庭、走向社会创造了条件。2015年，“明天计划”术后孤残儿童，通过“特需儿童网上委托系统”“对口帮扶”等大型活动，全省已有50名孤残儿童被外国家庭成功收养，让孩子以最好的方式回归了家庭，收到了良好的社会效果。

（三）安徽省民政厅：芜湖市儿童福利院孤残儿童康复治疗项目

1. 项目的基本情况

芜湖市社会（儿童）福利院康复训练区设施齐全，功能完备，内设康复评估室、音乐室、心理疏导室、言语治疗室、早期干预室、情境互动室、运动治疗室等 11 个功能训练室，配备儿童训练器械、智能康复训练系统、OT综合训练台、儿童气疗仪等国内外先进的康复设备。在此基础上，康复治疗师对儿童的日常生活进行个案化、程序化设计，通过肢体训练、言语康复、心理辅导等综合训练方式，改善孤残儿童感觉的反应能力、协调能力和学习能力，培养他们养成良好的行为习惯，逐步回归正常。

2. 项目的主要特点及做法

参与肢体康复训练的残疾儿童中多为脑瘫引发的肢体残疾。康复治疗师根据他们生长特点制订了相应的个体康复课程和训练计划，按季度评估康复效果，针对不同部位的肢体残疾选择使用相对应的康复器械进行康复治疗。

在肢体康复的同时开展相应的言语康复，利用识字游戏、音乐游戏、拼图游戏、绘画游戏、诗词欣赏、简单数学运算等多种形式，在游戏学习中让他们体会共同游戏的快乐，开发他们的智力。

康复训练也包括重视儿童的心理健康发展，利用硬件设施，加强儿童的心理辅导，力求儿童在游戏中寻找到自我，培养其自尊、自立、自信的健康心理。

3. 项目的主要成效

经过康复治疗师和残疾儿童长期不懈的努力，参与康复训练的下肢残疾儿童均能完成短时间站立、通过辅助器械行走等康复目标；上肢残疾儿童通过肌力矫正、肢体协调性控制训练等长期多重项目锻炼已完成简单抓握、小力量负重等康复目标。通过言语训练，部分残疾儿童构音障碍得到改善，可以进行简单的交流。经过体感音乐疗法和箱庭疗法，部分心理障碍的残疾儿童有效地缓解和改善了失眠、焦虑、抑郁、身心失调等症状，实现康复目标。

4. 案例点评

康复工作专业性强、任务重，虽然取得了一些成果，但仍然任重道远。今后，还要将康复理念落实到各个工作细节之中，从孤残儿童身心两方面着手，改善其功能障碍和能力障碍，促使其全面康复。

（四）河南省民政厅：焦作市儿童福利院特教学校维护及多媒体教学设备采购项目

1. 项目的基本情况

2015年12月收到拨付市儿童福利院孤儿特殊教育设备或改造项目（豫财综〔2015〕86号）50万元。其中，30万元用于儿童福利机构基础设施的改造，完善了配套设施，美化了孤残儿童的学习、生活环境；20万元用于为特教学校购买电子白板、投影仪、电脑等一批多媒体教学设备，改善了特教学校的教学条件，充分激发了孩子们的学习热情，大大增强了老师们的教学信心。

2. 项目的成效

首先，利用多媒体进行教学，充分弥补了孤残儿童学习过程中的短板，取得了很好的教学效果，让孩子们足不出户就可以通过网络了解和学习各类课外知识。其次，创造条件让残障儿童能尽早地接触电脑、学习电脑，为残障青少年掌握一技之长提供了帮助。再次，应用多媒体教学，极大地鼓舞了老师们的工作热情，促进老师们教育观念更新，增强了老师们的信心。最后，多媒体教学设备的投入使用，充分体现了党和政府对孤残儿童的亲切关怀。彩票公益金对特教学校多媒体教学设备的支持，体现了党和政府对实施特殊教育提升计划的高度重视，有利于充分保障残疾人平等参与社会的权利，对增加残疾人福祉和促进社会公平正义具有十分重要的意义。

（五）贵州省民政厅：福泉市儿童福利院项目

1. 项目的基本情况

为进一步加强儿童福利设施建设工作，不断满足辖区孤儿和事实无人抚养儿童的集中供养需求，在省民政厅和州民政局的关心支持下，2015年福泉市成功申报建设了“福泉市儿童福利院”项目。建设面积4300平方米，床位设置100张，总投资1000万元（其中福利彩票公益金资助672万元，福泉市财政投入328万元）。该项目将于2016年5月竣工验收。

2. 项目的主要做法

在福利彩票公益金的投入使用过程中，坚持阳光操作，充分做到前期进行科学论证，精心组织操作，密切追踪过程，严格监督相关程序，所有资金均用于福泉市儿童福利院项目的基本建设和配套设施建设，切实做到专款专用。无挤占挪用等违规违纪现象发生，确保工程项目如期完成。目前，福泉市儿童福利院的基础设施建设、服务对象的生活环境、生活质量、服务水平都有了质的飞跃，社会效益也有了明显提升。

为确保福利彩票公益金项目更好地发挥社会效益，福泉市积极探索“两统一分三整合”的项目建设模式（两统：统一规划、统一征地；一分：分步实施；三整合：资源资金的整合、管理服务功能的整合、亲情心灵的整合），规划建设了“社会福利苑”民政项目综合体，“福泉市儿童福利院”项目就建设在该苑区内。目前，整合“社会福利苑”内其他几个项目资源，儿童福利院绿化、道路、亮化等附属工程基本完工，福利院孤儿已全部入住。

在儿童福利院的管理上，创新工作方法，引进了湖南蓝天教育集团，建立了“福泉市儿童之家”，着重从改善孩子的居住环境，创新教育模式着手，采取养、教一体化的模式，加强孩子的心理辅导和教育管理，现在该市儿童福利院在管理方式和教育模式上都有了新的突破。

3. 项目的主要成效

第一，生活保障上有新提高。

由专人具体负责孩子的日常生活，饮食上科学合理搭配，确保孩子健康成长。

第二，居住环境有较大改善。

按照高标准为孩子们设置卧室，所有房间安装空调，书柜、衣柜、写字桌等配备齐全，并配置热水器、淋浴房等基础设施。力争让孤儿有一个稳定的吃、穿、住、学的轻松环境。

第三，教育模式上有新突破。

孤儿是特殊群体，孤儿从小缺少家庭的教育和温暖，精神更缺乏抚慰，亲情的缺陷往往使他们容易产生自卑心理，容易自暴自弃，不利于健康成长。在保障孤儿生活的基础上，“教”重于“养”，新的儿童福利院建成后，依托湖南蓝天教育集团平台，探索社会福利机构社会化模式，将孤儿的养、教、学融为一体，养教结合，在社会福利院内配置孤儿学习室、阅览室、活动室、心理疏导室、康复室等功能房。整合湖南蓝天教育集团的教师资源，对孤儿学生采取一帮一辅导，与院内管理人员一起精心照顾学生的学习和生活起居。细心地观察孤儿学生的思想倾向和行为，对孤儿的品行及发展方向加以正确引导，让孤儿在成长过程中懂得珍视亲情，学会善待他人，把爱心和责任感传递给社会，不断推进孤儿育儿工作上新台阶。

（六）浙江省慈善总会：2012—2015年“福利彩票慈爱”儿童大病医疗救助项目

1. 项目的基本情况

近年来，浙江省患白血病、恶性肿瘤等重大疾病的儿童人数呈上升趋势，许多家庭难以负担巨额的医疗费用，导致因病返贫。为更好地发挥福利彩票公益金和慈善组织在社会保障体系中的作用，缓解浙江省患重大疾病贫困儿童的医疗困难，维护社会稳定，2010年9月，浙江省慈善总会启动“福利彩票慈爱”儿童大病医疗救助项目，浙江省民政厅每年安排省级福利彩票公益金500万元，用于0—18周岁浙江户籍患有白血病、恶性肿瘤、先天性心脏病、尿毒症等病种的贫困患儿大病救助。2012—2015年，省级福利彩票公益金共投入2000万元，救助患儿达1131名，为促进少年儿童健康成长、家庭幸福和社会稳定发挥了积极作用。

2. 项目的主要做法

第一，省市联动，层层严格审核把关。

浙江省慈善总会每年专门向全省10个市（不含宁波）慈善总会下达通知，开展“福利彩票慈爱”儿童大病医疗救助工作。按照“公平、公正、公开、透明”的原则，各级慈善总会严格程序手续，做到层层审核，严格把关。各县（市、区）慈善总会接受患儿及其家庭的救助申请，收集户籍证明、贫困证明、医疗诊断证明、正规医疗票据等资料，经审核将符合条件的患儿名单汇总上报市慈善总会。市慈善总会对申请资料进行复核，在省慈善总会确定的救助标准内，在不超过实际发生的医疗费用的前提下，提出对患儿救助金额意见报省慈善总会。省慈善总会对各市上报的救助名单和资料进行审定，并将救助资金下拨各市慈善总会，按规定发放给救助对象，严格做到救助资金专款专用。

第二，公示回访，健全完善救助资料。

每年浙江省慈善总会将全省的救助名单在天慈网进行公示，自觉接受社会的监督，并采取电话问询、问卷调查、实地走访等形式，对儿童大病医疗救助情况进行回访监督，了解救助资金落实使用情况，听取患儿家庭的意见和建议，掌握儿童大病医疗救助实施效果。年度儿童大病医疗救助工作结束后，省慈善总会及时将救助申请、发放、电话回访等相关资料进行整理归档，确保救助资料完整。

第三，探索总结，不断优化救助办法。

为做好儿童大病医疗救助项目实施工作，2010年浙江省慈善总会制定了《“福利彩票慈爱”儿童大病医疗救助项目实施办法》，明确了救助对象、救助标准、救助程序、资金拨付、项目管理等内容。几年来省慈善总会不断总结经验，针对各地反映的问题和意见建议，修改完善制度办法，优化操作流程。2011年重新修订《“福利彩票慈爱”儿童大病救助项目实施办法》，放宽申报条件，调整拨款方式，统一将救助资金额度分配至各市慈善总会安排，进一步提高工作效率和可操作性。2015年又对实施办法进行再修订，调整了患儿申报年龄，拓宽了救助病种的范畴，并联合省假肢科研康复中心增加对肢体残缺患儿的救助，进一步完善救助内容。

第四，依托媒体，扩大救助影响力。

儿童大病救助项目实施以来成效比较明显，为许多贫困家庭送去了福音。由于宣传面不够宽广，仍有部分贫困山区的患儿错过救助机会。2015 年开始，浙江省慈善总会通过《钱江晚报》发布儿童大病医疗救助信息，接收社会申报，拓宽患者申报的渠道，当年共有 32 名患者申请救助，经审核并反馈当地核查后给予救助，进一步扩大儿童大病医疗救助项目的覆盖面和影响力。

3. 项目的成效

第一，缓解儿童重大疾病治疗现状。

“福利彩票慈爱”儿童大病医疗救助项目的实施，充分体现了福利彩票“扶老、助残、救孤、济困”的宗旨。在各地慈善总会的支持和参与配合下，基本实现浙江省全覆盖，普及全省 10 个市（不含宁波），以最直接的方式、最快的速度为受助者解决实际困难，帮助陷入困境的受助者重新点燃希望，体现了福利彩票扶危济困、雪中送炭的人文关怀。

第二，减轻患儿家庭经济压力和精神负担。

通过“福利彩票慈爱”儿童大病医疗救助项目的实施，帮助患儿家庭解决了一部分医疗费用，让患儿能够及时接受手术和康复治疗，从而减轻了患病儿童家庭的经济压力和精神负担。

第三，促进少年儿童健康成长。

儿童是祖国和民族的未来，是社会和家庭的希望。通过“福利彩票慈爱”儿童大病医疗救助项目的实施，让患病少年儿童及时得到治疗和康复，重新回归家庭温暖的怀抱，与同龄人一起健康成长，对维护社会和谐稳定起到了积极的促进作用。

（七）北京市儿童福利院：彩票公益金资助儿童福利院屋面改造工程项目

1. 项目背景

北京市儿童福利院本着“以儿童为本”的服务理念，为收养的孤残儿童提供日常生活照料、预防保健、引导式教育、生活技能培养、康复训练、心理疏导、特殊教育、社会认知等服务。院内的 1 号科研楼（四层）、2 号康复楼（四层）建于 2007 年，因气候和施工质量等原因，房屋屋面防水层出现多处开裂、空鼓现象，损坏严重，导致雨季儿童居室内吊顶出现发霉、发黄和掉皮现象。同时雨水的侵蚀对建筑物主体结构、吊顶内的水管、电线造成腐蚀，严重影响居室正常使用，存在严重的安全隐患。

2. 项目立项

第一，项目立项审批。

根据北京市民政局及北京市社会福利事务管理中心的《建设项目管理办法》，北京市儿童福利院编制了项目概算，上报北京市民政局进行立项审批。2014年7月经北京市民政局民政事业建设处批准，北京市儿童福利院屋面改造工程由建设处代建实施（《关于批准市社会福利事务管理中心儿童福利院屋面改造工程等一百万元以上项目的函》）。

第二，组织专家论证。

北京市社会福利事务管理中心规划处和计财处以及行保处联合对项目进行现场勘察，并于2014年11月26日组织专家论证会对项目实施方案的可操作性进行论证。

第三，组织项目财政评审。

2015年8月向市财政局申请预算资金财政评审，审定项目预算金额为237.53万元，其中工程费222.861264万元，设计费8.420806万元，监理费6.251258万元。

第四，申请资金。

2015年市财政局根据预算评审结果和专家论证意见以彩票公益金的形式（京财社指〔2015〕920号）拨付“儿童福利院屋面改造”项目资金220万元。

3. 项目实施

第一，组织招投标工作，签订合同。

北京市儿童福利院根据北京市政府采购规定委托专业公司进行了工程项目的招标工作，经过公开、公正、公平的招标程序，北京楚海力建筑装饰工程有限公司中标。

第二，严格把控质量。

为了保障工程施工质量，北京市儿童福利院与施工单位签订了安全生产协议，在合同中约定所用卷材及其他材料的质量、技术性能必须符合设计和施工验收规范的要求。同时聘请专业监理公司，全程监督工程质量。经过对防水层进行修补、找平、铺设防水卷材，防水层开裂、空鼓等问题得到了修复解决，不再发生漏水、渗水和滴水等现象，经过重新粉刷，处理了居室内吊顶和墙面发霉、发黄和掉皮的部分。经监理公司验收，该项目合格。

第三，组织进行结算审计。

在资金使用方面，北京市儿童福利院严格执行项目资金使用规定，根据施工进度支付工程款项，项目竣工验收合格后，对该项目进行结算审计，并依据结算审计报告支付工程款。

4. 项目评价

第一，在直接效益上。

一是为孤残儿童提供了生活基本保障。通过对两栋建筑屋面防水进行改造，重做保温隔热层，为孤残儿童生活、组织活动、开展教育、进行医疗康复提供了基本保障。二是为孤残儿童提供了健康、安全的生活环境。经过防水改造，吊顶、墙面不再是潮湿状态，隔绝了微生物和蚊虫滋生的条件，杜绝因此引发的传染性疾病。屋顶的修复，杜绝了墙皮脱落等事项的发生，屋面顶层里的水管、电线等环境得到有效改善，减少了电线受潮、开关跳闸和水管爆裂等现象发生，杜绝了连电、漏电和火灾等安全隐患的发生，使孤残儿童能够在舒适的环境下生活。

第二，在间接效益上。

一是为孤残儿童成功进入家庭创造了有利条件。孤残儿童养育是基础，但其最终目的是让孩子回归家庭。北京市儿童福利院在资金保障的前提下，充分履行政府职能，完备基础设施，让职工安心对儿童进行精心照料，儿童接受康复训练或手术后，尽快改变自身的机体状况，为孤残儿童成功进入家庭创造了条件。二是更好地发挥了儿童福利窗口示范作用。作为首都民政行业的对外接待窗口单位，对内向其他省份展示首都孤残儿童的养育、教育、康复、医疗方面所取得的成绩，体现一切为了孩子的办院方针和理念，体现首都福利事业的发展，发挥对全国儿童福利行业的辐射和示范作用。对外接待国外友人，展示我们党和国家对孤残儿童的关爱。三是提升了政府部门公众形象和影响力。儿童福利工作的成功开展离不开政府和各界领导的大力支持与帮助。屋面防水改造工程资金的到位，解决了福利院在资金上的后顾之忧，更好地放开手脚，开拓创新，寻求更科学有效的儿童养育方法，使孩子们更加健康快乐地成长。这不仅为儿童福利事业顺利开展提供了坚强的后盾，而且维护了社会的和谐与稳定，减轻了社会压力，同时提升了政府部门的影响力，坚定了政府在群众中的公众形象。

（八）湖北武汉市儿童福利院：养治教康项目

1. 项目的基本情况

武汉市儿童福利院位于湖北省武汉市武昌区美丽的花园山上，与武汉市中山特殊教育学校、武汉市残疾人康复中心是三块牌子，一套班子。常年养育近700名孤残儿童，其中97%以上是残障儿童。多年来，福利院齐心协力，凝聚合力，以“一切为了孩子”为宗旨，抓好养、治、康、教、安置五项主体业务，为孤残孩子营造幸福乐园。在业务发展建设中，福利院得到民政部福利彩票公益金项目的大力支持，2016年，福利院将2015年度民政部福利彩票公益金用于院内孤残儿童养育、医疗、康复、教育等，让全院孤残儿童在护理、医疗、特殊教育、康复等方面受益，为孤残儿童的健康成长提供了有力的物质和资金保障，让全院孩子共享阳光般的温暖。

2. 项目的主要做法

第一，添置护理、医护设施，落实亲情养育、医护一体，让儿童享受爱的温暖。

福利院过去使用的是木质婴儿床，护理人员给孩子换尿布、喂奶很不方便，因为床的高度不合适，弯腰多了，很多职工都会腰痛，因此，福利院购置了新的婴儿床、远红外加温器等儿童生活必备的设施。新的婴儿床采用的是特殊的金属材质，既安全又美观，还经久耐用，伸缩自如，既可防止孩子坠床，又改良了高度，从一定程度上减轻了护理人员的劳动强度。

福利院孩子的浴室较大，空间很高，不太适合装浴霸，即使装了浴霸，保温效果也不太理想，为了保证孩子们不受凉，每次护理人员给孩子洗澡都像打仗一样，自从安装了红外线加温器以后，这个问题得到了根本解决，工作人员在加温器下为孩子穿脱衣服，十分暖和，不管室外温度有多低，孩子都不会受凉，而且加温器不像浴霸那么亮，不会伤到孩子的眼睛。

福利彩票公益金项目还为福利院提供了儿童专用重症监护仪。院内很多孩子都有重度、多重残疾，有的孩子到大医院救治后也无法痊愈，只能回院继续治疗，很多孩子生命体征不正常，有了重症监护仪，医护人员可以随时监控孩子的病情，一旦孩子有危险，仪器会报警，为抢救孩子争取了时间。

福利彩票公益金项目还为福利院孩子解决了部分儿童的医疗费。

第二，升级康复设施，促进孤残儿童康复疗效。

福利院作为湖北省脑瘫康复训练示范基地，在民政部、省民政厅高度重视下，基地的残疾儿童康复工作已经实现制度化、规范化的科学管理，康复业务按照标准化、精细化的业务流程操作。福利院新增了康复器材及儿童推椅、6孔矫正座凳、接送儿童推床。

购买的儿童推椅、6孔矫正座凳、接送儿童推床是福利院康复科科研发明的一项专利，结合多年的脑瘫康复经验，使用多种脑瘫康复仪器，实际考虑福利院脑瘫康复的性质，在器材上运用全实木材料，技术上没有一个突出的螺丝钉、没用一处钢铁，保障了儿童安全。在操作上可以根据孩子不同的需要调节合适的位置，在站立、坐姿及牵伸的操作中极大节省了人力，而且孩子治疗的力量比较持续。其中儿童推椅运用在孩子不能独坐，需要给予辅助，在日常生活中帮助脊柱坐位的训练。6孔座凳运用在孩子完全不会坐，给予康复矫正带，结合座凳被动地训练坐位，让脊柱感受力量的压力，慢慢训练脊柱力量。儿童推床则是帮助每天接送不会走路的孩子，保障孩子的康复治疗到位，节约时间。

第三，完善特教设施，促进残障儿童智力发展。

武汉市儿童福利院承担着武汉市中山特殊教育学校的教学任务，共有9个特教班。院内儿童大多数为中重度智力障碍，且残疾类型多样，有脑瘫、自闭症、唐氏综合征、脑积水、听力障碍、视力障碍等，多数儿童还伴有多种障碍，如智力障碍伴随言语障碍、智力障碍伴随癫痫等。针对教育对象的复杂性、特殊性、差异性，教师要思考如何使班上每个层次的儿童都可以接受合适的教育，同时教师还要承担学生生活护理的任务，如儿童的生活自理能力训练、女生生理期护理、学生青春期的辅导等。因此，如何建设合理、高效的课堂成为教师一直在探索的问题。

用福利彩票公益金购买的电子白板教学的引入实现了人机交互，学生可以在教师做好的PPT或电子白板自带的教学软件上进行互动。如数学课上“复习旧知环节”，学生通过点击相应位置，电子白板出现动画呈现出答案，及时反馈学生回答正确与否，帮助学生理解回忆旧知，同时也通过强化帮助学生巩固知识。

电子白板教学为机构内特教学校带来了学生与教师互动的平台，且为学生带来了大量和教学相关的图片和动画，调动了学生的好奇心，从而激发学生学习的积极性和主动性，同时也帮助学生更好地理解学习内容。同时，还为教师提供了便捷、丰富的网络资源，提供了多样化的教学手段。

（九）上海市崇明区竖新镇：“七彩爱心屋”留守儿童关爱项目

1. 项目的基本情况

项目主要为崇明区竖新镇留守儿童开展学习帮教、心理辅导、情感交流、技能提升、文体活动等方面的服务，消除留守儿童的孤独感和不安全感，完善人格发展，使其能在爱心帮助下健康成长，从而形成正确的人生观、世界观、价值观，最终让留守儿童得到全面发展。项目预算268838元，项目周期为1年，受益对象为竖新镇122名留守儿童。

2. 项目的特点及做法

第一，完善工作机制，建立关爱网络。

项目会同镇属机关、事业单位等多个部门，上下联动，成功编织了一张覆盖全镇留守儿童的关爱网络。一是组建关爱队伍。成功招募逾70名由社会各界爱心志愿者组成的晨曦志愿者服务队，开展“一对一、多对一”的结对帮扶工作。二是打造关爱阵地。打造镇级关爱留守儿童实体化阵地——七彩爱心屋，为全镇留守儿童提供了一个集中活动区，使他们有地方可以玩，有朋友能倾诉，有活动愿参加；同时23个村镇也建立了遍布镇区的村级留守儿童看护点。三是建立管理制度。制定并落实留守儿童日常表现评价措施，对每一个孩子做到全方位监护。

第二，开展主题活动，构筑“七彩童年”。

一是定制服务，提升归属感。真正的关爱和帮助是从“心”出发，健康心理的树立是成长成才的基石。通过“交流”为主题的“六一”儿童节、暑期军队行等互动活动，建立起孩子与志愿者之间的友谊，确保此项公益活动的顺利推进。特邀心理健康辅导老师为孩子定制形式各异的服务方案，并由结对志愿者实施“一对一”帮扶，并通过“健康”为主题的心理健康讲座和“乐观”为主题的东滩湿地户外拓展活动，逐步提升归属感和自信心。

二是个性活动，铸就“未来星”。在阳光和沃土下生长的树苗，未来一定是参天大树。通过“活力”为主题的“你快乐我成长”的趣味运动会，释放孩子的天性，做真正的自己；通过“智慧”为主题的剪纸、崇明土布工艺品制作等活动，增强动手能力；通过“勇敢”为主题的探索东平森林公园活动，打开好奇心，进一步实现“德智体美劳”的全面发展，成为祖国的未来之星。

三是回馈社会，传递正能量。“滴水恩、涌泉报”的中华传统美德需要一代接一代的传承。通过“感恩”为主题的活动，如“文明美德伴我成长”文明宣传，“重阳情老兵乐”慰问老兵等活动，反哺回馈社会人士的关爱，引导孩子投身社会公益，为形成互助友爱的良好社会氛围而添砖加瓦。

3. 项目的主要成效

项目2015年7月成功获得中国福利彩票公益金资助；2015年11月入选上海市十佳志愿服务项目，入围全国最佳志愿服务项目100强；还被评为2014—2015年度上海市最佳志愿服务品牌。

项目从2015年7月开始，爱心屋更新完善留守儿童档案158人，有针对性开展活动25次，参与人数2000余人次，参与服务的志愿者900余人次。经项目组跟踪了解观察，经常参加各类活动的多数儿童性格变得开朗，对学习和知识的渴求度明显提升，近30名儿童成绩名列各级前茅。全镇留守学生入学率达到100%，无失学、辍学等现象。

4. 案例点评

本项目以层层递进的方式由点到面覆盖全镇未成年人特殊群体，形成关爱网络，内容由每月一次“七彩”特色主题活动、每季度一次“迈开步子一起看世界”户外活动、“反哺社会，把爱传出去”小小志愿者志愿服务活动充实整个项目周期。全镇122名留守儿童，平均每人每月至少能参加1次活动，活动形式涵盖手工制作、情感交流、兴趣发展、户外出行、运动娱乐以及有效地结合了地域特色的文明宣传、生态环保、非物质文化遗产传承等多个方面，极大提升了学生参与活动的兴趣，增加了他们的自信心以及爱家乡、爱祖国的情感，形成了很好的社会效应。

（十）江西吉安市儿童福利院：吉安市福利机构孤残儿童康复“政府购买服务”项目

1. 项目的基本情况

江西吉安市社会福利中心儿童福利院秉承儿童利益最大化的原则，以“一切为了孩子，为了孩子一切”为目标，在省、市民政业务部门的帮助和指导下，成立了“吉安市特殊儿童康复训练中心”，并被省民政厅确定为“江西省残疾儿童康复吉安基地”。康复中心为院内孤残儿童提供专业的康复训练，使儿童福利院形成“抚育中心”“康复中心”“特教中心”三位一体格局，全面提升了孤残儿童的康复抚育水平。2015 年 11 月起康复中心对社会残疾儿童免费开放，儿童康复工作得到了民政、残联等有关部门的支持和社会残疾儿童家长的肯定。

2. 项目的主要做法

第一，抓基础建设，优化康复训练环境。

一方面，重视硬件设施建设。康复中心从孩子们的实际需求出发，先后投资 400 余万元，建设了 PT 训练室、OT 训练室、感觉统合训练室、理疗室、情景模拟室、水疗室、中药熏蒸室、言语治疗室、针灸按摩室等各类训练室 14 间，配有一批先进的康复设备，如电动起立床、中药熏蒸仪、儿童智能水疗机、痉挛肌治疗仪、神经损伤治疗仪、颈腰椎牵引治疗仪、减重步态训练仪、全身感觉训练系统、各种多感官刺激训练器材等，为孩子们的身心发展奠定了坚实基础。另一方面，建立健全管理制度。为强化内部管理，中心制定了各部门、各岗位的工作职责及评估标准，对部分规章制度进行了完善和修订，用制度引导工作、规范言行。为促进康复工作规范化，中心还制定了各项康复制度，规范康复流程，各项康复仪器使用方法等，为残疾儿童康复工作提供制度保障。

第二，抓人才培养，提升康复队伍素质。

采用走出去和请进来相结合的方式，加强康复队伍培训提升。一是外派学习培训。先后安排 5 名工作人员赴成都八一康复中心进行长期跟班进修学习。安排康复治疗师参加香港复康会授课的脑瘫康复基础培训班、全国福利机构康复训练培训班，培养了一大批有一定操作技能的康复技师。二是邀请专家授课。中心先后邀请原南昌市社会福利院康复中心万健强主任、香港复康会资深作业治疗师谢秀玲导师亲临康复中心义诊、现场指导工作，指出工作中的不足，不断提高康复师的业务能力和水平。中心目前共有儿童保育员 15 人（培训上岗）、副主任中医师 1 人、护士 4 人、康复师 3 人、社工师 1 人、心理咨询师 1 人、特教老师 2 人。

第三，抓科学施训，提供优质康复服务。

一是开展针对性康复训练。康复师经过观察、初步训练后予以初期评估，根据康复咨询与评估的情况，分析儿童的残疾类别与程度、残疾影响、学习优势与弱势、未来发展潜能等，明确儿童的长、短期教育目标，制订康复训练月计划、周计划、日计划及个别特殊训练计划。制订计划后，有针对性地为残障儿童开展康复训练。二是康复方法灵活多样。中心积极开展社会融入活动，通过带孩子出去游玩、参与志愿者活动等方式让残疾儿童感受到社会的温暖，找回生活的自信，增强参与社会建设的能力和动力，从思想上和观念上消除障碍，树立身残志坚、自强自立的信念；为残疾儿童家长做好培训工作，让家长更好地了解早期干预、早期教育的重要性，做好家庭训练指导与督促工作。此外，中心还积极开展社会脑瘫、智力残疾等儿童免费康复训练、康复指导活动，并通过张贴海报、网络宣传等方式向广大社区居民宣传康复的重要性及意义，及早预防和早期干预的重要性，把康复知识宣传到每一个乡村、社区，让社会形成人人成为特殊儿童康复帮助者的浓厚氛围。

第四，抓特色医教，增强康复效果。

一是中心整合资源开展特殊教育，“特教中心”设立了儿童特殊教育多媒体教室、手工艺室、音乐室、情景模拟室等，聘请了专业的幼教老师，按照正规学校的课程安排和作息时间准时上、下课，教学内容涉及语文、数学、听读保健、绘画、手工、舞蹈、体育等常规课程；并与吉安市特殊教育学校结成共建友好单位，部分能自理的儿童送到该校就读，特殊教育学校的老师每周派出志愿者到儿童福利院上课，开发特殊儿童的德、智、体、美能力；同时，联系市区内的一些幼儿园、学校，如中环保育院、天龙保育院、永叔小学、吉安一中、井冈山大学等大中小学校，开展“一对一手拉手”和“大手拉小手”等结对帮扶活动，提升了儿童的社会文化认知水平。二是中心按照医院管理机制和工作模式开展运营，依靠高素质的康复治疗师资队伍和较好的残疾儿童康复设施，以中医传统康复结合现代康复学的理论（引导式教育等）治疗方法为诊疗特色，以儿童福利机构收养的孤残儿童为主要服务对象，逐步加大辐射范围，向全市社会残疾儿童开放。

3. 项目的主要成效

康复中心成功申请了福利彩票公益金吉安市福利机构孤残儿童康复“政府购买服务”项目，对院内孤残儿童进行康复服务。同时康复中心加大宣传力度，做好社会公益，树立儿童康复品牌。自 2015 年 11 月对外开放以来，康复中心免费接收吉安地区各县、市、区福利机构和社会上具备康复条件的孤残儿童。现有峡江福利院残疾儿童 1 名、永丰福利院残疾儿童 5 名、社会儿童 18 名、院内 20 名儿童正在进行康复，接待社会残疾儿童康复咨询 55 人次，并给予康复训练。康复训练儿童经过系统性的康复训练，大多数儿童取得了较好的康复效果。例如性格较之前要活泼，更愿意与人接触交流，语言交流能力明显提高，认知理解能力也有所提高，并且可以很好地配合康复师的康复训练工作，能够积极参与集体活动以及室外活动。在社会上形成了较好的儿童康复口碑，得到很多残疾儿童家庭的肯定。

4. 案例点评

虽然福利院做了很多工作，和以往比有了很大进步，但还存在不小差距。在工作过程中也遇到了不少困难，如缺乏有经验的康复专业技术人员、残疾儿童辅助器材有所欠缺等。但在省、市民政部门和区委、区政府的正确领导下，福利院将不断进取，克服困难，继续努力扎实工作，力争把吉安市特殊儿童康复训练中心建设成为一流康复训练中心，惠及更多残疾儿童。

三、残障人福利

（一）重庆市民政局：支持贫困地区农村贫困残疾人危房改造项目

1. 项目的基本情况

为了推进贫困地区精准扶贫工作，帮助农村贫困残疾人解决住房安全问题，确保“最贫困残疾人、最危险房屋”得到改造。2015 年，重庆市安排市级彩票公益金 3660 万元，资助市残联实施农村贫困残疾人危房户危房改造项目。

2. 项目的主要做法

首先，明确资助对象。农村贫困残疾人危房户实施危房改造项目的资助对象为农村持证残疾人中的低保或精准扶贫建档立卡户，且住房属 D 级危房或无房又无力自行修建房屋的贫困残疾人家。其次，明确资助标准。资助标准为：市级按每户全额资助 6 万元。再次，严格建房面积。新建住房要求建筑面积根据家庭人口确定修建面积，家庭人口为 1 人的，按不高于 40 平方米的标准；2—3 人的，按不高于 60 平方米的标准；4 人以上的，按不高于 80 平方米的标准。最后，细化具体措施。各相关区县根据具体情况制定出本地具体实施细则，可根据家庭人口数和新修建房屋面积确定资助资金数额，确保“最贫困残疾人、最危险房屋”对象的危房得到改造，让残疾人不花一分钱就能住进安全住房。

3. 项目成效

2015 年，市残联通过实施农村贫困残疾人危房户危房改造项目，对全市 17 个重点贫困区县（自治县）610 户农村贫困残疾人危房户实施危房改造，较好地帮助农村贫困残疾人解决住房安全问题，有力地推进贫困地区精准扶贫工作。

4. 案例点评

实施农村贫困残疾人危房户危房改造项目，帮助农村贫困残疾人解决住房安全问题，是为困难残疾人解困救难的重要措施，是推进贫困地区精准扶贫的有力举措，是惠泽民生的民心工程，对于推进残疾人福利建设、完善社会救助体系有重大意义。

（二）安徽省民政厅：芜湖市第二福利院院民楼改扩建项目

1. 项目的基本情况

芜湖市第二社会福利院位于南陵县烟墩镇，主要承担收养救助城市“三无”孤寡老人、孤儿和找不到家庭地址的流浪乞讨人员的工作。目前院内共收养救助院民 92 人，多为精神智力及肢体残疾，生活多数不能自理。原院民生活区居住的房屋均为 20 世纪 50—60 年代部队营房改建而成，房屋陈旧，具有很大安全隐患，满足不了现有院民居住和生活的需求。为体现政府对福利院院民的关爱，更好地为福利院院民服务、便于管理，芜湖市第二社会福利院对院民楼进行改扩建。

2. 项目的主要做法

经市政府同意，芜湖市第二社会福利院对院民楼进行改扩建，项目被列入政府投资项目。总投资 1940. 41 万元，其中省级公益金 2014 年补助 403. 5 万元，市级公益金 2015 年补助 400 万元。项目建筑面积约 6100 平方米，设计床位 200 张。新院民楼 2015 年底开工建设，目前工程已完工，正在进行外环境建设、装修装饰工程及设备购置工作，计划 2017 年投入使用。

3. 项目的主要成效

新院民楼项目整体建筑设计为徽派建筑风格，房屋建筑结构为全框架结构，由院民区、医疗康复区、后勤保障区、行政办公区和附属用房区组成。项目建成后大大提升了福利院的服务保障能力，极大改善了院民的生活居住环境和工作人员的工作服务环境，将更加有利于院民的休养康复。

4. 案例点评

新院民楼项目的改建，对提升福利院的服务保障能力，改善院民的生活居住环境有重大作用，在投入使用后，应注意发挥其使用效率，并加强对院民的日常照顾和管理，切实提升院民的生活质量，改善其生活需求。

（三）贵州省民政厅：贵阳市社会福利院特教区改扩建工程建设项目

1. 项目的基本情况

贵阳市社会福利院特教区改扩建工程建设项目由贵阳市发展和改革委员会立项批准，工程项目位于贵阳市云岩区大营路 171 号，由贵阳合力工程项目建设管理有限公司进行设计总承包。2012 年 3 月开工建设，2013 年 11 月主体工程完工，总建筑面积 2349.83 平方米，采用框架式结构形式，其中业务用房面积 1808.68 平方米，架空层无障碍停车及其他设备用房 541.05 平方米。2016 年 3 月委托贵阳市固定资产投资审计评审中心对该项目进行竣工财务决算评审，2016 年 9 月出具《关于贵阳市社会福利院特教区改扩建工程竣工财务决算的评审意见》，2016 年 12 月 29 日由贵阳市发改委组织相关部门对该项目进行最终竣工综合验收并出具《贵阳市社会福利院特教区改扩建工程竣工验收鉴定书》，认定该项目按批准的建设规模和内容建设完毕，且同意以工程竣工财务决算数 7879143.71 元作为工程投资控制数。该项目现正进入投转固工作阶段。

2. 项目的主要做法

第一，让专业人想专业的事。

该楼设计单位是贵阳市建筑设计院有限公司，该公司多次到福利院了解残障用房实际需求并实地勘察后才予以设计，建筑、结构、电气及给排水等均以福利院集中供养残障人居住为前提。从设计定位而言，该楼的设计居住对象主要为在智力及人体结构上的某种组织、功能丧失或者不正常，而无法融入社会的成年人，即人们常说的失智及残疾人员；就设计总体构思而言，设计单位从多方面考虑，既着眼于失智人员的居住舒适性，也考虑到最大可能遏制其破坏性，同时也兼顾考虑到下肢残疾乘坐轮椅者的居住空间设计，以便解除他们所要面临的各种障碍。

第二，让专业人做专业的事。

该楼实行设计施工建设总承包管理，总承包方是贵阳合力工程项目建设管理有限公司。贵阳合力工程项目建设管理有限公司按照合同约定，对工程项目的工程勘察、招标、设计、施工管理、工程材料及设备采购，并依据有关部门审查批准的实际图纸进行平基土石、道路、土建、装修、水、电、消防、弱电、供水、供电、排污处理及附属工程的施工管理和协调，并对承包工程的质量、安全、工期等全面负责，直到验收合格交付使用。

第三，让专业的项目发挥专业的服务功能。

通过几年的建设，现该楼基本达到使用要求，为让特教区改扩建工程充分发挥残障服务功能，福利院增加以下配套设施：一是增设残障人员阅读室，主要针对下肢残疾乘坐轮椅者，以书养心；二是充分利用活动平台，拟增加体育运动设施，引导残障人员加强运动锻炼，在健身提高免疫力的同时，也降低其对现有设施的破坏力；三是安装放映室或电视等娱乐设施，既可收看电视节目，也可以用于相关残障康复教育的宣传学习。

3. 项目的主要成效

首先，从设计上而言：让专业的人设计残障服务的建筑，将最大化发挥出工程项目的功能；其次，从建设过程而言，对于工程建设尤其是专业的建筑建设项目，福利院本身就是一个门外汉，采用设计施工建设总承包管理方式，既保证施工质量，也节省时间及人力成本；再次，从项目投入使用而言，该楼的建设完成，进一步完善残障人休养基础设施条件，结束了福利院残障休养人员无室外活动、内部设施又不符合要求的现状，满足了残障人员的基本入住需求；最后，从开展残障人员康复而言，残障康复是做好残障服务工作的发展方向，无论是将来要建设残障康复系统，还是当下迫切需要做好的日常料理以及基本康复训练，都需要最为基础的环境设施来支撑，而特教区改扩建工程项目无疑就是目前福利院最好的残障人员集中供养的环境场所。

（四）甘肃省民政厅：武威市第二社会福利院（武威市民政精神病福利院）建设项目

1. 项目的基本情况

武威市第二社会福利院总建筑面积5750.99平方米，设计床位200张，总投资2800多万元，其中中央福利彩票公益金100万元，省级福利彩票公益金1600万元，省财政项目资金1000万元，市级福利彩票公益金130万元。项目于2013年5月经市发改委批复立项，2014年6月开工建设，2015年12月竣工验收，2016年1月启动运行，截至目前，共收住精神障碍人士176人。

2. 项目的主要成效

武威市第二社会福利院为全市唯一一家精神卫生福利机构。武威市委、市政府出台了《关于对完全丧失劳动能力残疾人实行集中供养的意见》，将精神卫生福利机构建设和完全丧失劳动能力残疾人集中供养列为2016年民生实事加以推进。为切实将民生实事办实办好，武威市第二社会福利院加大设施设备投入，设立护理站17个，设置了医务室、音乐室、心理咨询室、康复室等功能室，配备了电视、洗衣机、消毒柜、消毒灯、医疗康复器材、健身器材、心理宣泄器材等，聘请专职音乐老师、专业社会工作师、心理咨询师为服务对象提供心理抚慰和精神慰藉。同时，与就近的武威市第二人民医院（市精神病专科医院）签订合作协议，建立医养融合机制，由医院派驻精神病专科医生、护士在福利院24小时值守医护，建立急重症病人救治绿色通道，保证病人第一时间得到治疗，确保了病人的生命安全。

（五）青海省民政厅："福利彩票助残、助老健康行"项目

1. 项目的基本情况

青海省"福利彩票助残、助老健康行"项目启动以来，其指导思想中明

确提出“要坚持科学发展观为指导，以提高全省贫困肢体残疾人的生活质量、改善其生存发展条件为目标，切实将福利彩票公益金助残、扶老宗旨落到实处，让贫困残疾人、老年人感受到党和政府的关怀”。秉承指导思想的要求，项目实施受到了社会广泛欢迎，截至2016年底，青海省康复辅具技术中心组织专业技术人员历程近8万公里，以下乡上门服务的方式为全省46个县（区）7000多名贫困残疾人、老年人提供了康复辅具服务，同时，为玉树地区因灾致残致伤的近2000名受助对象提供了辅具康复回访复诊等服务。该项目的实施对长期残居在家的贫困受助群众起到了“立竿见影”的效果，对解放其家庭劳动生产力，改善和提高残疾人自身及家庭生活状况效果十分明显；为玉树灾后重建的受助群众带去了党和政府的关心，注入了重建家园的信心。

2. 项目绩效

任务绩效：

首先，在全省6州共计46个县（区）范围内完成了受助对象的摸排调查统计工作，并完成了全省贫困受助人员电子台账的设计建立工作，对纸稿类档案资料采取了一州（地、市）一册、一人一表（审批登记表）的方式分类整理、统一归档。此项工作的完成标志着本省贫困肢残康复救助对象电子台账系统已建立，为项目建立长效机制打下了坚实的基础。

其次，目前，该项目共计投资1367.1166万元，为全省范围10000余名受助对象组织开展了实地筛查鉴定，并为符合技术条件的7103名受助对象装配假肢、矫形器等康复辅助器具7403件，提供了必要的康复训练。

管理绩效：

为确保项目在管理层面以较高水平运行，还重点做了以下几项工作：

首先，项目在各县实施期间主动协调召集当地民政、残联、医疗机构、受助对象代表等以召开座谈会的形式进行项目政策有关事项的宣讲，并同步开展调研工作，认真听取各方意见，掌握各地实际情况，进一步补充完善实施方案，为今后因地制宜地开展具体工作打下了基础。

其次，做好新闻媒介宣传工作。在每年3月份全国“爱耳日”及5月份全国“助残日”期间，均组织安排开展宣讲活动，为前来咨询人员进行相关政策及康复业务知识的讲解。目前，《西海都市报》刊登专题报道5篇，《青海日报》2篇，湟中县电视台选送的《省福利彩票助残健康行项目在我县实施》现场采访节目在青海省新闻联播报道1次，玉树州称多县助残扶贫有关情况在青海省新闻联播报道1次，中国教育频道福利彩票栏目短片报道1次，共接受新闻媒体采访10余次，项目实施期间，各县均已在当地电视台就项目实施情况进行了报道。

3. 项目效益评估

该项目的实施从全省民政工作层面而言，社会效益十分明显，它不仅是一项新的社会困难群体救助形式的补充和探索，对青海省康复辅具技术中心而言更是一项结合本职工作探索本单位长远发展途径的尝试，省民政厅项目组对历年来项目实施情况进行了验收，认为项目整个运行过程具有“示范性和样板性，为其他项目的管理树立了榜样”。

（六）北京市民政局区县福利生产办公室：资助福利企业技术改造及发展项目

1. 项目的基本情况

福利企业技术改造及发展项目是北京市民政局用部分彩票公益金专门资助集中安置残疾人就业的单位（即福利企业），进行技术改造及发展的项目；是1992年度至2014年度每年实施的“福利企业技改贷款贴息项目”经调整、更名、完善后的延续项目；是2015年度首次实施的项目。其主要内容：一是对安置残疾人职工达50人及以上的福利企业给予每家10万元的奖励。二是对进行技术改造的福利企业，根据其技改投入总金额，与其安置残疾人的数量、安置残疾人的比例、安置残疾人的工资待遇等方面所占的权重系数之和相乘后，计算出其应享受的补贴比例和补贴数额；将所有申报并经初审合格的福利企业所应享受的技改补贴数额汇总之后，与当年该项目预算批复总金额进行比对，通过同比例调增或调减的方法，直至将预算批复总金额分配完毕为止，此时的数据就是最终福利企业应享受的技改补贴数额。

这种做法的最大优势是：一是对多安置残疾人职工的福利企业给予奖励，直接引导和拉动福利企业更多安置残疾人职工。二是对福利企业给予技改补贴，不仅考虑了福利企业技术改造投入的大小，尤其是还充分考虑了福利企业的特点。即将安置残疾人的数量、比例、残疾人工资待遇等方面作为着眼点，分别赋予不同的权重系数，权重系数越大，给予的补贴比例越高，用这种方法来引导福利企业在进行技术改造投入的同时，不忘对残疾人职工的安置和残疾人职工的利益保障，这也符合政府部门的职责。

2. 项目的主要特点

第一，它是北京市民政部门着眼长远和大局，关注和扶持残疾人就业的项目。

就业是民生之本，党的十八大以来，中央领导多次重复强调这一论断，也曾多次强调“就业是经济发展的底线”。这些年来，中央在确定经济增长速度目标时，一个基本考量就是能不能解决好就业问题、能不能实现比较充分的就业。先考虑就业水平，再考虑经济增长目标，保就业就是下限。残疾人就业是促进就业工作的重点和难点，是民生保障长期忽视的弱项，迫切需要政策的倾斜扶持。而福利企业承担着集中安置残疾人职工就业的特殊使命，是国家集中安置残疾人就业的主渠道，体现着党和政府对残疾人劳动权利的尊重和维护。北京市民政局长期以来一直非常关心残疾人就业并注重对福利企业的扶持。

第二，它是历史悠久且持续加大扶持力度的项目。

为了促进福利企业发展，自1992年起，北京市民政局就从福利彩票公益金中拿出部分资金，专门用于全市福利企业技术改造贷款贴息。该项目一直延续到2014年，从最初的25万元增加到2014年的400万元。

第三，它是不断满足福利企业发展需要和稳定扩大残疾人职工就业而不断调整完善的项目。

2015年将“福利企业技改贷款贴息项目”变更为“资助福利企业技术改造及发展项目”，金额达到600万元。项目包括对福利企业技术改造补贴和多安置残疾人奖励两部分内容。

第四，它是多次通过北京市财政局评审认定后的项目。

2005年该项目曾被北京市财政投资评审中心评审，并最先通过了审核。评审中心认定：该项目资金使用符合财政部“社会福利基金使用管理办法”（财税字〔1998〕124号文件）第十五条社会福利基金的使用范围第一款“支持社会福利企业和其他公益、慈善事业的发展”的规定。2011年该项目通过了北京市财政局的绩效评价，评价结论为优秀。专家评审组认定：该项目在很大程度上鼓励和引导了福利企业技术改造，使福利企业不断提高产品产量、质量，提高管理水平，不断增强市场竞争力，促使福利企业做大做强，实现可持续发展，很大程度上稳定和扩大了残疾人就业。2013年该项目又通过了北京市财政局的绩效评价，评价结论依然为优秀。

3. 项目的主要做法

第一，充分调研，制定规则。

通过召开会议、下发问卷、深入区县和福利企业调研等方式，充分听取各级相关人员意见，就项目的资助内容、所需提交的证明材料、具体操作流程等方面进行研讨、论证，在此基础上制定了标准统一、内容公开的《资助福利企业技术改造及发展项目资金管理办法》（以下简称《办法》）和《2015年资助福利企业技术改造及发展项目实施细则》（以下简称《细则》）。把该项目资助的内容设定为两项：一是对福利企业安置50名以上的残疾人职工给予奖励；二是对福利企业技术改造及发展投入给予补贴。这一调整使项目资助的范围和内容较以往相比扩大了。鼓励福利企业多安置残疾人，凸显了政府部门的职责，引导福利企业持续健康发展。

第二，加强沟通，密切协作。

一是加强与有关处室的沟通协作。多次与北京市民政局计财处、彩票办、法制办、审计处加强沟通，密切联系，虚心听取他们的指导意见。二是加强与各区县福利生产办公室的沟通协作。反复征求相关人员对《办法》和《细则》的修改意见，尤其是在具体操作层面上的意见、建议等。三是将项目实施全过程分为两步走：第一步是区县福利办初审，第二步是由市级相关部门联合评审，并由市级部门抽取 1/4 企业实地核查。由于北京市对福利企业的管理实行属地原则，所以各区县福利办对其辖区内的福利企业最了解，也掌握第一手材料，由其初审，更能做到客观准确；福利企业也便于就近报送申报材料，提高了其方便程度；更主要的是将全过程的责任、风险分解到了市、区两级主管机关，既降低了各自的风险，又提高了审核把关质量，同时还起到相互监督、相互制约的作用，可谓一举三得。

第三，联合评审，确保公开、公平、公正。

为确保评审过程和评审结果公开、公平、公正，本部门会同北京市民政局计财处、彩票办、法制办、审计处四个相关部门，组成联合评审组，按照《办法》和《细则》规定的标准，对提出申报且初审合格的福利企业进行了公开评审。最终联合确认了享受该项目资助的福利企业名单和具体资助金额。为了确保准确无误，本部门会同联合评审组成员，分成三个小组，抽查总数 1/4 的比例，对确认具有享受补贴资格的福利企业，进行实地核实，重点审验其技术改造及发展投入的真实性、数据的准确性。在此基础上，最终将 600 万元项目资金通过银行转账的方式直接划拨到福利企业中。

4. 项目的主要成效

在总体成效上：2015 年度“资助福利企业技术改造及发展项目”的最终评审结果为，全市 16 个区县中的 13 个区县的 48 家福利企业得到了该项目的资助。这些福利企业通过技术改造及发展投入，预计今后每年使残疾人职工月均工资提高 421.6 元，年新增产值 4.49 亿元，年新增利税 5541 万元，新招收残疾人职工就业 121 人。

在对比成效上：一是福利企业享受面达到 8.4%（48 家福利企业占全市福利企业总数 570 家的 8.4%）。与上一年对比，享受该项目资助的福利企业数量增加了 1 倍（2015 年 48 家，2014 年 24 家）。二是间接受益的残疾人职工人数达 2128 人，占全市福利企业安置残疾人职工总数 9447 人的 22.5%。比上年度的 890 人增加 1238 人，增长 139%。三是 48 家被资助的福利企业无论是从自身实力上还是从企业管理水平上，都是福利企业队伍中的佼佼者和骨干企业，是今后稳定和扩大残疾人就业的中坚力量；而将有限的福利彩票公益金投入的落脚点，放在扶持福利企业发展上，通过资金资助的方式，引领福利企业通过内在发展做大做强，从而促进其安置更多残疾人职工就业以及维护残疾人职工的合法权益，促进其健康可持续发展，充分体现了民政部门的职责，也使该项资金充分发挥了使用效力。

5. 案例点评

福利企业是按比例集中安置残疾人就业的特殊性质企业，因而先天不足，市场竞争力弱。要想使福利企业在残酷的市场竞争中能够生存和可持续发展，不断稳定和扩大残疾人职工就业，没有政府部门的扶持保护是根本行不通的。虽然国家对福利企业有税收优惠政策来扶持保护，但是，单凭一项税收优惠政策还不能也远不够支撑福利企业持续发展，还需要各级政府部门从多方面出台资金、物资、场地、政府采购优先等扶持保护政策给予必要的补充。近年来，由于国家对福利企业的税收优惠政策弱化和最低工资的不断增长，北京市福利企业安置一名残疾人职工的成本已突破 4 万元，与国家对福利企业的退税额度，每名残疾人职工每年退 3. 5 万元（2016 年以前的退税标准）形成倒挂，因而很多福利企业因为承受不起而纷纷退出。2007—2015 年北京市平均每年净减少 100 多家福利企业、550 多名残疾人职工。残疾人失业给残疾人家庭带来精神和物质的双重压力和打击，给和谐社会既增添了不稳定因素又增加了越来越多的隐患，也与全面建成小康社会背离，在这样的大背景下，北京市民政局通过用福利彩票公益金，对福利企业进行的技术改造投入给予一定补贴和对多安置残疾人的福利企业给予一定奖励，就是一项很切合福利企业现状的好政策、好办法，也是国家税收优惠外的有益补充，因而深受福利企业的好评。民政部门作为民生保障的首要部门和福利企业的主管部门，加大对残疾人集中就业的福利企业予以扶持，变为福利企业输血为增强其自身造血功能，这样更能有利于福利企业的长远发展和可持续发展，因而从根本上为扩大残疾人就业，提高残疾人生活水平奠定更加坚实的基础。

建议今后政府有关部门出台更多的扶持集中安置残疾人就业的政策，尤其是在引导其自身发展方面加大政策倾斜，以期建立实现多安置残疾人就业的长效机制。

（七）湖北省康复辅具技术中心：3D 打印技术应用于康复辅具的研发制作项目

1. 项目的基本情况

第一，项目背景。

3D 打印是快速成型技术的一种，它是一种以计算机数字模型文件为基础，运用粉末状金属或塑料等可黏合材料，通过逐层叠加的方式来构造物体的技术，不仅精度高，还可以降低人工和时间的成本。20 世纪 80 年代研发初期，常用在模具制造、工业设计等领域来制造模型，随着技术的不断完善，逐渐应用于一些产品零部件的直接制造。进入 21 世纪，国内的快速成型技术发展迅速，在3D打印装备和技术方面都走在了国际前列，涌现出一批技术成熟、实力雄厚的3D打印技术研发和装备制造企业。近年来，国际上的假肢矫形器公司也开始越来越关注3D打印技术在康复辅具行业内的应用，有一些好的应用实例，但这项技术在国内才是刚刚起步，发展也较慢。

湖北省康复辅具技术中心（以下简称中心）通过大量的市场调研，结合60多年的康复辅具研究、生产、装配、服务实践中积累的丰富经验，逐步认识到，3D打印技术在改善康复辅具产品设计、个性化定制，增强产品舒适性、轻量化、实用性等方面是大有可为的，可以将3D打印技术应用于康复辅具研发制作工艺中。

第二，项目概况。

按照省民政厅的部署和要求，中心结合自身需求，对3D打印技术进行了调研，制定了采购需求及技术文件，并严格按政府采购程序实施3D打印项目，项目于2015年11月3日正式挂网招标。因所采购设备及耗材的技术要求较高，在投标时间截止前，有3家供应商对此项目进行了投标。2015年11月26日，中心对项目进行了开标，通过相关专家的一致评议，综合价格及相关技术要求等情况，确定武汉华科三维科技有限公司以3D打印机198.9万元、3D打印耗材99.6万元的价格，成为中心3D打印项目的第一中标公司。整个设备的安装调试工作在2015年12月底顺利完成并投入使用。

2. 项目的主要做法

第一，充分做好有效的前期准备工作。

前期，中心积极抓紧3D打印操作场地的规划设计，在设备布局、水电安装、环境维护等方面，充分做好准备工作，提前设计装修，使得设备的安装落位得以顺利进行。另外，在招标过程中，强调设备的交货时限与安装调试的准备工作，要求所有投标单位均能提供及时有效的设备调试与技术支持。事实证明，本项目中标合作方（武汉华科三维科技有限公司）因前期高度重视中心的此次项目，做了大量的准备工作，使得整个项目在到货安装调试方面进展顺利。

第二，开展系统专业的培训组织工作。

中心在专业技术及科研队伍中挑选优秀人员组成3D打印技术团队，多次派出到3D打印装备制造及3D建模软件研发领军企业，参加3D打印主体设备及辅助设备的理论知识及操作培训，系统地掌握了设备的工作原理、机械结构、操作方法、运行流程、常见故障诊断和排除、日常维护方法、安全事项等内容，并学习了计算机三维扫描、机械和人体3D建模、3D打印排版等专业软件操作技术。经过不断的操作练习和实际运用，短短三个月，技术团队摸索出一整套假肢矫形器产品和其他机械零部件原型的3D打印工艺流程和具体方法，从残肢三维扫描、模型输入、模型修整到单元结构创建、对线、外形匹配与融合等，整个 3D 打印产品设计和制造过程已经能够基本独立完成，为下一步进行产品研发、试验、设计和制造打下了良好的基础。

第三，建立科学规范的日常管理制度。

中心制定了《3D 打印工作室管理制度》《3D 打印操作流程》《3D 打印机安全操作规程》《3D 打印机维护保养规范》等一系列规章制度，做到分工明确，责任到人，操作人员严格按照相关管理制度、流程、规范执行，监督工作严格、到位，从而有效保障了设备的正常运转，保障了项目工作的科学性、规范性，能够有效地达到各项工作目标。

3. 项目的主要特点

第一，立项精准。

中心通过广泛的技术调研，结合自身多年来的康复辅具设计制作经验，认识到 3D 打印技术具有因人制宜、就地制作、不限数量、节约成本等优势，这正好与康复辅具个性化、定制化、精准化、多样化的特点相吻合，具有广阔的发展前景。因此，中心将研发目标瞄准于将 3D 打印技术应用到康复辅具的研发制作工艺中。经过一年的研发试制，有效证明了 3D 打印技术能进一步增强康复辅具产品的适配性、舒适性，更好地满足患者个性化需求。

第二，实施周期短。

中心在得到省民政厅关于 3D 打印项目的正式批复后，及时开展招标及相关准备工作，在短短几个月时间内就完成了项目招标及设备的安装调试工作。2016 年初，设备正式投入使用，经过技术团队一年的努力，研发出了一系列 3D 打印产品，进行了模拟疲劳试验，经过患者实际使用，目前取得了阶段性成果。

第三，加强合作。

引进设备后，中心积极与华中科技大学材料科学与工程学院等单位合作，共同探索研究假肢矫形器产品的 3D 打印工艺流程和具体方法，实现了 3D 打印技术在康复辅具的研发制作工艺中的应用。下一步，中心还将和华中科技大学、广州中望龙腾软件股份有限公司等高校和 CAD 软件研发企业密切联系，积极合作，共同开发假肢矫形器专业 3D 建模软件系统，提高假肢矫形器产品制造的智能化程度。

4. 项目的主要成效

第一，开发 3D 打印康复辅具产品。

中心利用 3D 打印技术材料堆积成型的特点，多层透气微孔及立体镂空结构，不仅很好地解决了传统假肢穿戴不透气的历史难题，还通过优化设计，减轻了产品重量，使其结构强度和功能并不受影响。通过反复多次的设计改进和打印参数修正，研发出了3D打印弹力仿生脚板、3D打印透气性接受腔一体化小腿假肢、3D打印部分足假肢、3D打印脊柱矫形器等新产品，其中一部分新产品已交付患者使用。

为保护核心技术，中心正在对3D打印透气性接受腔一体化小腿假肢、3D打印部分足假肢、3D打印脊柱矫形器等产品进行专利申请。

第二，在新产品设计原型验证方面的运用。

由于3D打印技术有成型快速、精度高等特点，运用3D打印技术，可以将CAD设计中的虚拟数字模型迅速转化成精确的实物模型，使得设计人员对设计产品进行工艺、外观、性能及结构验证的这一过程更有效率。比如，过去设计一个新型碳纤储能脚板，要做出原型件，从配套模具、热压成型、水切割、金属件机加工到组装完成，至少得20—30天，成本几千到过万元，而且碳纤龙骨如果需要改型，模具就需要重新配置，耗费时间翻番。而运用3D打印系统制造出实物模型只需要1—2天时间，不需要任何模具、夹具，成本不到200元，碳纤龙骨如果需要改型，几乎不产生任何额外成本。因此，运用3D打印技术快速制造康复辅具新产品设计原型，可显著缩短产品从原型件、样件到商业件之间的研制周期，节省研发成本，将是今后3D打印技术应用的一个重要领域。

第三，在熔模制造方面的应用。

中心运用3D打印系统制作了一种新型假肢零部件的熔模，与传统铸造工艺相结合，生产了一批零部件。虽然最终铸造产品表面光洁度不高，但结构和功能是符合设计要求的，这也是在运用3D打印技术改良传统工艺方面的一次有益尝试，有助于实现假肢矫形器零部件铸造模具的快速制造，为传统的制造方法注入了新的活力。

5. 下一步工作思路

第一，研发假肢矫形器专业3D建模软件系统。

由于假肢矫形器产品直接适用于人体，产品设计所涉及的模型多为人体，而目前CAD设计业运用的多是机械类或艺术类设计软件，适合人体设计的软件极少，适合假肢矫形器专业设计的软件根本就没有。中心现在运用的CAD软件不能完全满足专业设计需求，设计效率也不高，严重制约了应用效果和应用规模。为解决这一难题，中心将加强和华中科技大学材料科学与工程学院、广州中望龙腾软件股份有限公司等高校和CAD软件研发企业的合作，共同开发假肢矫形器专业3D建模软件系统。一旦研发成功，这一软件系统将无阻碍地连接假肢矫形器技术与3D打印技术，使设计效率得到极大改善，假肢矫形器产品制造的智能化程度也将会得到进一步提高。

第二，加强档案资料管理。

目前，中心在日常管理特别是档案资料管理方面不够细致，研究材料保存缺乏规范性。下一步，中心将不断完善硬件建设，计划建立专门的3D打印研究室、资料库和陈列室，建立规范的档案管理制度，对各种图片资料、影像资料、文书档案和实物资料进行分类管理，做到保存完善、检索便捷、条理清晰。

第三，加强人才培养。

目前，中心还存在CAD专业技术人才缺乏，技术人员配备不足，研究水平有待提高，技术培训亟待加强等问题。为此，中心要加大资金投入力度，加强人才队伍建设，充分配备人力资源，采取“走出去”和“请进来”相结合的形式，加强CAD专业技术培训，加强对外交流学习，广泛学习其他领域应用3D打印技术的先进经验，把应用工作做得更加完善。

（八）河南省三门峡市民政局：三门峡市康复医院福利彩票公益金项目

1. 项目原基本情况

三门峡市康复医院始建于1960年，隶属于三门峡市民政局，主要任务是救治流浪乞讨精神病人和社会精神病人，医院现有人员150余人，设置床位280张。

2. 项目的主要用途

为加快三门峡市精神卫生事业发展，三门峡市康复医院2011年被纳入国家精神卫生防治体系建设规划，工程建设期间得到省民政厅、财政厅，三门峡市民政局等单位的大力支持。经过两年的努力，一座占地24亩、建筑面积16000平方米、设置床位280张、主要以救治流浪乞讨和社会精神病人为主要任务的精神病专科社会福利机构全面建成。该项目累计投资4000余万元，其中福利彩票公益金资助1600万元，主要用于新建医院工程项目建设及医疗设备更新采购、精神残疾人士设施建设等。在项目建设工作中，三门峡市康复医院认真做好五个坚持，确保项目建设质量、资金规范使用和效益。

3. 项目的主要做法

第一，坚持项目规范设计。

组织专门工作人员认真学习有关政策法规，对项目建设要求达成共识；规范项目设计，公开招标，对设计图纸逐一审查，确定科学的设计方案。

第二，坚持项目规范管理。

严格项目法人责任制，建立投资责任约束机制，规范项目法人行为；严格招标投标制。工程一律进行公开招标；对设备设施采购，严格程序，面向社会公开竞价，聘请专家参加评标，节约了工程投资，确保了工程质量，杜绝了不正之风；严格工程监理制。聘请专业监理人员，监督工程施工，严格质量管理。建立周会联系机制，确保施工进度和工程质量；严格合同管理制。严格按招标文书签订合同，明确责任义务及违约责任，确保项目建设按合同要求有序推进。对已完成的建设项目，及时组织验收，对不符合质量要求的限期整改。在项目工程建设中，未出现任何质量问题，所有工程全部为合格及以上等次。

第三，坚持资金规范使用。

在福利彩票公益金分配、管理和使用上，坚持五项原则：坚持专款专用原则，将福利彩票公益金专项用于社会福利等公益事业上，无挤占、挪用、虚列开支等违纪违规问题；坚持安全有效原则，确保每一笔福利彩票公益金管理使用公平、公正，提高资金的使用效益；坚持标识铭记原则，公益金资助的设备、设施、活动，严格按照有关规定在显著位置、相关资料中标明，按照规定做好归档管理；坚持程序明确原则，严格按彩票公益金申请使用的有关规定，按程序申报，实行科学决策，进行阳光操作；坚持社会监督原则，定期接受财政部门、审计、纪检监察部门和社会公众的监督，并将使用进展和结果向社会公示。

在福利彩票公益金的使用上，市康复医院严格遵循福利彩票“扶老、助残、救孤、济困”的发行宗旨，做到统筹规划、精心安排。首先认真核定年度福利彩票公益金收入预算，严格实行以收定支。然后再科学规划，把每年有限的福利彩票公益金主要投入医院精神卫生事业的软硬件建设上，如医院工程项目建设、医疗设备、精神残疾康复设施上，借以帮扶老、弱、孤、残及无家可归等精神病特殊困难群体，让这些社会最困难的群体更多地共享社会发展成果，充分体现了民政福利彩票公益金以人为本，为民解困的服务理念。

具体使用过程中，市康复医院成立了项目建设领导小组和办公室，市康复医院支部书记、院长任组长，全面负责项目建设的管理、资金筹措和统筹协调。由局副书记牵头，相关科室成员参加，组建项目软硬件专班，负责房屋建设、供水供电改造、道路硬化、环境绿化等土建工程建设，负责医疗设备设施的采购以及档案资料建设。项目专班的高效运作，为顺利推进福利彩票公益金资助三门峡市精神卫生项目建设提供了坚强保证。

第四，坚持规范档案管理。

建立了福利彩票公益金资助项目档案，项目规划设计，招投标文件，项目施工合同，项目审计等均按照档案管理要求规范整理，内容丰富，项目齐全。福利彩票资助项目在醒目位置进行标识，严格按照福利彩票公益金资助要求进行操作。

四、社会公益

（一）重庆市民政局：支持福利彩票助学圆梦项目

1. 项目的基本情况

为彰显福利彩票“扶老、助残、救孤、济困”的发行宗旨，让广大市民感受到购买福利彩票是“取之于民、用之于民、造福于民”的善举，2006—2015 年，重庆市福利彩票发行中心连续 10 年启用公益金开展“福利彩票公益金助学圆梦活动”，2011 年被民政部命名表彰为全国 100 个优秀公益金资助项目。

2. 项目的主要做法

2015 年，重庆市继续实施了“福利彩票助学 · 爱心圆梦”活动。对国家级贫困区县重点扶持，选择 9 个国家级贫困区县（丰都县、城口县、垫江县、石柱县、万盛经开区、武隆区、奉节县、綦江区、巫溪县），由当地民政局牵头，通过广泛发动，自愿申报，集中评审，信息公示等流程，累计为 750 名特困家庭大学新生每人发放 4000 元资助金，资金金额 300 万元。除此之外，“福利彩票公益金助学圆梦活动”还包括以下 4 个活动：一是“温暖小候鸟 · 助学贫困生”活动，即向黔江区、巫山县等 10 个山区、库区的 1000 名低保、单亲、残障等特困家庭留守儿童，提供每人 500 元的家庭教育助学金；二是“福利彩票助学 · 爱心直通车”活动，即资助特困家庭大学生在公益岗位社会实践勤工俭学，资助金额逾 100 万元；三是“福利彩票有爱 · 授人以渔”活动，即对重庆 10 所高（中）职院校的 1000 名在校特困家庭大学生进行资助，资助金额 100 万元；四是“福利彩票孤儿成长基金”活动，累计资助金额超过 260 万元。

3. 项目的主要成效

2006—2015 年，重庆市福利彩票发行中心“福利彩票助学 · 爱心圆梦”，累计资助特困家庭的学子 25000 多名，发放资助金额超过 7800 万元。该活动按照广泛发动，自愿申报，集中评审，信息公示，公开发放资助金等流程，体现了“公平、公正、公开”的原则，已经发展成为市民期待、政府支持、媒体关注的公益慈善品牌项目，是各级党委、政府惠泽民生的民心工程。

4. 案例点评

“福利彩票公益金助学圆梦活动”帮助学子实现上学梦，让莘莘学子的明天更有希望，该活动是践行“阳光福利彩票”“责任福利彩票”“公益福利彩票”的大型系列活动，突出了“公益活动助推品牌营销、品牌营销彰显公益形象”的主题，广泛深入宣传了福利彩票公益金的公益性。

（二）安徽省民政厅：淮北市“爱邻联盟”桂苑社区项目

1. 项目的基本情况

安徽省民政厅“爱邻联盟”桂苑社区项目是由安徽省民政厅发起，淮北市惠邻社会工作服务中心承接，并与桂苑社区居民委员会和淮北师范大学社会学系合作开展的一项社区服务项目，旨在通过一系列服务目标明确、内容丰富、专业性强的活动，通过运用社会工作专业的相关知识和专业技能推动桂苑社区和谐稳定发展，丰富桂苑社区居民的生活，拉近居民之间的距离，提升居民间的熟悉与信任，在社区内传播正能量，弘扬主旋律，在桂苑社区内营造一个爱人、爱邻、爱国的良好氛围。

2. 项目的主要做法和特点

主要做法：该项目在活动开展前期做了充分的准备，在实施开展活动的过程中，团队成员秉持个别化、接纳、理解关怀、非评判以及案主自觉原则。社工以及志愿者扮演支持者、治疗者、教育者、协调者、资源链接者等角色，发挥微观上的支持作用和宏观上的协调作用。综合运用个案、小组和社区的专业工作方法，多渠道、全方位提供专业化社区服务。

项目主要分为五部分：少年中国，组建了“我成长，我快乐”小组工作，开展了“书香童年”活动；宜室宜家，开展了三八妇女节趣味运动会、爱在母亲节等活动；从心所欲，开展了我们的节日·鹤发重阳节、关爱空巢老人、夕阳红——关爱老人情系温暖等活动；赏心悦事，开展了庆元旦·我是掼蛋王、废品利用·绿植交换、和睦邻里情·端午粽飘香等活动；传道解惑，对社区需求进行了调查，对志愿者培训、进行名师进社区系列讲座。

主要特色：与空巢老人结对，在充分考虑到老人的具体情况后，每名社工成员都有自己的帮扶计划，定期陪伴老人。同时，引导老人建立自己的生活娱乐圈。

3. 项目的主要成效

通过在桂苑社区项目实施的不断深入开展，项目得到了越来越多居民的支持和鼓励，丰富了居民的生活，增加了对知识的了解。与此同时，惠邻社会工作服务中心的机构社工和社工实习生都在实践中得到了锻炼。

4. 案例点评

安徽省民政厅“爱邻联盟”桂苑社区项目特色明显、成效显著，但仍存在一些不足。一方面，项目内容丰富、形式多样、受众范围广，但缺乏深度、系统性和持续性。项目几乎涵盖了社区所有类型的居民，包括儿童、妇女、老人等，但内容缺乏系统性、持续性，因此对服务对象的影响有限，只能有“助人”的效果，难以达到“助人自助”。

另一方面，项目的实施以社会工作的价值理念为指导，并运用社会工作的专业方法，但专业性仍有待加强。如在一些人数较多的小组活动中，没有充分考虑到现场可能发生的各种情况，导致活动现场秩序出现混乱。另外在结对帮扶空巢老人这一单元中，由于大学生志愿者本身时间和老人时间有所冲突，导致没有完全按照既定的时间执行。社工及社工实习生也需要不断学习知识和技能，提升开展社会工作服务的专业性。

（三）北京市朝阳区新希望自闭症支援中心：放飞自闭症儿童科学梦想

1. 项目的基本情况

本项目拟服务100名3—16岁自闭症儿童，每名自闭症儿童及其家长可参加一期（8次）主题科学实验活动。课程为：《齿轮真伟大》——齿轮蜗牛、《地心引力》——能量啄木鸟、《冰火大比拼》——暖暖包、《能量怪物》——环保回力跑车、《黏黏乐》——黏土、《机械手臂》——螃蟹工具手、《太空的最后领地》——无动力弹射火箭、《童玩科学》——神奇铁罐车等。通过科学实验变化、实验操作、实验交流分享等环节，帮助自闭症儿童在注意力、观察力、自我控制力、交往能力等方面得到提升，辅助自闭症儿童的康复训练，让自闭症儿童在操作实验得出实验结果的过程中建立学习、探索的自信心和成就感。通过亲子辅助共同参与的方式，让家长和孩子共同度过愉快精彩的学习和康复时光。

2. 模式提炼

在自闭症康复的教学实践中发现多数自闭症儿童在逻辑思维方面存在很大的缺陷，而逻辑思维是自闭症儿童语言理解、表达的先决条件。科学课程的各环节包含“观察现象、假设、实验、结论”的过程，更有个人实验、示范实验和分组实验等不同形式，对于自闭症儿童的社交能力的提升有一定的帮助，并能通过科学实验中独特的变化提升自闭症儿童的学习兴趣，将自闭症儿童的被动学习转换为主动学习。通过科学课程让自闭症儿童在逻辑思维方面有所提升，并指导其在社交互动、认知、语言理解、语言表达以及小肌肉方面有所进步。

在本项目实施过程中，每堂课程科学实验的形式分为三种：示范实验、个人实验以及分组实验。在示范类实验中，特殊孩子必须通过认真专注地观察才能看到有趣好玩的实验现象，训练了孩子对事物的观察力和专注力，引发他们对现象的思考和想象。在个人实验的实施过程中，特殊孩子们必须自己动手并保证每个环节成功才能最终完成实验，看到实验结果，培养了特殊孩子不放弃、自己的事情自己完成、独立解决问题、对事物具有责任心的品质。在分组实验中，特殊孩子必须组成小团队来完成老师分配的任务，这需要特殊孩子们学会团队合作，在团队中找到自己的角色，学会分享，也需要特殊孩子在合作中与团队其他成员互相沟通，养成团队合作的良好习惯。

3. 反思总结

本项目整合了特教学校以及特教机构的资源，在与各方沟通中，发现目前特教学校课程中很需要能够调动特殊儿童主动性学习的课程。

项目执行前，机构组建了项目团队，其中包括项目负责人、财务负责人、项目督导、项目助理等配合完成项目，项目团队在每月月初和月末进行当月项目实施的计划和总结，保证项目在执行过程中能够按照实施方案进行，保证了项目的进度。

项目执行过程中，上课前，老师及志愿者都会进行课程的培训，从课程设计到课程中每一个小小的细节，都会很详细地进行说明，同时出具每节课程的教案，课程结束后，任课教师及志愿者会对当天课程情况进行总结，找出其中的不足，在后期的课程中进行相应调整和修改，保证每节课程的授课质量。

在项目执行中期及终期，项目团队都进行了总结会议，对于项目的进度以及绩效目标进行了汇报，通过此项目实施，项目团队人员也在不断地进步，在项目实施中提升了自身的能力，为后期实施项目起了很好的帮助作用。

4. 项目成效

在教师进行实验的过程中，提高了自闭症孩子的视觉辨别能力；改善了自闭症孩子对他人面部表情没有反应的现象；在分组实验中，能够改善自闭症与其他孩子的关系进而产生建立友谊的需求，提高自闭症孩子的动手能力，训练小肌肉发展，提高与人合作的能力，延长专注时间，提高自闭症孩子的观察力以及对科学的学习兴趣。

儿童家长及特教学校老师对于科学课程非常认可，希望科学课程可以继续服务特殊儿童，同时希望可以给家长进行科学课程的培训，家长回家后可以继续为儿童进行讲解，利用科学实验课程的趣味性与不局限性对儿童进行康复训练，丰富儿童的康复形式。

科学课程作为自闭症儿童康复手段的一种，可以让儿童在轻松的环境下学习到同龄普通儿童应该学会的一些知识，同时建立同伴交往，让自闭症孩子及其家庭感受到社会对其的关爱，也让社会了解自闭症孩子，爱护和帮助自闭症孩子，为自闭症最终融入社会作出点滴贡献。

5. 案例点评

融合教育在国内做起来总是举步维艰，一方面源于缺少专业科学的教学方法和成熟可靠的运作模式，另一方面源于社会的认知缺失和社会歧视。如何在融合教育中处理好特殊儿童与普通儿童的关系，确保儿童和家长的接受和认同，同时提供行之有效的课程和可量化的教育效果，是一个融合教育项目的关键。

该项目在福利彩票公益金的支持下进行了有益的尝试和探索，并且一直坚持融合教育，已经初步建立了一套可行的运营模式和课程体系。但从项目资料来看，还需进一步提炼机构的运营模式，完善融合教育课程体系，建立全方位的融合教育支持体系。

针对此项目，建议参考台湾吴淑美教授的“全纳教育”运营模式，探索建立适合大陆的融合教育运营模式，建立科学的教育成果评价体系，并借助福利彩票公益金的公益平台形成全市的模式复制和推广，从而进一步推动融合教育在区域内的试点和落地。同时实施机构需要总结提升项目效果，完善服务模式，链接媒体、高校等多方资源，推动社会对融合教育的接纳和支持。最终通过多方努力，为更多的特殊儿童提供平等的教育环境和生活环境，为更多特殊群体提供专业服务，使其真正实现社会融入。

（四）上海市普陀区：甘泉街道贫困群体救助服务项目

1. 项目的基本情况

针对上海市普陀区甘泉街道人口老龄化程度高且属于老城区、困难群体人口逐年增多的社会背景和区域特点，项目旨在通过慈善超市、经常性社会捐赠接收点这一爱心平台，整合社区资源，为甘泉街道辖区内的低保、低收入、重残无业、大病重病、单亲、孤老、孤儿等生活困难对象提供慈善帮困服务，用公益激活社会正能量，成为“救急难”的重要力量。项目预算260689元，项目周期为1年，受益人数达到2000余人次。

2. 项目的主要特点及做法

第一，募集义卖物资，开展慈善义卖活动。

利用慈善超市捐赠平台和经常性社会捐助接收点，收集社区单位、个人捐赠的物资，进行整理和分类，并组织志愿者开展慈善义卖活动。项目周期内共组织开展义卖活动24次，义卖物品14225件，义卖金额50082.10元。

在不同时节响应社区居民各类需求，通过设置各类义卖物品，精心策划，让慈善义卖不仅激发起志愿者、参与义卖居民的公益热情，更让居民得到了实惠，也逐渐形成了甘泉慈善义卖贴近百姓、价廉物美的良好口碑。慈善义卖，已逐渐形成甘泉造血能力越来越强的一股公益力量；筹集更多善款，也意味着将有更多温暖能够及时输送给困难群众。

第二，建立帮困信息档案，实施帮困救助个性化服务。

项目组织社工和志愿者深入社区，对低保、低收入、重残无业、大病重病、单亲、孤老、孤儿、残疾等3376人次（平均每月281人次）生活困难家庭进行摸底调查，逐步建立信息档案，并在建档过程中不断补充和完善各类信息。特别注意收集各类特殊人群的需求，以便在今后的慈善帮困活动中，提供助学、助医、助困、助特、助购等个性化的服务。通过不同情况分类，实施精准化救助，发挥了救助的最大效益。根据《甘泉社区慈善超市爱心领用券使用管理办法》的规定，确定受助对象，组织社工和志愿者对2725名受助对象发放粮油、衣物、慰问金等；根据受助对象的特殊情况，为1093户社区困难家庭提供助学、助医、助困等个性化慈善帮困服务。

第三，汇聚社会各界力量筹得善款。

自项目启动以来，向甘泉社区的广大党员干部、企业经营者、社会各界人士发出了“心系困难群众，奉献一片爱心”的慈善捐赠倡议书，并在各社区设置了慈善超市和20个经常性社会捐助接收点，接受居民家中闲置物品的捐赠。进一步加大经常性社会捐助接收点的宣传力度，通过广播、黑板报、电子屏、网络平台等不同形式大力宣传“闲置不用可惜，捐助他人可敬”等慈善理念，动员社区居民参与经常性社会捐赠公益活动。项目周期内，各经常性社会捐助接收点已收到社区居民捐赠的被子、棉衣、棉裤共26441件，让居民家中的闲置物品能够物尽其用，在弘扬中华民族扶贫济困传统美德的同时，又让困难家庭得到帮扶救助，得到了市慈善捐赠中心的充分肯定。

第四，为贫困群体提供专项咨询。

每个家庭、个人致贫原因不尽相同，困难群体不仅在经济上需要帮助，在多个维度上也常常处于孤立无援的困境。因此，项目还组织开展主题活动，邀请专业志愿者，为困难群体提供就业、法律、心理、医疗保健等多个方面的免费咨询，答疑解惑。此外，通过组织困难老人看上海发展，让困难群体感受到社会的温暖。

第五，送医上门解决困难群体“就医难”。

在送医上门活动中，聘请了专业医生每月对无行动能力及行动不便的50名困难家庭成员开展送医上门服务，解决他们“就医难”的需求。送医上门深受社区居民的欢迎，医生们热情耐心的态度赢得了社区居民的好评。

3. 项目的主要成效

第一，项目搭台、整合资源。

结合社区实际，把经常性社会捐助接收点的布点工作与社区慈善帮困工作结合起来，通过搭建爱心平台，整合社会资源，帮助社区困难群众，进一步改善他们的生活，让社会困难群体共享改革发展成果。

第二，慈善超市形成良性服务链。

过去大规模的捐赠活动每年只组织一两次，现在有了慈善超市这个爱心平台，社区单位随时可以把积压、滞销的物资捐赠给慈善超市，社区居民随时可以把家中闲置无用的物资捐赠到慈善超市，既腾出了仓库和家中的空间，又奉献了爱心，使扶贫帮困工作由政府的事变成全社会大家的事，由逢年过节才“送温暖、献爱心”变成“平时恒温，节日加温，四季如春，温情常在”，不仅满足了社区困难群众最基本的生活需求，同时也满足社会热心人回报社会、奉献爱心的良好心愿，为推动慈善公益事业的发展提供了平台和渠道。许多社区单位和居民不仅捐钱捐物，还纷纷加入志愿者队伍，参与社区慈善活动，形成了“社工带领义工、义工服务群众、群众参加义工”的良性循环服务链，为“贫困群体救助”项目的可持续发展奠定了坚实的基础。

第三，困难群众切实得到实惠。

慈善超市作为一个爱心中转站，最终的得益者是社区内的困难群众。通过开展日常救助，进行实物帮困，改善困难群众的生活，增强了他们生活的信心，使他们深切地感受到社会大家庭的温暖。如今慈善超市已成为街道社保工作不可或缺的重要组成部分，社区困难群众的需求为项目的可持续发展指明了民生需求导向。

4. 案例点评

项目开展以来，紧密围绕“贫困群体救助”有序开展各类活动，服务的品牌效应已初显成效，项目已多年获得上海市优秀服务项目。对于低保政策覆盖不到、因病致贫的实际困难家庭，项目起到了补充救助、“兜底”的作用。同时，救助手段从单纯的经济救助向精神关怀、心理慰藉、社会融入、解决就医难、生活照料等多维度结合的综合救助发展，体现了新形势下救助工作的多样性、发展性，为上海社区类救助提供了有益探索和范本。

（五）山西省太原市社会工作服务中心：“用爱护航 伴你成长”低保子女教育项目

1. 项目的基本情况

“用爱护航 伴你成长”低保子女教育项目是太原市社会工作服务中心以太原市万柏林区晋机西社区的低保家庭子女为服务对象，开展的专业性社会工作服务项目。

项目进驻的晋机西社区属于太原市老旧厂矿型社区，社区居民以晋机集团职工及家属为主，另有部分铝厂职工及家属，散居流动人口等。驻点社区共有低保户 48 户，其他劳务工子女 60 人，直接受益群体 200 人左右，间接受益群体 1000 人左右。项目从低保子女的兴趣培养、亲子沟通、具体技能训练和提高介入开展服务，在政府给予的物质及经济救助之外，给予服务对象精神及人文关怀。

2. 项目服务开展内容

第一，建立项目体系，明确项目定位。

项目进驻社区之后，社工进行了前期的走访调研和问卷调查，借助社区已有的服务平台进行项目的宣传推广。前期项目共走访低保户30户，重点访谈13人，了解服务对象的实际需求，进而明确项目目标为“特殊家庭子女的社区融合与适应，社工行业与理念宣传”，围绕这一目标制订服务内容与计划。同时项目利用青少年喜闻乐见的游戏和观影等形式，吸引服务对象的参与，扩大项目知晓率。在项目服务过程中，社工与机构“三区计划”项目联合，携手社区驻地单位兴华西街小学为太原市阳曲县同学开展“校园牵手，孩子连心”捐赠活动，带动服务对象参与社会活动，扩大服务对象的眼界，同时推动青少年项目的开展。在活动开展过程中积极关注服务对象，发现个性问题，借助专业手法提供个案服务，同时项目还以小组、社区活动、社区影院等形式回应服务对象的共性需求，保证项目有序、深入地推进。

第二，结合社区优势，保证服务成效。

项目进驻社区之前对项目实施社区的情况作了全面了解，项目社工在社区联合“守望相助”老年项目社工共同厘清了服务的总体思路和方向，提出“老少结合，互助联动”的服务思路。在项目过程中，一方面发动青少年关注社区空巢老人、病残老人等困难群体，另一方面号召退休的老年群体参与青少年学业辅导、三观教育等服务。在项目末期的成果展示和汇报总结会中，项目社工特意邀请老年人和青少年朋友共同参与总结会，凸显了项目“互助联动、助人自助”的主旨。除此之外，为了保证服务的持续性，满足服务对象的共性需求，社工把项目中服务对象喜闻乐见的独立活动延伸为常规性服务，形成了“相约星期一”的绘画手工小课堂，在常规服务中注意引入社区工作人员参与，从社区层面保证服务的“助人自助”。

3. 项目经验总结及分享

第一，借助社区平台，开展专业服务。

太原市自2001年社区改制以来，基本实现完善的社区建制，配备充足的社区工作人员。社工服务项目落地在社区，立足社区综合平台为服务对象提供专业服务，社区平台以及社区工作人员能够成为社工开展服务的良好助力和帮手。经过一年的项目实施，社工发现初进入社区开展项目服务，千万不要做“独行侠”，社区工作人员长期服务于本社区，对很多社区居民的具体情况烂熟于心，了如指掌，完全可以为社工的需求调研和入户探访提供帮助，帮助社工与社区居民很快融入并建立关系，同时社区的很多工作也可以和社工服务有机结合，联合开展工作，节约人力和物力，更好地服务于社区居民。

第二，秉持专业理念，注意总结提炼。

社会工作作为一个新生行业在服务对象中的知晓率并不高，在太原尤其如此。针对这样的现状，社工在项目的执行过程中特别注重引导服务对象家长参与，像在社工组织的“我手绘我心”教育小组活动过程中，及时与家长沟通反馈孩子在活动中的表现，邀请家长给出服务建议、参与设计服务内容，使服务对象家庭变为真正意义上的“施受者”，即服务对象家长成为社工服务的志愿者，参与社工服务过程。从社工“助人”到服务对象的“自助”，社工注重服务开始前和结束后与家长的及时沟通和反馈，使家长即使没有参与社工服务也可以了解孩子的表现。通过这些措施，一方面践行社工“助人自助”的专业理念，另一方面也让服务对象及家长关注自身的点滴变化，肯定自我成长，提升自信，从而巩固项目服务成效。

项目过程中一个家庭从最初的社工家访时的不接纳，到后期主动帮助社工招募新组员，成为项目志愿者的这一转变充分体现了社会工作“助人自助”的宗旨。通过这些细节之处专业理念的发挥，社工注重提炼总结低保家庭子女教育服务的专业服务技巧、宣传技巧和家访技巧。太原市社会工作服务中心在山西省民政厅组织的社工实务培训班及机构对阳泉、长治项目培训中，与同行就青少年服务领域进行了广泛的交流与分享，对中心社工及山西本土社工的专业能力提升起到了良好的促进作用。

通过一年的项目入驻及服务开展，驻点社区的工作人员从最初的对社工服务的观望和审视，到项目后期的参与和讨论，到最终的协助完成部分服务，社区工作人员对于社工服务有了更加深入的感受和认识，“社工”不再是专业书籍当中的可望而不可即的词语，而是身边确实存在的鲜活个体和职业。其实无论是项目的定位、目标的制定还是社区资源的应用，最终都应归结于“源于服务需要”这一服务之根本，“关注服务需要”才是最重要的经验。

（六）云南省携手困难群体创业服务中心：“七彩心声小记者培养”项目

1. 项目的基本情况

昆明市官渡区官渡古镇片区聚集着大量的进城务工人员以及他们的孩子，许多父母忙于生计无暇照顾孩子，又因为各方面条件（户口、学历、特别是经济条件）的限制，很多随父母来昆明的孩子只能选择在附近的民办学校就读，而这些民办学校无论是在办学硬件条件还是师资方面，与公办学校都有较大的差距，学校教学质量也参差不齐，孩子们的课余生活比较单调。

作为昆明的新市民，孩子们在学校、社区里面或多或少存在着融入难的问题。为了让社会公众更多地了解他们，接纳他们，使他们能够更好地融入社区，他们需要有一个平台可以展示他们的生活和学习，表达他们对生活的态度和观点，让他们的声音可以传递出去，让其他人通过不同的方式了解他们的生活和学习，增强社区归属感。

通过与社区、各民办学校和高校志愿者团队合作，在省福利彩票公益金项目的支持下，云南省携手困难群体创业服务中心开展了“七彩心声小记者培养”活动，并通过一系列写作与摄影培训课程，记者视角等的传授，提高学生的文字表达能力、沟通能力、写作能力，自信心的提升以至个人的积极转变，用他们的视角，观察和发现学校、社区里的有趣事件，并用文字、图片的形式记录下来，编辑成校园刊物。

通过《七彩心声》刊物的出版、发放与推广活动，建立流动儿童对社区的归属感，与社区原住居民的互动，构建和谐的社区融入。

2. 项目的主要特点与做法

主要特点：一是体现儿童自主参与活动；二是儿童在参与过程中，想法和观点得到了最真切的表达；三是通过大志愿者带动小记者的形式，调动和挖掘更多社会资源参与帮助流动儿童融入社会；四是项目具有很强的可持续性，培养出一批批对生活充满激情和自信的“小记者”。

主要做法：通过与民办学校合作，组织三至六年级的学生自愿报名参与，由电视台和有摄影专长的志愿者与工作人员一起给孩子们定期进行培训，培训他们关于摄影、采访、写作、与人沟通、特别事件的敏感视角等，让孩子们在实践中练习，收集他们身边有趣事件的照片，配上文字，最终编辑印制成《七彩心声》刊物，在校园里免费发放给同学们阅读。通过刊物，孩子们可以了解身边的奇闻趣事，对接受培训的小记者们也是很大的鼓励和提升。

具体操作流程如下：一是项目活动开展前，与合作学校沟通，了解学校和儿童对项目活动的期望；二是制订活动开展计划；三是招募带领活动的大志愿者及参与活动的小记者；四是课程培训，通过课程讲解的方式让学生掌握记者的基本知识，如写作技巧、摄影常识，以及如何更好地与他人交流沟通的技巧等；五是实践练习，通过实践操作，让学生将理论课学到的知识更好地运用；时间安排：每周两次课程，每期共计 25 次课程；六是编辑印制出版《七彩心声》刊物，发放给全校的学生及与携手有合作的相关伙伴；七是项目活动总结评估。

3. 项目的主要成效

一是通过活动的开展，提升了儿童的观察能力、语言表达能力、拍摄技能、与团队合作的能力、自信心等，儿童的综合能力亦得到了较大的提升和改变。二是出版《七彩心声》刊物，让流动儿童有表达自己想法和观点的机会，搭建了一个让孩子们参与学校和社区事务的成长平台。三是《七彩心声》刊物的出版发放，让社会各界通过此窗口更深入地了解流动儿童的学习生活，倡导社会的关注，促进流动儿童社会融入，建立社区归属感，增加流动人口社会关注度。

4. 案例点评

第三方评估机构明德公益基金会的专家、云南师范大学的教师对项目进行了评估，专家认为“七彩心声小记者培养”项目重点以儿童为主体，积极鼓励儿童参与整个活动过程，体现了儿童的最高参与，活动中儿童的成长也很明显，儿童在观察、沟通、表达等各方面获得了个人成长，所有参与过小记者培养项目的儿童都表示非常受益。同时，该项目增进了儿童与朋辈群体的互动，增强了儿童的社区融入，也让更多的社会人士了解和关注这些儿童。该项目得到了评估专家的好评，认为项目值得持续推广和运作。

“七彩心声小记者培养”项目也得到了合作学校的肯定，学校负责人表示该项目的开展调动了学生的积极性，丰富了学生的课余生活。

（七）江西吉州区社会工作协会：农村留守妇女儿童社会工作服务试点项目

1. 项目的基本情况

关爱留守妇女儿童，为他们提供良好的生产、生活和学习环境，是全社会义不容辞的责任和义务。从 2015 年 11 月开始，吉州区社会工作协会通过省级福利彩票公益金资助的方式，立足社工职责，在吉州区区兴桥镇湖丘村实施了为期一年的农村留守妇女儿童社会工作服务试点项目，项目针对兴桥镇湖丘村部分留守妇女儿童，运用小组工作、家庭个案工作和社区工作等专业社工方法，综合运用家庭联合治疗和家庭结构治疗、家庭恳谈与访视、集体互动与支持、社区关爱等技巧，提供社会工作服务，提倡农村留守妇女理性、互助，留守儿童独立、健康成长，亲子联系密切，并发动社会力量关注农村留守群体。项目的实施，改善和丰富了留守人员的单调生活，平衡了家庭失衡现状，提高了留守儿童心理健康状况、增强了留守妇女自身素质，达到了农村家庭和睦相处和农村社区和谐发展的目的。

2. 组建项目团队和健全项目制度

第一，搭建项目服务团队。

吉州区社会工作协会坚持求真务实、以人为本、助人自助、和谐发展的工作理念，凝聚协会 60 余名本土专业社工优势；发挥“社校合作”模式，链接本地高校——井冈山大学资源，聘请政法学院院长仰和芝为项目督导；与各类枢纽型社会组织（吉州区社会组织发展中心、吉安义工协会、吉安协同社会工作服务中心、吉州区心之星心理援助中心等）保持紧密联系；邀请高校老师、专业心理咨询师、社会志愿者等社会资源来充实项目服务团队。

第二，组成项目管理团队。

项目管理团队 10 名成员，其中 2 名社会工作硕士生导师和 1 名社会工作硕士研究生，4名中级社工师，2名初级社工师，1名取得会计从业资格证书专业会计。

第三，形成项目管理制度。

规范项目经费的使用，项目的各项经济活动均有章可循，每项支出合法有据，依据《中华人民共和国社会团体登记管理条例》《民间非营利组织会计制度》《吉州区社会工作协会章程》和《江西省福利彩票公益金购买社会工作服务项目财务管理办法》（108号文件）及项目书预算安排等有关规定，制定了项目财务使用、管理、审批和资料管理制度，规范项目的同时促进协会内部发展。

3. 项目服务主要做法和取得成效

兴桥镇湖丘村辖区面积6平方公里，有居民457户，2107人，通过调研发现湖丘村男性青壮年人口因大量外出而减少，呈“三留”人员居多现象。项目立项后，项目服务团队深入项目服务地兴桥镇湖丘村进行调查摸底，建立了留守妇女儿童服务档案，确定了服务对象，涉及项目服务受益对象320人，其中直接受益对象80人，间接受益对象240人。

第一，认真开展社工服务工作。

一是确定并完成了8个（其中4个留守儿童，4个留守妇女）个案服务对象，开展了需求评估、心理疏导、个案管理等个案服务工作，为服务对象提供了生产、生活、情感等方面的情绪疏导和情感支持。项目社工以人本治疗模式、马斯洛需要层次理论为指导，对留守妇女丰××进行心理疏导，减轻她的心理压力，实现自我价值；运用萨提亚家庭联合和家庭结构治疗法，鼓励留守妇女曹××与女儿加强沟通，改善亲子关系；运用艾利斯理性情绪治疗法、家庭接入理念，鼓励留守儿童曾××主动与家人沟通，改善亲子间互动关系，提升自信心；以案埃里克森人格发展理论、人际需要理论为指导，提升留守儿童曾××的自信心，主动与人交流。二是开展了4次社区活动。协会先后组织开展了社区游园会，积极动员留守妇女、儿童参与其中，让他们感受到生活的乐趣；草地运动会，选一处干净的草地，开展一场别开生面的运动会，让留守妇女、儿童与大自然亲密接触，与伙伴们快乐奔跑；家庭欢唱赛，每家出一个节目，派一个代表参加，采用大众投票的方式，选出最佳歌手，让大家在歌声笑语中共建欢乐的乡村氛围；和谐邻里趣味活动，开展丰富多彩的邻里活动，邀请村民参与，加强邻里互动，营造和谐的村落氛围。三是举办了3次小组活动。针对留守儿童缺乏互动拓展的机会、亲情的关爱，组织儿童成长小组活动，以游戏、手工等形式，让孩子们感受肆意游戏、动手的乐趣，培养儿童阳光心态和动手能力；开展亲子互动小组，以亲子游戏与亲子沟通引导的方式增加亲子互动与交流，促进亲子关系的良性发展；建立留守妇女小组，在共同学习中交流，建立小组内支持力量。四是开展其他社工服务。协会在项目开展过程中不断丰富活动载体，通过举办联谊会、文化课堂和技能培训等方式推进项目开展。一方面，链接多家社会组织抱团服务，邀请吉州区北门街道文化艺术团送戏下乡为村民举办大型中秋联谊会，演出期间频频与村民互动，共度传统佳节；另一方面，邀请吉安心理卫生协会二级心理咨询师为留守儿童开展安全知识讲座和心理辅导，增加留守儿童的安全知识，提高其安全意识，缓解他们因缺失父母关爱导致亲情失落的心理，教会他们如何稳定情绪、坚定意志、树立信心和发展信心；同时，发挥高校老师优势资源，邀请吉安卫校教师为农村留守妇女开展文化课堂，传授她们如何应对威胁健康的应急措施和家庭疾病预防与治疗方法，促进她们自身发展。

第二，形成常态化的专业服务模式。

项目由专业社工机构的社会工作师和志愿者承接，采用督导、专业社工、本土社工、志愿者、村委干部、行政工作人员相互配合和协作的模式开展服务；充分利用电视台、网站、微信公共服务平台和QQ群等媒介扩充宣传渠道，社工服务过程中统一穿着有社工标志的专用马甲，加大宣传力度。项目结项后，继续发挥协会专业社工优势，调动本土社工定期组织社工进社区进行宣传。同时，协会积极参与每年全国社工宣传日的宣传活动，加大对协会和项目的宣传推广工作，形成常态化持续性服务机制。

第三，发挥“留守儿童之家”功能。

本项目争取了关工委福利彩票公益金资助农村留守儿童关爱之家项目资金5万元，在湖丘小学打造一间“留守儿童之家”，接通了网络并购置电脑、学习课桌、学习书籍和相关文体器材，供留守儿童健康成长所需，让他们感受家的温暖。协会将利用此平台联合社工、志愿者和支农人员定期开展“小组活动”“一对一助教”“文化励志小课堂”等活动，进一步提升孩子们的身心健康，优化他们的世界观、人生观。

4. 案例点评

第一，形成了专业项目服务模式。

吉州区社会工作协会与区社会组织发展中心的社工部、吉安协同社会工作服务中心、区慈善志愿者协会合作，吸纳了本土社区社工和高校专业社工人才，组建3—5人的项目策划团队，负责留守妇女儿童项目研发、项目设计、执行标准、项目评估、案例评估等工作，以及负责督导项目运行，及时提供项目指导和服务。同时，加强对项目服务团队的专业化社工、本土化社工、志愿者的管理、培训、督导工作，形成“1名专业社工+2名本土化社工+3名志愿者”的工作模式，更好地为农村留守妇女儿童提供专业服务。

第二，丰富了本土社工的服务经验。

本协会根据当地的基本情况，多次深入到服务地实地调研，有针对性地选择项目需求人群开展活动，项目可行性和操作性强。同时，发动本土社工和社会志愿者积极参与项目中，通过开展活动，本土社工积累了社工实务操作的经验，在项目中获得了成长和提升。

第三，构建了多方参与的社工服务体系。

项目服务团队链接了政府、社会、高校的资源，多方力量参与共同推进项目，真正实现了项目做好、做实、做出成效，并在社会服务领域中扩大了协会的影响力和公信力。在项目执行过程中，行政主管单位以及项目工作组对项目进行全程督导。项目的实施也得到了服务地群众的普遍认可和当地政府的肯定。

图书在版编目（CIP）数据

中国福利彩票公益金使用情况报告 . 2015 / 杨巧赞编著 .
—北京：中国社会出版社，2018
ISBN 978-7-5087-6078-0

Ⅰ. ①中…　Ⅱ. ①杨…　Ⅲ. ①社会福利—彩票—公益金—基金管理—研究报告—中国—2015　Ⅳ. ①F832. 5

中国版本图书馆 CIP 数据核字（2018）第 273751 号

书　　名： 中国福利彩票公益金使用情况报告（2015）
编 著 者： 杨巧赞

出 版 人： 浦善新
终 审 人： 李　浩
责任编辑： 张友华　刘云燕

出版发行： 中国社会出版社　**邮政编码：** 100032
通联方式： 北京市西城区二龙路甲 33 号
电　　话： 编辑室：（010）58124863
销售部：（010）58124850
网　　址： www. shcbs. com. cn
shcbs. mca. gov. cn
经　　销： 各地新华书店

中国社会出版社天猫旗舰店

印刷装订： 北京九州迅驰传媒文化有限公司
开　　本： 170mm×240mm　1/16
印　　张： 15. 25
字　　数： 275 千字
版　　次： 2018 年 12 月第 1 版
印　　次： 2018 年 12 月第 1 次印刷
定　　价： 36. 00 元

中国社会出版社微信公众号